ISBN 978-0-365-94227-6
PIBN 11208252

TRAITÉ
DE LA FORMATION MÉCHANIQUE *DES LANGUES,* ET DES PRINCIPES PHYSIQUES *DE L'ÉTYMOLOGIE.*

****

CHAPITRE IX.

De la formation des langues ; de leur progrés immenſe ſur de très-petits principes ; de leurs claſſes & dialectes.

141. *Examen hypothétique de la premiere enfance d'une langue qu'on ſuppoſeroit*

TRAITÉ
E LA FORMATION
MÉCHANIQUE
DES LANGUES,
ET
ES PRINCIPES PHYSIQUES
DE L'ÉTYMOLOGIE.

TOME SECOND.

A PARIS,

hez { SAILLANT, rue S. Jean de Beauvais.
VINCENT, rue S. Severin.
DESAINT, rue S. Jean de Beauvais.

M DCC LXV.

Avec Approbation, & Privilége du Roi.

Ne quis tam parva fastidiat elementa : non quia magnæ sit operæ consonantes à vocalibus discernere, ipsasque eas in semivocalium numerum mutarumque partiri ; sed quia interiora velut sacri hujus adeuntibus apparebit multa rerum subtilitas, quæ non modò acuere ingenia, sed exercere altissimam quoque eruditionem ac scientiam possit. QUINTIL. *lib.* 1, *cap.* 4.

TABLE

DES CHAPITRES

Contenus dans ce Volume.

Fin de la Table.

TRAITÉ
DE LA FORMATION MÉCHANIQUE *DES LANGUES,* ET DES PRINCIPES PHYSIQUES *DE L'ÉTYMOLOGIE.*

****

CHAPITRE IX.

De la formation des langues ; de leur progrés immenſe ſur de très-petits principes ; de leurs claſſes & dialectes.

141. *Examen hypothétique de la premiere enfance d'une langue qu'on ſuppoſeroit*

ſormée ſans le ſecours d'aucun autre langage antérieur.

142. *Pluſieurs enfans élevés enſemble ſe feront certainement un langage.*

143. *Un homme ſeul ne feroit que très-peu d'uſage de ſa faculté de parler.*

144. *Adoleſcence des langues primitives.*

145. *Elle augmente les petites différences qu'elles pouvoient avoir dans leur origine.*

146. *Cauſes pour leſquelles les langues barbares d'un même pays doivent devenir différentes entr'elles; & nous le paroître plus qu'elles ne le ſont en effet.*

147. *Fabrique des ſyntaxes barbares.*

148. *Forme de l'accroiſſement des langues adoleſcentes: & quelle part peut y avoir eu l'art.*

149. *Raiſon pour laquelle le langage des hommes ſauvages eſt plus rempli d'images & de figures empruntées de la nature. Cauſe du prétendu ſublime du langage oriental. Comment une langue ſortie de l'adoleſcence & dans*

169. En quoi consiste l'identité d'une langue.

---

141 *Examen hypothétique de la premiere enfance d'une langue qu'on supposeroit formée sans le secours d'aucun autre langage antérieur.*

NOUS avons cy-devant reconnu qu'il y a certains premiers principes méchaniques & nécessaires de la formation du langage, conformes à la construction organique de l'instrument vocal, tel qu'il a été donné à l'homme par la nature. Tout naîtra sans doute de ce premier état des choses. Mais jusques-là le langage est encore bien foible, & ne contient que très-peu d'expressions. Attachons-nous à présent à examiner son dévelopement & ses progrès, depuis cette enfance primitive, qu'on peut appeller le *vagissement de la nature*, jusqu'à son enfance un peu plus raisonnée, jusqu'à son adolescence, sa maturité & sa dissolution. Ici la simple méchanique des organes ne suffit plus pour nous guider. Il faut recourir à l'observation des faits & des procédés connus, dans lesquels nous sçavons qu'il entre beaucoup de petits élémens arbitraires & de fantaisie. Cependant comme, d'un côté, il ne nous est pas possible d'avoir sous les yeux une langue parlée que nous puissions dire être primitive, puisque quelque misérable que soit une langue sauvage que nous voudrions choisir ; encore est-il certain qu'elle est dérivée d'une autre antérieure : comme, d'autre côté, il ne faut nous écarter ici que le moins que nous pourrons du plan de la nature, ayons recours à une hypothèse possible qui nous mette en état de procéder en régle. Supposons qu'un certain nombre d'enfans ont dès leur bas âge été abandonnés loin de tout commerce humain dans un climat désert, où ils ont trouvé le secret de se conserver jusqu'à l'âge adulte. L'histoire nous a transmis quelques exemples de faits pareils ; & quoique je ne les regarde pas comme suffisamment avérés, il faut convenir néanmoins qu'ils sont possibles : ce qui doit suffire ici. On ne peut douter d'abord qu'en cas pareil, ce petit peuple ne se fît par des signes ou par des paroles une méthode vraiment primitive pour lui-même de s'entre-désigner les noms des objets, ensuite de ses conceptions intérieures sur ces mêmes objets. C'est ainsi qu'en useroit un peuple d'enfans exactement élevés jusqu'à un certain âge dans un enclos où les personnes qui viendroient par intervalle prendre soin d'eux observeroient un parfait silence. Une telle expérience n'est pas impraticable. Elle seroit tout-à-fait curieuse pour voir comment se forme une langue primitive ; & bien plus encore pour apprendre quelle est la portée de la raison humaine livrée à elle-même & à ses propres forces sans aucun secours d'éducation, & comment elle parvient à se déveloper.

142. *Plusieurs enfans élevés ensemble se feront certainement un langage.*

En attendant j'avancerai sans hésiter, & je regarderai toujours comme un fait certain, qu'une troupe d'enfans, supposés mis ensemble, & abandonnés à la nature, se fera pour elle-même une langue propre & primitive, qui dans la suite par le dévelopement & l'extension des idées sera sujette à son progrès & à ses variations. Sans que l'expérience nous ait distinctement montré ce qu'il en seroit, on peut assurer que les choses arriveroient ainsi, aussi hardiment qu'on assurera que ces enfans marcheroient; puisque l'un est ainsi que l'autre une suite naturelle de leur constitution primitive. Les enfans qu'un ancien roi fit allaiter par des chévres loin de tout commerce humain, articuloient des sons, & c'étoient ceux qu'ils imitoient du cri de leurs nourices, qu'ils saisirent avec d'autant plus de facilité que ces sons étoient composés de lettres labiales & gutturales qui se dévelopent les premieres dans les organes de l'enfant. Ce roi s'étoit figuré de pouvoir découvrir par une telle expérience quelle étoit la premiere langue du monde naturelle à l'homme.

Mais il raisonnoit bien mal lorsqu'entendant que les enfans disoient *beeck*, cri qu'ils imitoient des chévres leurs nourices, il en conclut que la langue phrygienne, où ce mot *beck* signifie *du pain*, étoit la plus ancienne du monde : comme si ces enfans, qui ne connoissoient d'autre nourriture que le lait de leurs chévres, eussent pû en demandant à manger avoir quelque idée d'un aliment composé tel que *le pain*. Sennert raconte (*in Paralipom.*) qu'un certain prince ayant fait séparer trente enfans, on n'entendit rien d'eux que des paroles confuses & mal articulées : *Ex sepositis triginta pueris nihil retulit rex Maguth quàm voces confusas & indistinctas.* Sans doute que ces enfans avoient été élevés chacun séparément. Car en ce cas le peu de besoin qu'un homme seul a de se faire entendre nuiroit fort au progrès du dévelopement de ses organes vocaux, devenus inutiles dans cette position singuliere à un être à qui la seule idée des objets suffit, & qui n'a nul besoin de la transmettre à d'autres par la parole. Si les trente enfans furent élevés ensemble, on prit sans doute pour confus, ce que l'on n'entendoit point (& ceci arrive souvent); ou bien l'on retira trop tôt les enfans, qui dans une telle épreuve auroient dû être laissés à eux-mêmes environ jusqu'à l'âge de dix ou douze ans au moins. Voyez ensemble trois ou quatre petits enfans instruits dans la langue vulgaire; vous ne les entendez pas: cependant ils s'entendent à merveille entre eux; ils se sont déja fait un petit jargon. Lorsque Quintilien avance (*L. x, c. 1,*) qu'après l'épreuve faite de donner des enfans à élever dans la solitude par des nourices qui ne leur parloient pas, on a reconnu que quoique ces enfans articulassent certains mots, ils n'avoient pas la faculté de discourir; (*Infantes à mutis nutricibus jussu regum in solitudine educati, etiamsi verba quædam emisisse traduntur, tamen loquendi facultate caruerunt,*) il entend qu'ils ne paroissoient faire aucun discours suivi, ni bien nettement distinct: car il parle en cet endroit de la prononciation bien distincte, qui ne nous vient, dit-il, avec raison, ainsi que l'usage de la parole, que de l'habitude d'entendre dès notre enfance. Mais ce judicieux rhéteur qui convient que ces enfans s'étoient fait des mots, ne doutoit pas qu'il ne fût évident sur ce seul principe, que s'ils avoient été plusieurs ensemble, ils ne se fussent bientôt aussi fait un discours, qui n'est autre chose que l'assemblage de plusieurs mots.

143. *Un homme seul ne feroit que très-peu d'usage de sa faculté de parler.*

C'est beaucoup en vérité qu'un enfant élevé de cette maniere ait fait entendre quelques mots. Que l'on suppose un homme vivant seul dès son enfance, & absolument isolé de toute société, il ne fera pas, ou il ne fera que très-peu d'usage de sa faculté de parler. Elle ne sert qu'à communiquer ses idées à autrui. Un homme seul n'étant pas dans ce cas n'en a que faire. Tout son langage consisteroit en cris de sentiment, en gestes de surprise, en quelques articulations d'organe nécessairement conformes à leur structure : encore seroient-elles rares; parce que dans son enfance il n'auroit eu ni besoin ni exercice de sa faculté de les fléchir. On entendroit de sa part beaucoup de voyelles & seulement quelques consonnes indistinctes. D'ailleurs en vivant ainsi séparé du reste du monde, il exerceroit fort peu son jugement: il n'auroit presque point d'idées, mais seulement dans l'ame la mémoire de quelques perceptions très-simples. De sorte que si nous lui supposons tout d'un coup les organes dénoués, & la plus grande facilité physique pour discourir, il y seroit fort embarrassé, faute de liaison & de combinaison d'idées dans l'esprit. Le commerce avec les hommes donne occasion non-seulement de parler pendant la conversation présente, mais encore de réfléchir sur les conversations passées, & de préparer celles à venir. Dans l'hypothèse cy-dessus qui prend les choses au premier pas où il soit possible de les considérer, il n'y a point de langage qu'on puisse appeller *discours*, mais une espece de vagissement presque inarticulé qui forme néanmoins quelques mots sans suite. Mais ſuppoſons deux ou pluſieurs enfans mis enſemble ; alors le naturel, le beſoin, l'habitude mettent en jeu les facultés. Chacun profite des inventions de l'autre, & les accroît en continuant d'opérer ſur ce premier fond. L'homme ſeul étoit à-peu-près un lievre dans les bois. La converſation de nos deux enfans ne ſera guères plus que celle de deux animaux domeſtiques, qui ont beaucoup plus l'air de s'entretenir que les animaux farouches ; parce qu'en effet une ſociété plus étendue leur donne plus de connoiſſance. La puiſſance phyſique qui manque aux animaux pour faire de certains progrés ne manquant pas à nos enfans, ce petit germe pouſſera de profondes racines, & jettera un jour des branches infinies ſur le plan donné par la nature.

144. *Adoleſcence des langues primitives.*

Il eſt donc indubitable qu'une troupe d'enfans abandonnés ſans éducation ni exemple d'un uſage antérieur de la parole, s'ils peuvent s'élever, ſe feront un langage.

On a cy-devant à-peu-près vû quels en seront les premiers germes, & qu'il y aura parmi eux un certain nombre d'expressions radicales nécessaires, ou presque nécessaires, nées physiquement de la conformation naturelle de l'organe vocal humain, & produites aussi par le besoin qu'on a pour se faire entendre, de faire connoître de son mieux les choses dont on veut parler. Il devient plus difficile d'examiner l'adolescence des langues, supposées premieres, dans leurs progrès obscurs & leurs variations arbitraires, qu'il ne l'a été de démêler les premiers élémens de leur formation dans leur enfance, où la nature nous a servi de guide.

Quoiqu'elle ne s'écarte que peu de sa maniere ordinaire de procéder, je ne prétends pas dire néanmoins qu'elle ne s'en écarte point du tout; étant elle-même sujette à tant de petites variétés dans la production des individus de chaque espece. Elle en a mis, sans doute, dans la fine structure des organes vocaux, selon les climats & selon diverses autres causes; elle a pû, par exemple, donner quelque part, comme chez les Hurons, (Voyez n° 74,) plus de mobilité à un autre organe qu'à celui des lèvres, qu'on remarque parmi nous être le plus mobile chez les enfans, & le premier qu'ils mettent en jeu.

145. *Elle augmente les petites différences qu'elles pouvoient avoir dans leur origine.*

Mais ayant à parler en général sur cette matiere, j'ai dû présenter pour exemple ce qu'il y avoit de plus apparent: non que j'aie prétendu dire absolument parlant, qu'à supposer quatre troupes d'enfans aux quatre confins de la terre, qui se feroient à elles-mêmes chacun un jargon primitif dévelopé par la nature, les quatre jargons fussent tout-à-fait pareils sans aucune différence. La nature n'opere pas ainsi, puisqu'il n'y a pas une feuille absolument pareille sur un même arbre: mais ils seroient du moins fort approchans, & formés en vertu des mêmes principes méchaniques. La diversité qu'on y remarqueroit naîtroit, non du fond de la méthode pratiqué par la nature, mais du changement par elle produit dans l'organiſation qu'elle y emploie, ſelon la différence des climats.

Quoique le cœur de l'homme ſoit au fond le même dans tous les pays & dans tous les ſiécles, ayant le même fond de paſſion & de ſentimens naturels, qui y produiſent le même fond de vices & de vertus, on voit néanmoins que le tableau de la vie humaine eſt perpétuellement diverſifié. Le germe des vertus & de la corruption que la nature a mis dans le cœur, par-tout le même en ſubſtance, eſt toujours différent dans la maniere dont il ſe dévelope. Les paſſions ſe diverſifient de mille & mille façons ſelon les objets qui les excitent, ſelon les nuances du caractere qui les modifient. L'amour & l'amour, la colere & la colere, variés dès leur premier éclat dans deux perſonnes différentes, ſont pourtant toujours dans toutes deux le deſir de jouir, & le deſir de ſe venger. A meſure que ces paſſions s'exercent, les variétés deviennent plus marquées, les effets & le produit plus différens. De-là naît cette extrême variété de tableau des événemens produits par des causes pareilles.

Même marche, même jeu de la nature (aussi est-ce le même agent) dans le tableau des langages où les dissemblances vont comme les dévelopemens. Le principe de différence entre les quatre jargons, qui rendroit un peu dissemblables leurs termes primordiaux, produiroit un effet très-sensible dans le progrès de chaque langue, à mesure qu'elle se chargeroit de dérivations ou d'approximations. De sorte que la diversité peu marquée dans l'enfance des jargons, le seroit sensiblement dans leur adolescence. Alors chacun des quatre prendroit un air spécifique, dont il seroit d'autant plus difficile de reconnoître à l'avenir les causes arbitraires, que le peuple seroit plus barbare, fantasque, sauvage, dépourvû d'idées, de raison & de suite dans l'esprit. Or ce seroit certainement le cas de nos quatre troupes d'enfans isolées. Chacune d'elles deviendroit la tige d'un peuple ſauvage qui auroit une langue pauvre & chétive ; en un mot, ſelon la ſuppoſition que nous avons faite, elle ſeroit une langue primitive dans ſon adoleſcence.

Les langues orientales exiſtantes, qu'il nous ſeroit poſſible d'examiner en cet état, ſont dans un cas moins favorable à mes principes, que celui de l'hypothèſe que j'ai poſée, parce qu'elles ſont déja infiniment plus loin de leur dérivation primitive. Mais puiſque nous n'avons pas ſous les yeux d'autres objets effectifs à conſidérer que ces langues ſauvages, prenons-les ici pour exemples : & voyons par quelle raiſon, lorſqu'on les compare entre elles, elles paroiſſent à peine ſe reſſentir d'une origine commune & néceſſaire.

146. *Cauſes pour leſquelles les langues barbares d'un même pays doivent devenir différentes entr'elles, & nous le paroître plus qu'elles ne le ſont en effet.*

Parmi les ſauvages d'Amérique, où

chaque nation vit séparée l'une de l'autre par de grands lacs & d'immenses forêts, presque sans aucune entrevue entr'elles que pour se surprendre & s'entre-détruire, les langages différens ne paroissent avoir entr'eux que peu de rapport : comme si chaque peuple s'en étoit fait un pour lui-même primitif & particulier. C'est ainsi qu'on en pouvoit juger à l'inspection des exemples que les Missionnaires nous ont donnés d'une même phrase parallele traduite en plusieurs langues sauvages.

Ceci paroît d'abord contrarier l'opinion naturelle & raisonnable qu'une langue ne peut être tirée que d'une autre, & que le premier auteur de chacune de ces nations sauvages n'étant pas sorti de terre tout formé, comme la fable le raconte des soldats de Cadmus, ne pouvoit parler d'autre langage que celui qu'en son enfance, il avoit apris de ses peres. Et même à supposer, comme dans l'hypothèse cy-dessus, que chacune de ces nations sauvages descendît d'une troupe d'enfans abandonnés dans le plus bas âge, ne devroit-on pas reconnoître entre leurs divers langages actuels une analogie plus marquée, puisqu'ils dérivent tous d'un même principe organique & nécessaire ?

Il suffiroit pour répondre à cette objection d'observer que les langues actuelles des peuples sauvages se trouvent aujourd'hui à une telle distance de leur état primitif & nécessaire, qu'il seroit injuste d'exiger qu'on rendît compte des causes inconnues de leur altération pendant un immense intervalle de tems. Mais outre ceci, remarquons, 1° Que quand des peuples sans arts & sans connoissance ont été conduits, tant par le genre de leurs mœurs que par celui du climat qu'ils habitent, à vivre isolés de leurs voisins, leur langage s'isole aussi dans la même proportion, de siécle en siécle ; & perd d'une maniere plus sensible, faute d'entretien, ce qu'il pouvoit avoir de commun avec ceux du voisinage. 2° Que l'art de l'écriture, & les livres qui passent d'un peuple chez un autre étant l'une des principales causes de la richesse, de la propagation & du mêlange des langages, les langues doivent être moins analogues, plus différentes, plus isolées dans les pays où cet art est inconnu: ce qui est vérifié par l'experience. 3° Que ces langues barbares doivent en effet abonder plus que les nôtres en termes primitifs, puisqu'étant tout-à-fait pauvres dans leur commencement, lorsqu'elles ont eu besoin d'imposer un nouveau nom à quelque nouvel objet physique, elles n'ont pû, comme nous, le tirer de leurs voisins avec qui elles n'ont presqu'aucun commerce, mais seulement le dériver d'elles-mêmes sur quelques idées singulieres, ou le forger sur quelqu'affection particuliere des sens. En ceci tous les peuples de quelque pays que ce soit doivent être considérés, comme ayant une fois été dans un tems ou dans un autre ce que sont aujourd'hui les Américains. 4° On doit moins s'étonner d'entrevoir si peu de rapport entre le langage des deux nations, parce-que, quoique limitrophes, elles peuvent être fort distantes par leur origine. Les peuples sauvages n'ayant rien à perdre dans le pays qu'ils abandonnent & beaucoup de facilité pour acquerir ailleurs le peu qui leur est nécessaire, ne se font aucune difficulté de quitter leur demeure habituelle au moindre mouvement qui les y pousse. Une transmigration de 7 ou 800 lieues ne leur fait pas plus de peine qu'à nous un court voyage. Une nation mécontente de la contrée ou de ses voisins se transplante toute entiere au loin dans quelque terrein vuide, au milieu de diverses nations dont l'idiome n'a, ni ne doit alors avoir de rapport avec le sien. C'est ce qui arrive tous les jours aux Américains : c'est ce qui arrivoit autrefois aux Gaulois, aux Goths, aux Huns, &c. Nous avons même sous les yeux des exemples de ces transplantations prodigieusement éloignées, faites par les Romains, les Arabes, les Espagnols, les Hollandois, &c. 5° & c'est peut-être ici la principale raison, nous ne sommes pas en état de juger de l'analogie qui peut se trouver entre diverses langues que si peu d'Européens entendent, & que nul d'eux n'eſt probablement capable de prononcer. Il faut néanmoins que pluſieurs de ces idiomes ayent quelqu'analogie, puiſqu'au rapport du P. de Raſles, celui qui ſçait la langue huronne peut en moins de trois mois entendre les cinq nations iroquoiſes. Le huron, dit-il, eſt la maîtreſſe langue, la plus majeſtueuſe, & en même tems la plus difficile de toutes les langues ſauvages. L'algonkin, ſelon la Hontan, eſt auſſi une des principales langues du Canada, plus étendue & plus châtiée que la plûpart des autres. Le P. d'Etré autre miſſionnaire, après avoir raporté que les langues des divers peuples habitans au bord du Maragnon ſont auſſi différentes entr'elles que le françois & l'allemand, (& ſans doute que ſur une ſimple inſpection elles nous le paroîtroient beaucoup davantage, quoique cette comparaiſon marque déja un rapport notable entr'elles,) y ajoûte qu'il ne laiſſe pas d'y avoir parmi eux une langue ſçavante apellée la langue *del Inga* qui n'eſt entendue & parlée que par un petit nombre de perſonnes dans chaque nation. Tout ceci déſigne qu'il y a réellement plus d'analogie entre les langues ſauvages que nous ne ſommes en état d'y en appercevoir. Ces raiſons montrent qu'il n'eſt pas poſſible de ſuivre l'examen d'une langue ſauvage depuis le point de ſa premiere enfance juſqu'à celui où elle eſt parvenue, & que j'apelle le point de ſon adoleſcence; & même en cet état-cy elle eſt parlée par un peuple qui n'a ni connoiſſances ni ſuite d'idées: de ſorte que nous ne pouvons ici ni décider par les faits que nous ignorons, ni juger par une ſuite de raiſonnemens réguliers dont ces ſortes de gens ne font guères d'uſage. Attendons, à l'égard d'une telle langue, à l'examiner de nouveau quand elle ſera dans toute ſa force; & bornons-nous, quant, à préſent à conſidérer de quelle maniere elle pourra parvenir à ce point de maturité.

147. *Fabrique des ſyntaxes barbares.*

Dans ſon origine, elle n'a d'abord eu qu'un amas confus de ſignes épars

appliqués

appliqués selon le besoin aux objets à mesure qu'on les découvroit. Peu-à-peu la nécessité de faire connoître les circonstances des idées jointes aux circonstances des objets, & de les rendre dans l'ordre où l'esprit les place, a, par une logique naturelle, commencé de fixer la véritable signification des mots, leur liaison, leur régime, leurs dérivations. Par l'usage reçu & invétéré, les tournures habituelles sont devenues les préceptes de l'art, bons ou mauvais, c'est-à-dire bien ou mal faits selon le plus ou le moins de logique qui y a présidé; & comme les peuples barbares n'en ont guères, aussi leurs langues sont-elles souvent pauvres & mal construites: mais à mesure que le peuple se police, on voit mieux l'abus des usages, & la syntaxe s'épure par de meilleures habitudes qui deviennent de nouveaux préceptes. Je n'en dis pas davantage sur l'établissement des syntaxes; & même si j'y reviens dans la suite, ce ne sera qu'en peu de mots. C'est une matiere immense dans ses détails qui demanderoit un livre entier pour la ſuivre dans toutes les opérations méchaniques du concept, qui en général la rendent *néceſſaire* en conſéquence de la fabrique du ſens intérieur, mais très-*arbitraire* dans ſes petits détails, par le nombre infini de routes longues ou courtes, droites ou tortues, bonnes ou mauvaiſes, que l'on peut prendre pour parvenir au même but. Au ſurplus toutes ces routes bien ou mal faites ſervent également dans l'uſage, lorſqu'elles ſont une fois frayées & connues. *Non cùm primùm fingerentur homines*, dit Quintilien, *analogia demiſſa cœlo formam loquendi dedit, ſed inventa eſt poſtquàm loquebantur, & notatum in ſermone quid quomodo caderet. Itaque non ratione nititur, ſed exemplo; nec eſt lex loquendi, ſed obſervatio; ut ipſam analogiam nulla res alia fecerit quàm conſuetudo.*

148. *Forme de l'accroiſſement des langues adoleſcentes, & quelle part peut y avoir eu l'art.*

Quant aux termes de ces langues premieres, à leur augmentation en nombre à mesure que les objets paroissent & que l'esprit se dévelope, aux systêmes de dérivation commencée, je les croirois moins défectueux que les syntaxes, comme étant faits sur des notions plus simples, moins combinées, plus faciles à saisir. Les hommes imposent les noms aux choses pour leur besoin qui les affecte sensiblement, promptement, & d'une maniere assez vraie. Les Sauvages operent en ceci pour les choses simples au moins aussi-bien qu'un homme méditatif qui auroit la tête remplie de relations & d'abstractions. Si j'ai dit qu'une langue premiere en son adolescence est pauvre & chétive, c'est eu égard au petit nombre des termes, correspondant au petit nombre des idées & borné à l'expression des objets extérieurs les plus habituels. Mais le cercle étroit dans lequel on se renfermoit n'a peut-être servi qu'à rendre le procédé plus juste. Dans le fond l'accroissement des langues adolescentes doit avoir été formé sur un plan d'autant plus vrai qu'il étoit plus voisin de ses principes. Le mêlange actuel de nos idées, l'habitude d'apercevoir en tout mille relations idéales, la multiplicité combinée de nos perceptions nous donne mille manieres de nous écarter à droit & à gauche, qu'on n'avoit point alors. On voyoit les choses d'une maniere simple & directe. On les nommoit, autant qu'il étoit possible, en conséquence de cette maniere de les envisager ; & selon l'apparence assez souvent on ne rencontroit pas mal. C'est peut-être cette observation qui a fait avancer à quelques philosophes que les langues avoient été formées par les hommes sur un plan médité, & suivi avec réflexion. On sent assez, & je l'ai fait voir par des exemples certains, que cela est impossible pour le premier fond d'une langue, qui est une production de la nature plutôt que de l'art. Le premier fond d'une langue est l'ouvrage du peuple & du vulgaire. Il fabrique les termes selon le besoin qu'il en a :

.... *Utilitas expressit nomina rerum.*

LUCRET.

Il les fabrique l'un après l'autre par un premier mouvement imité, autant qu'il peut, de la nature & de la vérité des objets ; quelquefois aussi sur des perceptions mal examinées. Mais je croirois volontiers avec Platon, que souvent aussi les premiers impositeurs des noms ont raisonné juste, & n'étoient pas des gens mal avisés : qu'ils voyoient les objets comme ils devoient être vus ; & qu'un bon moyen de bien connoître les choses est d'en bien connoître les noms. Je demeurerai d'accord de ce qu'il dit, (*in Cratyl.*) *Suum à naturâ rebus inesse nomen ; nec artificem nominum quemvis esse posse ; sed eum duntaxat qui & innatum rei cuique nomen pervidere, & illius quasi formam literis deinde ac syllabis repræsentare possit :* pourvû toute fois qu'on ne veuille pas prendre ses paroles dans un sens trop étroit. Car, à cela près, je ne fais aucune difficulté de croire avec les Stoïciens qu'il n'y a point de mot dont l'origine n'ait une raison, connue dans les uns, inconnue dans les autres ; mais sur laquelle on doit employer la méthode générale de juger, en matiere de même espece, des points que l'on ne connoît pas par ceux que l'on connoît. Disons que la nature d'abord, & l'art ensuite ont eu part à la formation des mots. Quand il a fallu augmenter une langue, la méthode fondée sur l'habitude y est entrée pour beaucoup ; & l'on a suivi le plan commencé de ce qui étoit déja fait. C'est ce qui a fait dire à Quintilien, (*l. j, ch.* 6.) que le discours étoit fondé sur la raison, l'ancienneté, l'autorité & l'habitude. De ces quatre sources les trois dernieres se raportent à l'art & à la méthode : Mais ce qu'il appelle la raison, c'est de la part de l'homme la disposition de ses organes auxquels il est forcé d'obéir, & de la part des choses extérieures la vérité de peinture qu'on s'efforce tant qu'on peut de leur donner dans les noms qu'on leur applique ; en un mot c'est la nature, à qui tout doit primitivement se rapporter, & à laquelle seule on doit les racines primordiales de chaque terme.

Un de nos meilleurs Journalistes fait là-dessus une réflexion très-juste. Dans la formation des langues, dit-il, les mots, n'étant faits que pour l'oreille, devoient s'adresser directement & plus sensiblement à l'organe, & y réveiller l'image physique de la chose qu'ils désignoient. Mais lorsque l'écriture a fixé les signes, le matériel des sons étoit déja altéré, & l'analogie précieuse du mot avec l'objet s'étoit détruite à proportion que les langues s'étoient éloignées de leur origine : les termes figurés, dans leur formation, avoient peu-à-peu, dans les langues dérivées, perdu par l'usage la trace de l'image physique. *Journ. étrang. Janv.* 1761.

149. *Raison pour laquelle le langage des hommes sauvages est le plus rempli d'images & de figures empruntées de la nature. Cause du prétendu sublime du langage oriental. Comment une langue sortie de l'adolescence & dans sa force devient plus sévere & plus retenue.*

Le même écrivain explique d'une

maniere fort nette, la raiſon pour laquelle les diſcours des peuples ſauvages ſont ſi remplis de métaphores & d'alluſions, & ſe reſſentent du ſtyle poëtique beaucoup plus que la proſe des nations policées. Le peu qu'il dit ſur cet article remarquable eſt ſi ſatisfaiſant que je n'ai rien à y ajoûter, ſinon que ce ſtyle qu'on appelle oriental, qu'on croit ordinairement fort ſublime, & qui, pour nous être moins familier, nous paroît plus guindé que le nôtre, eſt peut-être au contraire plus voiſin de la nature.

» Des hommes ſauvages, dont l'ame, » pour ainſi dire, toute au dehors, n'eſt » ébranlée que par des objets phyſiques, » & dont l'imagination eſt toujours frapée » des grands tableaux de la nature; des » hommes dont les paſſions ne ſont tem- » pérées ni par l'éducation ni par les » loix, doivent conſerver toute leur » impétuoſité, toute leur énergie; des » hommes dont l'eſprit, n'ayant que » peu d'idées abſtraites & point de termes » pour les rendre, eſt forcé de recourir » aux images matérielles pour exprimer

» leurs pensées ; de tels hommes, dit-il, » paroissent plus propres à parler le langage » de l'imagination & des passions. Chez » nous, l'ame, en se repliant sur elle-même, » se détache en quelque sorte des objets » extérieurs. L'habitude de la réflexion & » de la pensée émousse la sensibilité de » l'imagination & modere l'activité des » passions : l'esprit devient plus sévere & » s'accommode moins d'une latitude vague » & indéterminée. La langue acquiert plus » de précision & en même tems plus de » timidité. Il est bien prouvé que le style » figuré qu'on remarque dans toutes les » langues naissantes & sauvages, n'ap- » partient pas trop au climat, & n'a pour » principale cause que l'indigence même » de ces langues.

150. *Cause de l'accroissement des langues. Plusieurs petits langages de Sauvages isolés se réunissent pour former une grande langue.*

Dans les pays sauvages & peu cultivés les habitations sont rares & distantes les unes des autres. Les nations ayant peu de commerce entr'elles vivent, pour ainsi dire, par familles & par colonies séparées ; chacune d'elle faisant, à vrai dire, une nation particuliere, ayant aussi son langage particulier, qui quelquefois n'a presque rien de commun avec celui des voisins. Il y a cependant presque toujours parmi eux un idiome prédominant que tous connoissent, & dont ils se servent en commun quand ils ont besoin de s'entendre. C'est ainsi que nous le voyons parmi les petites nations sauvages de l'Amérique. Il n'y a point de peuple qui n'ait été plutôt ou plus tard dans le même état ou nous avons trouvé les Américains & les Négres ; & il n'y a pas long-tems que notre Europe en est sortie : c'est une vérité de fait à la preuve de laquelle je ne m'arrête pas. Chacune de ces petites langues est pauvre & contient peu de mots. Quand la police vient à réunir ces petites colonies en une même nation nombreuse sous des mœurs plus sociables, leurs langages divers se confondent aussi en un seul, où le plus vulgaire & par conséquent le plus abondant prédomine toujours. Alors voilà une langue nouvelle, qui s'est constituée & qui a pris une forme. Comme elle s'est faite de plusieurs autres qui avoient des mots différens pour exprimer un objet commun, il s'y trouve d'abord des synonimes sur une même chose. Mais bientôt l'usage détruit & fait perdre les uns. On particularise peu-à-peu les autres en appliquant chaque terme aux différences d'un objet de la même espéce; tellement qu'à la longue, il n'y reste presque plus ou peut-être point du tout de purs synonimes.

151. *Comment une grande langue vient à se subdiviser en dialectes.*

L'agrandissement de ce peuple rassemblé dans une société nombreuse, ses conquêtes, ses émigrations, & sur-tout la suite des siécles, aussi-bien que le mélange des nations policées entr'elles, portent au loin sa langue, l'alterent & la divisent dans les différentes contrées, en autant de dialectes, qui ne sont toujours que le fond de la même langue, un peu altérée dans les articulations. Ainsi les petits langages des familles sauvages forment les langues meres des grands peuples, & les langues meres forment les dialectes des nations postérieures ; ce qui signifie, à vrai dire, qu'il n'y a presqu'aucune différence entre les dialectes (je dis dans les mots ; car elle est souvent plus grande dans les syntaxes.) Qu'est-ce en effet que cette différence qui ne roule que sur les voyelles, s'il n'y a qu'une voyelle, ainsi que je l'ai fait voir, n° 30 & suiv. Wachter, avec raison, n'a pas daigné parler du changement des consonnes, dans les mêmes dialectes. La diversité qui en résulte quoiqu'un peu plus forte est bien légere ; puisque ces consonnes, lors même qu'elles sont diversement figurées, y restent toujours à-peu-près les mêmes à l'oreille, (Voyez n° 35) comme étant des articulations du même organe. Il n'y a point de personne un peu attentive qui, à la seule inspection d'une même phrase écrite en latin, en italien, & en françois, ne discerne, sans sçavoir aucune de ces langues, qu'elles sont de la même famille :

> . . . . . *Facies non omnibus una*
> *Nec diversa tamen, qualem decet esse sororum.*
> OVID.

Cette ressemblance tombe encore plus aisément sous le sens de la vue que sous celui de l'ouïe. Le latin *magister* & le françois *maistre*, passablement reconnoissables à l'œil pour être le même mot, forment à l'oreille des sons très-dissemblables, quoiqu'il n'y ait de différence que par l'élision de la lettre gutturale (qui s'omet le plus souvent dans la prononciation rapide à cause qu'elle est tout au bout de l'instrument vocal,) & par le changement de l'*e* pur en *e* muet. Voulez-vous avoir ce mot *magister* identique dans les deux dialectes, tant à l'œil qu'à l'oreille ? Il n'y a qu'à le représenter à la vue d'une maniere ainsi caractérisée, *MAgISTeR.*

152. *Dans les divers dialectes la différence de voyelle affecte plus l'ouïe que la*

vue, & la différence de conſonne au contraire.

La voyelle agit ſur les ſens par le ſon, encore plus que par ſa figure alphabétique. Elle eſt plus du reſſort de l'oreille que de celui de la vue. La conſonne n'eſt que la forme du ſon, moins ſenſible à l'ouïe que le ſon même, & faiſant plus promptement ſon effet par ſa figure alphabétique : elle eſt plus du reſſort de la vue que de celui de l'oreille. Ainſi dans les mutations qui conſtituent les dialectes d'une même langue par la variation qu'elles mettent dans les mêmes mots, ſoit en changeant la voyelle (comme *aigue* pour *aqua*) ſoit en changeant la conſonne en une autre de même organe (comme *Water* pour ὕδωρ) la différence de la voyelle eſt fort perceptible à l'ouïe, & celle de la conſonne qui ne l'eſt pas beaucoup à l'oreille ſaiſit ſenſiblement la vue. Que l'on réfléchiſſe ſur ceci, on verra pourquoi, lorſqu'une langue nous eſt peu familiere, on entend ſi mal ceux qui parlent, quoiqu'on entende facilement ce qui eſt écrit. Car bien que dans le ſens & la compoſition des mots les conſonnes ſoient tout autrement principales que la voyelle, il n'y a cependant qu'elle qui reſte dans l'oreille ; & tel qui n'entendoit pas un mot prononcé, l'entendra bientôt malgré la différence d'articulation du même organe qui peut ſe trouver dans la conſonne, s'il peut le voir par écrit, & en prononcer les voyelles à ſa maniere. On vient de voir par l'exemple du mot *magiſter* comment deux mots très-differens par le ſon peuvent facilement être rendus identiques à la vue.

153. *Caracteres eſſentiels de différence entre les langues, tirés de l'ouie & de la vue. Qu'il peut, abſolument parlant, ſe former un langage ſans l'intervention d'aucun de ces deux ſens.*

Cette diſtinction de l'ouïe & de la vue quant au langage eſt très-importante, & ſert de baſe à la différence de caractere qui ſe trouve entre les deux claſſes de langages très-différens par leur principe. L'oreille guide autant la langue pour parler, que les yeux guident la main pour écrire. C'eſt l'habitude de l'oreille qui inſtruit la langue à former, ſans ſçavoir comment, ces mouvemens fins dont la différence eſt ſi délicate & ſi peu ſenſible, que ceux qui les forment le mieux par une excellente prononciation auroient grande peine à rendre compte de l'art qu'ils y emploient, & à montrer nettement aux autres par écrit & par le ſeul ſecours de la vue comment ils doivent s'y prendre pour bien opérer. C'eſt l'ouïe qui tranſmet les idées par les ſons; & enſuite la vue connoît les ſons par les lettres. Car ce que l'œil lit, l'oreille eſt ſuppoſée l'entendre; quoique à force d'habitude on liſe tacitement ſans prendre garde à cette ſuppoſition. Cependant on ne peut pas dire qu'il ſoit impoſſible que l'œil, quoiqu'avec moins d'avantage, parvienne à appliquer une certaine complication de caracteres à la repréſentation immédiate des idées de l'eſprit, comme l'oreille y applique une ſemblable complication de ſons, & la langue une complication de mouvemens. Car, quoiqu'en l'état où ſont les choſes parmi nous, il ſoit vrai que les lettres ſont les caracteres immédiats des ſons, comme les ſons ceux des idées, il n'y a cependant rien dans la nature des lettres qui les empêche de repréſenter immédiatement les idées ſans l'intervention des ſons. Tellement qu'il pourroit y avoir par cette méthode un langage peint entre un peuple de ſourds & muets. Le même peuple par une autre méthode pourroit avoir auſſi un langage, qui au lieu d'être peint ſur le papier ne s'exprimeroit à la vue que par les articulations des doigts & par les geſtes de la main, inſtrument très-flexible & dont les mouvemens ſont agiles & variés. Il pourroit même y avoir un langage par les ſeuls geſtes de contact & par le ſeul ſentiment du toucher entre un peuple aveugle, ſourd & muet. Les muets du ſerrail s'expriment par ſignes avec tant d'intelligence qu'ils expliquent clairement toutes leurs penſées, juſqu'à raconter de longues hiſtoires avec leurs circonſtances. Ils ont inventé pour la nuit un langage particulier qui consiste dans le simple attouchement des mains. De-là il resulte que quoique le sens de l'oreille, de l'œil & de la main s'entr'aident infiniment pour l'usage du langage, néanmoins les hommes, s'ils n'en avoient qu'un des trois, pourroient encore, absolument parlant, se parler, c'est-à-dire se communiquer leurs idées. Cela est si vrai qu'il se pratique quelque chose d'aprochant, non-seulement dans les langues chinoises composées de caracteres qui, représentant les choses & les notions indépendamment des mots, se prononcent différemment par des peuples qui les écrivent de même, mais même aussi parmi nous, quoique nous n'y fassions guères d'attention, quand nous traçons des caracteres d'arithmétique, d'algebre, & ceux dont nous nous servons pour signifier les poids, les métaux, les plantes, &c. Ces symboles sont employés par différentes nations pour exprimer les mêmes idées & le même sens, quoique rendus avec des sons & des mots aussi différens que le ſont deux traductions d'une même phraſe en deux langues différentes.

Rien n'eſt donc plus poſſible que d'introduire un caractere univerſel avec lequel toutes les nations, quoique de langues différentes, pourroient exprimer leurs idées communes : je dis leurs idées ſimples & communes ; car dès qu'elles ſeroient compliquées, la difficulté de ſe mettre au fait de tant de ſymboles & de variations de chaque ſymbole l'emporteroit beaucoup ſur l'utilité de cette généraliſation. C'eſt ce qui fait que notre méthode de figurer chaque articulation des mots par autant d'élémens ſéparés, l'emporte encore de beaucoup, tout mis en balance, ſur la méthode chinoiſe de figurer à la fois toute une idée ; malgré l'avantage qu'elle a de porter avec elle ſa traduction dans tous les dialectes chinois : & même on ne voit pas que cette méthode qui devroit avoir beaucoup plus de préciſion que la nôtre, en ait en effet davantage, ni quelle ſoit plus expéditive pour l'écriture.

154. *Caractere de différence entre les langues & les dialectes.*

Wachter marque ingénieusement en deux mots le caractere de différence qu'il y a entre les langues & les dialectes. *Les langues*, dit-il, *different entre elles par des consonnes.* (il entend, sans doute, les consonnes organiques) *& les dialectes par les voyelles.* Cela est si juste & si précis que je n'ai rien à y ajoûter. Lorsqu'on remarque en diverses langues que les mots de même signification s'expriment par les mêmes consonnes, ou ne font que les varier par des mouvemens procédans du même organe, on peut dire que ce n'est que le même mot, malgré la différence totale des voyelles du mot, qui portent à l'oreille un son très-différent: & en conclure que les langues sont sœurs; c'est-à-dire, qu'elles ne sont que des dialectes provenues d'une même mere. Au contraire si deux langues expriment habituellement leurs mots de même signification par des organes différens, c'est-à-dire par des consonnes différentes, c'est un signe que ces langues sont étrangeres l'une à l'autre, & qu'elles n'ont pas la même origine immédiate. Ces observations font reconnoître dans un langage mêlangé, comme dans l'anglois, à moitié composé de tudesque & de latin, ce qu'il tient de l'un ou de l'autre.

155. *Caracteres qui marquent les classes & les subdivisions entre les langues.*

Il y a des différences entre les langues propres à faire reconnoître celles qui sont d'une même classe, & réductibles à la même origine; propres à marquer aussi les caracteres distinctifs qui particularisent chacune de celles d'une même classe. Par exemple : celles qui parlent aux yeux figurant les symboles spécifiques des choses, comme l'ancienne égyptienne & les chinoises; & celles qui parlent aux oreilles par le son ou la figure des lettres : celles qui dans leur alphabet joignent le son avec sa figure (la voyelle avec la consonne) & qu'on appelle syllabiques comme la siamoise ; & celles qui les séparent, & qu'on appelle littérales comme la nôtre : celles qui ont des affixes, comme l'hébraïque ; & celles qui séparent les pronoms : celles qui abondent en particules conjonctives comme la françoise ; en verbes auxiliaires à défaut de conjugaisons, comme l'angloise ; en adjectifs composés, comme la grecque, &c. Mais si la différence est dans la syntaxe, elle marque moins que celle qui est dans les racines des mots, & ne peut guères servir que de subdivisions entre les dialectes : par exemple, le latin & le françois, qui bien qu'ils ayent des syntaxes très-différentes, ne sont néanmoins que la même langue : au lieu que quand la différence est dans le caractere spécifique même des langues, elle marque que si les deux peuples ont eu une origine commune, le tems en a effacé la trace la plus naturelle, & la plus ineffaçable ; exemple : le chinois & le latin.

La voie de décomposition, d'analyse & de comparaison mene aisément à distribuer les langues par classes subdivisées, chacune en plusieurs especes qui se rapportent dans leurs caracteres essentiels ; & à séparer les especes par les variétés spécifiques ajoûtées aux caracteres communs. Alors en reprenant dans chaque classe le caractere essentiel de celle qui, étant la plus ancienne en ordre de date est devenue primitive à notre égard par l'extinction des langues meres antérieures, on y observera une forme primordiale, un génie grammatical plus original, un genre d'analogie répandu sur toute sa filiation, & qui, commun à ses dialectes, leur donne un air de famille qui les annonce malgré la différence des contours & des traits. En reprenant ensuite dans chaque espece les variétés spécifiques, on y reconnoîtra une construction & une composition propre, une forme paragogique toute particuliere, un idiotisme qui n'appartient qu'à cette espece : on les discernera des caracteres généraux & communs aux autres especes de la même classe.

156. *Division des peuples par classes de langues.*

Je voudrois, disoit Leibnitz, qu'on divisât les pays de la terre par classes de langues, & qn'on en dressât des cartes géographiques. Heinselius l'a tenté dans les petites cartes géographiques insérées au-devant de son *Harmonie des langues*. Il faudroit les diviser par parties du monde, royaumes & provinces grammaticales. La premiere division seroit marquée en mettant d'une part les langues faites pour les yeux, de l'autre celles faites pour les oreilles. Et je serois tenté de croire que la langue pour les yeux formeroit l'ancien monde, & la langue pour les oreilles le nouveau : du moins cela seroit assez vraisemblable si l'on ne les considéroit que comme langues écrites. Il y avoit autrefois dans le vaste continent de l'Asie deux mondes, très-distincts l'un de l'autre : l'un ayant sa pente jusqu'à la mer vers l'Orient, l'autre de même jusqu'à la mer vers l'Occident, tous deux si bien séparés par les

hautes

hautes chaînes du mont Imaüs ou du mont Altay, que pendant grand nombre de ſiécles ils ne ſe ſont pas connus, & que ce n'eſt que dans des ſiecles plus récens qu'ils ont commencé à communiquer enſemble. Le plus ancien des deux en art & en police paroît être l'oriental, où la langue écrite eſt fabriquée ſur le ſens de la vue.

La ſeconde diviſion ſeroit entre les langues, dont les mots diffèrent par les conſonnes (car alors elles diffèrent eſſentiellement.) Celles qui ne diffèrent que par les voyelles y formeroient une ſous-diviſion (car alors ce ne ſont plus que des provinces d'un même état; que des dialectes d'une même langue.)

On peut auſſi ſe ſervir, pour les ranger, de leur ſyntaxe, de leur génie, de leur caractere, en examinant & comparant leurs formules uſitées. *Par exempl.* le François n'a point d'inverſion, ne décline pas, met l'article aux noms, ſépare le pronom, n'a point de duel, n'a preſque pas d'adjectifs compoſés, ni de genre neutre; il conjugue, employe les verbes auxiliaires *être* & *avoir*, met la préposition devant, n'a point d'augment, manque souvent de l'action du verbe, a le nominatif absolu, &c. L'analyse & la comparaison des langues rédigées par tables est très-propre à montrer leur origine & leur agnation. Mais encore une fois le meilleur tableau qu'on puisse faire sur cette matiere est un grand archæologue, ou nomenclature générale, telle que je le proposerai, Chap. XV. Il épargneroit tous les traités d'étymologie, tous les dictionnaires, toutes les dissertations sur les langues anciennes qu'on ne cesse de publier aujourd'hui, toutes les questions que l'on agite sur le grammatical, & sur l'historique de cette matiere, dont le parallele ainsi réuni sous un coup d'œil facile présenteroit évidemment la juste décision.

157. *Etat du langage des peuples spirituels & policés.*

Une langue sortie de son adolescence, &, pour ainsi dire, dans la force de son âge, devenue celle d'un peuple policé, riche, nombreux, commode & oisif, d'un peuple qui, avide d'augmenter ses idées, exerce les facultés de son esprit, considere les objets de mille & mille manieres, en prend les noms en mille & mille acceptions différentes, & donne une libre carriere à son imagination; d'un peuple qui a des arts, des métiers, des sciences, des poëtes & des beaux esprits, qui voyage, commerce, va, revient, instruit & s'endoctrine; une telle langue, dis-je, prend alors avec promptitude un bien plus grand accroissement par une infinité de causes assez faciles à sentir, & dont je ne toucherai qu'un petit nombre.

158. *Cause de son abondance, de sa richesse, de ses variations.*

S'il y avoit sur la terre, dit Johnson, un idiome invariable, ce seroit celui d'une nation sortie peu-à-peu de la barbarie, séparée du reste des hommes, uniquement occupée à satisfaire aux premiers besoins de la nature, n'ayant ni écriture, ni livres, & se bornant à l'emploi des mots d'un uſage journalier & commun; ſuffiſant à ſon petit nombre d'idées. Cette nation laborieuſe & ignorante pourroit déſigner long-temps les mêmes objets par les mêmes voix. Elle auroit beaucoup de noms d'êtres phyſiques, & très-peu de noms d'être moraux : car les premiers ne ſont que pour le beſoin qui ne varie guères non plus qu'eux ; & les ſecours ſont pour la richeſſe & le luxe des idées, qui n'a point de bornes. Transformons cette nation ſauvage, en un peuple où les arts ſont en vigueur ; où les hommes forment différents ordres ; où les uns commandent, & les autres obéiſſent ; où les uns ne ſont rien, & les autres travaillent toujours ; où ceux qui ne ſçavent ou ne veulent pas remuer leurs bras, trouvent une reſſource glorieuſe contre la pareſſe, & contre la faim en remuant leurs idées. Alors, dit encore le même Johnſon, les fainéans dont l'unique occupation eſt de rêvaſſer, multiplient à l'infini les expreſſions pour ſuffire à l'inſtabilité de leurs perceptions. A chaque accroiſſement de la ſcience réelle ou imaginaire, on voit naître de nouveaux mots, de nouvelles locutions. Il en faut pour les métiers, pour les arts, pour les ſciences. Mais ſur-tout il en faut une extrême abondance, ſi la ſcience eſt du nombre de celles qui s'exercent au-dedans de l'eſprit ſur des objets qu'il a forgés, & qu'il conçoit lui-même à peine, plutôt que ſur des objets extérieurs; ſi l'art eſt plutôt d'appareil que de néceſſité, tels que l'éloquence & la poëſie. Car ce ſont ceux-ci qui font la plus grande dépenſe en mots; comme il arrive dans les grands états que ceux qui travaillent & ſervent le moins ſont ceux qui conſomment le plus. Sous l'empire du beſoin, l'eſprit ne s'écarte guères au de-là des objets néceſſaires: mais affranchi de ce lien de ſujétion, il s'échappe & bondit en liberté dans les plaines de l'imagination, il change à chaque inſtant de perceptions & d'idées. Avide de nouveautés, curieux de découvrir, empreſſé de tranſmettre ſes découvertes, amoureux de ſes chimeres même, il introduit la métaphore, les alluſions inattendues, les termes figurés de toute eſpece, les acceptions d'un même terme en mille ſens détournés de leur vrai ſens originel, ou les expreſſions d'un même ſens en mille termes qui n'y avoient ci-devant aucun rapport : ce qui ouvre un vaſte champ aux dérivations dénuées de toute analogie primitive. Alors les noms d'êtres moraux abondent dans le langage, & viennent à paſſer de bien loin celui des noms d'êtres phyſiques. La langue eſt appellée riche; & en effet, les gens riches ſont ceux dont la dépenſe en ſuperflu & en commodités excede de beaucoup celle du néceſſaire. Mais il arrive parfois qu'à force de ſuperflu le néceſſaire en ſouffre. Et dans une langue le néceſſaire eſt la clarté, peut-être même la ſimplicité : c'eſt la fidélité de rapport entre le nom & l'objet qu'il déſigne; en un mot, c'eſt la vérité de cette peinture par expreſſions que l'organe vocal doit exécuter pour rendre les choſes aiſément perceptibles, & promptement reconnoiſſables : vérité qui ne ſe trouve plus dans les langues, dès qu'on a dépravé la nature par des allusions idéales qui lui sont étrangeres, & qu'on a écarté à tel point le dérivé de sa racine primordiale, que la connexité qui devroit facilement s'appercevoir entr'eux, n'y est plus sensible.

159. *Les mots se dépravent & la syntaxe se rectifie.*

N'omettons cependant pas d'observer que si dans un tel état de la langue les mots se dépravent, en récompense la syntaxe se perfectionne. Les termes s'écartent beaucoup de leur institution naturelle, mais leur assemblage se rapproche de plus en plus de l'ordre des idées actuelles de celui qui les employe. Il donne carriere à son imagination pour lui fournir les mots, & ne s'en rapporte qu'à la logique pour les arranger : une expression hazardée peut saisir l'auditeur, lui paroître une hardiesse heureuse & ingénieuse : une construction irréguliere & bizarre ne seroit quasi jamais qu'un barbarisme inintelligible.

160. *Difficulté d'éviter l'abus des mots.*

Les vices du langage provenant de l'abus des termes, ne ſont pas, je l'avoue, faciles à éviter, lorſque l'eſprit s'exerce beaucoup en une langue. Outre qu'il recherche l'abondance & la commodité, il ſent auſſi combien les termes reſtent au-deſſous de ſes idées : avec quelle imperfection les mots repréſentent les objets : combien les paroles ſont incomplettes pour ſignifier dans leur véritable étendue les circonſtances des choſes ſous le point fixe où l'on les veut faire appercevoir. C'eſt ce qui porte l'eſprit à redoubler ſes efforts ; à tout tenter bien ou mal, pour ſe faire entendre; à inventer l'acception d'un terme en un ſens inuſité, dans l'eſpérance de le tourner en image ; à chercher des routes obliques, s'il ne peut arriver au but par la plus droite ; au riſque de s'en écarter davantage, & de devenir plus obſcur en voulant ſe rendre plus clair : à multiplier ſur un même objet les ſynonimes qui d'abord ne ſont pas vraiment tels : car le créateur d'un terme nouveau, ou de l'acception nouvelle d'un ancien terme, ne vouloit, au contraire, que particulariser son idée. Mais bientôt son intention se perd de vuë par l'auditeur inappliqué, & le terme s'introduit dans l'usage ordinaire, au même sens qu'ont déja plusieurs autres. Donnons un exemple de cette adoption des synonimes, choisi parmi des expressions de même sens, dont l'acception, quoique extraordinaire, ne soit ni abusive à l'excès, ni aussi détournée que beaucoup d'autres que je pourrois citer.

161. *Causes des synonimes & de leur multiplication : de leur vice & de leur utilité.*

Les synonimes des choses viennent de ce que les hommes les envisagent sous différentes faces, & leur donnent autant de noms relatifs à chacune de ces faces. Si la chose est un être existant réellement & de soi dans la nature, sa maniere d'exciter l'idée étant nette & distincte, elle n'a que peu ou point de synonime. *Exempl. Fleur.* Mais si la chose est une perception de l'homme relative à lui-même, & à l'idée d'ordre qu'il se forme pour sa convenance, & qui n'est qu'en lui, non dans la nature, alors comme chaque homme a sa maniere de considérer, & de se former un ordre, la chose abonde en synonimes. *Exempl.* Une certaine étendue de terrain se nomme *Région*, eu égard à ce qu'elle est *régie* par le même prince, ou par les mêmes loix : *Province*, eu égard à ce que l'on y vient d'un lieu à un autre (*provenire*) : *Contrée*, parce qu'elle comprend une certaine étendue circonvoisine (*tractus*, *contractus*, *contrada*) : *District*, en tant que cette étendue est considérée, comme à part, & séparée d'une autre étendue voisine (*districtus*, *distractus* :) *Pays*, parce qu'on a coutume de fixer les habitations sur les hauteurs ou près des eaux ; (car c'est ce que signifie le latin *pagus*, soit qu'on le tire du grec πάγος *collis*, ou de πηγὴ *fons*.) *Estat*, en tant qu'elle *subsiste* dans la forme qui y a été *établie*. *Diocèse*, *Ressort*, *Gouvernement*, *Généralité*, *Cercle*, *Palatinat*,

& tant d'autres mots employés dans chaque langue pour désigner une étendue de terrein, qu'il seroit trop long d'expliquer, & dont la cause primitive est facilement apperçue quand on y fait attention. Toutes ces appellations sont nées d'une considération particuliere qui n'a souvent à la chose même qu'un rapport fort éloigné; comme assurément *regere*, & *distrahere* n'en ont presqu'aucun à une étendue de terrein qu'on ne laisse pas que de nommer *région* & *district*. Cependant tous ces termes passent dans l'usage: on les généralise dans la suite; & on les emploie sans aucun égard à la cause originelle de leur institution.

Autre Exemple tiré de la langue latine. Elle nomme un Prêtre *Sacerdos* eu égard à ses fonctions sacrées: *Presbyter* en considération de ce que les Prêtres étoient le plus souvent alors des personnes avancées en âge (πρέσβυς *senex* πρεσβύτερος *senior.*) *Antistes* parce qu'il se tient *debout devant* l'autel, (*Ante-stans;*) *Pontifex*, parce que, les processions des

Romains paſſant ſur les ponts du Tibre ; les Prêtres de leur religion étoient chargés de faire faire les ponts & de leur entretien (*pontes facere*). *Præſul*, parce que ſelon le rit uſité dans les cérémonies le Prêtre *ſautoit le premier* (*præſultans*) & marchoient en cadence au-devant du peuple qui imitoit la même cadence & rendoit le même mouvement. C'eſt ce que ſignifient ces paroles du vieux rituel citées par le poëte Lucilius :

Præſul ut amptruat, inde & volgu redamptruat olli,

Amptruare, vieux mot de la langue latine telle qu'on la parloit au tems du roi Numa, ſignifie *danſer*, & à la lettre *aller & venir* comme les pois ou les petits morceaux de viande qui bouillent dans un pot. Auſſi ces Prêtres ſe nommoient-ils pareillement *Saliens*, i. e. *ſauteurs*. Cette variété de mots met dans les langues beaucoup d'embarras & de richeſſe. Elle eſt très-incommode pour le vulgaire & pour les philoſophes qui n'ont d'autre but en parlant que de s'expliquer clairement. Elle aide infiniment au poëte & à l'orateur en donnant une grande abondance à la partie matérielle de leur ſtyle. C'eſt le ſuperflu qui fournit au luxe, & qui eſt à charge dans le cours de la vie à ceux qui ſe contentent de la ſimplicité. La plus riche langue du monde eſt l'arabe, qui n'a pas épargné les ſynonimes, même aux objets phyſiques : car elle a, dit-on, cinq cent mots pour ſignifier *un Lion.* Auſſi les Arabes prétendent-ils qu'on ne peut la ſçavoir en entier que par miracle. Aucune nation n'a fait tant de cas de la poëſie que celle-ci, ni n'a eu un plus grand nombre de poëtes. Quoique cette langue ſoit la plus belle de toutes celles d'Orient, une ſi exceſſive abondance n'y pourroit-elle pas bien paſſer pour un défaut ?

162. *Effet des invaſions ſur le langage.*

Les émigrations des peuples, les colonies nombreuſes & ſoutenues, les invaſions ſubites, les conquêtes éloignées ſont des cauſes d'accroiſſement qui appartiennent plutôt à l'adoleſcence ou au déclin des langues, qu'à l'état de pleine formation dans lequel je les conſidere.

La langue conquérante ou la conquiſé
ſont preſque toujours encore alors l'une
ou l'autre dans un certain état de barbarie. Les invaſions ſont le fléau des
idiomes comme celui des peuples, mais
non pas tout-à-fait dans le même ordre.
Le peuple le plus fort prend toujours
l'empire ; la langue la plus forte le prend
auſſi, & ſouvent c'eſt celle du vaincu qui
ſoumet celle du conquérant. La premiere
eſpece de conquête ſe décide par la force
du corps ; la ſeconde par celle de l'eſprit.
Quand les Romains conquirent les Gaules,
le celtique étoit barbare ; il fut ſoumis
par le latin. Lorſqu'enſuite les Francs y
firent leur invaſion, le franciſque des
vainqueurs étoit barbare, il fut encore
ſubjugué par le latin. Cette colliſion des
langues étouffe la plus foible & bleſſe la
plus forte. Cependant celle qui n'avoit
guères y acquiert beaucoup, c'eſt pour
elle un accroiſſement ; & celle qui étoit
bien faite ſe déforme, c'eſt pour elle un
déclin. Ou bien le choc ſe fait au profit
d'un tiers langage qui réſulte de cet accou-

plement, & qui tient de l'un & de l'autre en proportion de ce que chacun des deux a contribué à sa génération. Ainsi le latin a résulté du mêlange du grec éolique & du celtique, lorsque les colonies des deux peuples se sont rencontrées vers le Latium. Toute une vaste contrée d'Amérique étoit remplie de petites nations isolées. Les Mexicains s'éleverent, les soumirent, les réunirent. La langue mexicaine prit de même le dessus, mêlangée cependant de tous les petits idiomes. Les Espagnols y ont ensuite fait leur invasion. Leur langue plus riche en idées & en expressions assujettit la mexicaine, la couvre de son abondance sans l'anéantir; elle s'abâtardit elle-même: elle ne sera plus l'espagnol, mais un dialecte espagnol dénaturé par le mexicain, qui dans la suite des siécles sera regardé en Amérique comme une langue originelle & primordiale, ainsi que le phœnicien est regardé parmi nous.

163. *Altérations qu'y causent le commerce & les opinions nouvelles.*

Les petites émigrations telles que les

voyages & le commerce étranger, sans produire dans le langage les révolutions subites & marquées, y apportent une variation lente & successive. Des étrangers qui fréquentent ensemble ayant intérêt de se plier aux usages, aux façons de parler réciproques, en prennent l'habitude, la transmettent & la rapportent. L'échange a lieu pour les mots comme pour toute autre denrée. L'effet de l'importation mutuelle gagne de proche en proche, s'étend des particuliers à la nation, & même à la longue de peuple en peuple.

164. *Les termes étrangers que les langues adoptent ne les rendent pas toujours plus riches en effet.*

Alors une langue s'accroît de peu à peu par une multitude de termes adoptifs; & s'enrichit, du moins en apparence, en s'appropriant une quantité d'expressions des langues antérieures, ou contemporaines, autres que la langue mere immédiate, d'où elle tire ses dérivations habituelles. Elle y emploie divers procédés;

ſoit qu'elle traduiſe les mots ſpécifiques des langues étrangeres, en les rendant par des mots à-peu-près équivalens qu'elle trouve en ſa propre langue; exemple: χλαμὺς *caſaque*, *ſurtout*; ſoit qu'elle les adopte tout nuds, & les faſſe paſſer dans ſon idiome, tels qu'elle les a trouvés chez l'étranger, lors même qu'il lui auroit été facile de les traduire; exemple: *Thermometre*, *Evangile*; ſoit qu'elle les plie un peu à ſa forme de conſtruire, d'articuler, & de terminer, pour leur faire perdre le ſon dur & bizarre que leur donneroit une prononciation purement étrangere; exemple: *redingotte* pour *riding-coat*, i. e. *caſaque pour aller à cheval.* Ces adoptions multiplient prodigieuſement les mots dans une langue. Mais la rendent-elles plus riche en effet? Non; ou du moins rarement. Cette richeſſe eſt imaginaire, dès qu'il eſt facile de dire les mêmes choſes, en ſe ſervant des termes déja reçus & uſités dans la langue. Elle ne ſert qu'à y jetter de l'obſcurité; qu'à mettre une partie des gens, qui entendent dire de tels mots dans le cas de demander ce qu'ils ſignifient, & une partie de ceux qui s'en ſervent dans le cas de ne ſçavoir que leur répondre, du moins avec juſteſſe & préciſion. Que ſert de parler grec en françois? de dire *thermometre* & *évangile*, quand il ſeroit plus clair & auſſi facile de dire *meſure-chaleur*, & *bonne-nouvelle?* Etoit-il fort utile d'introduire chez nous le mot *riding-coat*, quand nous pouvions dire *habit-à-cheval*, qui n'eſt pas plus long à prononcer? On ne parle que pour être entendu. Le plus grand avantage d'une langue eſt d'être claire. Tous les procédés de grammaire ne devroient aller qu'à ce but. Ce n'en eſt pas un bon que d'avoir introduit dans la nôtre tant de mots étrangers; & ſur-tout des mots grecs tout purs: à moins qu'on ne puiſſe avoir autrement le nom ſpécifique & appellatif de quelque objet phyſique nouvellement connu. Mais ceux qui voyent quelque objet nouveau, & l'entendent nommer en la langue du pays où ils ſe trouvent, ont plutôt fait de répéter le mot que de l'expliquer par une traduction; & il passe ainsi dans l'usage, sans que la plûpart des gens sçachent ce qu'il veut-dire. Les sçavans ont beaucoup contribué à cet abus, par les noms qu'ils ont les premiers imposés à grand nombre de choses nouvelles dont ils avoient à parler. Aulieu de chercher à se rendre intelligibles à tout le monde, ils ont eu l'affectation pédantesque de faire emploi des expressions grecques qui donnnoient un air d'érudition à leurs écrits. Il faut convenir néanmoins que ces termes transplantés ont quelquefois l'avantage de caractériser spécifiquement l'objet nommé; de le distinguer de tout autre objet de pareille espece, lorsque le terme tient lieu de nom approprié au seul objet nommé: ce qu'on ne feroit pas toujours d'une maniere aussi précise, par la traduction en langue vulgaire d'un appellatif plus vague & plus étendu. *Evangile* dit pour nous quelque chose de beaucoup plus particulier que *bonne-nouvelle*. Mais

Thermometre ne dit rien de plus que *mesure-chaleur* ; & l'instrument seroit aussi-bien nommé en françois qu'en grec. Notre langue auroit du moins gagné, à cette habitude de traduire, l'usage des mots composés, qui donne à la langue grecque tant de précision, de richesse & d'harmonie qu'elle ne tire que de son propre fond.

165. *Difficulté de reconnoître l'origine d'un terme adoptif lorsqu'il est venu de loin par une longue émigration.*

La racine d'un terme usité dans un pays se trouve quelquefois dans un autre pays fort éloigné, avec lequel celui-là pouvoit n'avoir que peu ou point de commerce. Les mots ne dérivent pas seulement d'idées en idées, de sons en sons, & de figures en figures. Ils coulent aussi de contrées en contrées, par des transmigrations de proche en proche, jusqu'à se trouver transplantés dans des lieux fort distans de leur primitif, qu'on ne se seroit guères avisé d'aller chercher si loin. Notre langue appelle *Bazin* une étoffe fine & velue faite de coton. L'origine de ce mot est fort reculée. D'abord il nous est immédiatement venu de l'italien *Bambagine*, dont on a fait par aphérèse, (Voyez n° 129,) *Bagine*, *Bazin*. *Bambagine* du latin *Bombycinus*. Celui-ci remonte au grec Βόμβυξ, Βαμβαξ ; à l'oriental *Bambatze* ; à l'indien *Bambu*, Le *Bambou* est un arbrisseau dont l'écorce sert aux Indiens & aux Chinois à faire des étoffes & du papier. Les Egyptiens se servoient de la plante *Papyrus* à pareil usage. Les caracteres chinois *Pam Pu* signifient *étoffe velue du pays*, Ainsi l'on voit que ce mot nous est venu de régions en régions, d'une langue bien éloignée, & encore plus étrangere à la nôtre par sa forme constitutive que par la distance des lieux. Dans cette longue émigration il n'a rien perdu, à la vérité, de sa signification primordiale. Mais quelle différence entre le son de la clef chinoise, *Pam Pu*, & celui du mot françois *Bazin* ? car, des deux clefs radicales *Pam Pu* qui le retrouvent encore dans l'italien *Bambagino* la derniere nous reste seule, par le retranchement que le françois a fait de la premiere syllabe de l'italien, en le transportant dans sa langue. On ne se seroit pas avisé d'aller chercher dans la clef chinoise la racine de notre mot, si le fil de la dérivation ne fût resté visible & connu. J'ai voulu rapporter cette origine d'après Bayer (*Mus. Sinic. tom. j, p.* 76,) parce qu'il est rare de pouvoir mettre de tels exemples à decouvert. Celui-ci suffit pour faire comprendre que les transplantations d'une quantité de mots se sont faites à de si grandes distances de tems & de lieux, que l'éloignement a mis les vrais primitifs, & à plus forte raison les racines, hors de portée d'être recouvrées. Une grande partie de nos anciens mots viennent des langues orientales. Nous ne connoissons, (& médiocrement encore) que celles qui avoient cours depuis l'Euphrate à la Palestine. Quand on est parvenu là, il faut s'arrêter tout court. Cependant combien ces langues-ci ne s'étoient-elles pas enrichies d'un fond étranger, & d'un commerce ſucceſſif & lointain ? Tout ce qui eſt au de-là reſte couvert à notre égard des ténebres du tems. Nous prenons dans ces langages nos primitifs ; & ces prétendus primitifs ne ſont ſans doute, pour la plûpart, que des dérivés déja fort éloignés de la forme originale des vrais ſons primitifs & radicaux.

166. *Obſervations ſur les traces que le commerce des nations a autrefois laiſſées entre leurs langages.*

Que l'on ne s'y trompe point. Les mots courants des langues actuellement uſitées ſont ſouvent les primitifs d'où ont été tirés d'autres mots des anciennes langues mortes. Les Latins ont fait leur mot *Piſcis* ſur le primitif ſimple *Fish*, qui, dans les langues allemande & ſeptentrionale ſignifie la même choſe ; les Latins y ont ajoûté une terminaiſon de leur langue ; & de *Piſcis* les Italiens ont immédiatement dérivé *Peſcé* & les François *Poiſſon* ; chaque nation ajoûtant ainſi la terminaiſon analogue à l'uſage de ſa langue. Les Latins ont tiré quantité de mots des langues du Nord, ſoit immédiatement, ſoit médiatement par le Celtique qui entre pour beaucoup dans la compoſition de leur langage. Il étoit naturel que le mot *Piſcis*, entr'autres, vînt du côté du Nord, puiſque le poiſſon eſt infiniment plus abondant dans les mers de ces climats que dans tout autre; & que les peuples du Septentrion chez qui le grain eſt rare, font du poiſſon leur aliment ordinaire. Les noms latins des oiſeaux de mer viennent auſſi du langage ſeptentrional, comme *Fulica* de *Fugl* (*avis*); & auſſi le nom *Sagena* (Seine), du filet à pêcher que la langue du Nord appelle *Sayn*. Cette remarque avertit qu'il faut chercher les racines des mots dans les langues des peuples dont les mœurs ſont tournées à faire un grand & ancien uſage de la choſe nommée. On voit ici que les termes ſimples relatifs à la pêche ſe trouvent raſſemblés chez les peuples Septentrionaux qui, faute

de

de bled, en ont de tout tems fait métier, bien autrement que les Latins, les Grecs & les Orientaux.

Les traces du commerce des mots que les anciennes nations ont fait ensemble sont encore reconnoissables, quand il se présente quelque tradition qui les transmette. Hérodote rapporte (*liv. iv*, n°. 110,) que les Scythes en leur vieux langage appelloient les Amazones *Æorpata*, c'est-à-dire ἀνδροκτόνοι (*Viri-cidæ*, tueuses d'hommes;) car, ajoûte-t-il, *Æor* en langue Scythe signifie l'*homme*, & *Pata* c'est *tuer* ou *battre*. On reconnoît d'abord ces deux mots dans l'ancien celtique: *Ur* (vir) & *Batten* (cædere). Il en faut aussi-tôt conclure une analogie entre les deux vieilles langues abolies, malgré l'intervalle qui séparoit les deux peuples; & la reconnoître de même entre ces deux-ci & plusieurs autres où les mêmes expressions se trouvent. *Æor*, c'est en tudesque, *Bar* & *Ber*: en anglo-saxon *Var*: en arménien *Air*: en latin *Vir*. *Pata*, c'est en anglo-saxon *Beatan*: en allemand *Batten*

& *Patschen* : en cimbrique *Baidda* : en latin *Batuo* ; en françois *battre*, *bâton*, &c. Entre tous ceux-là, quel est l'original ? Probablement c'est l'ancien scythique rapporté par Hérodote.

On reconnoît encore en certains cas, l'affinité des vieux langages entre eux, lors même que les anciens vestiges ne se laissent plus appercevoir, qu'à la faveur de quelques traces plus récentes qui indiquent l'ancienne communication. Prenons pour exemple une idée simple & commune, un mot très-usité. *Fille* se disoit en grec θυγατὴρ ; les Persans disent aujourd'hui, *dochter*, & les Anglois à un autre bout du monde, *daugther*. Les langues saxonne, gothique, allemande, russe, danoise, flamande, disent à-peu-près de même. On n'est pas étonné de trouver du rapport entre l'anglois & le persan : car on sçait que le fond de la langue angloise est saxon, & qu'il y a une quantité d'exemples qui montrent une affinité marquée entre l'allemand & le persan. Mais d'où peut-elle naître, si ce n'est d'une émanation de la langue scythique sur les peuples des deux régions ; tant par les Parthes qu'on croit avoir été originaires de Scythie, que par les Ases & les Goths qui sont venus du voisinage des mers Noire & Caspienne se jetter sur les contrées du nord ? Il y a de quoi s'étonner davantage de trouver cette affinité entre l'ancien grec & le persan moderne. On en peut conclure que le vieux pélasgique des Grecs sauvages avoit des ressemblances avec les langues septentrionales des Sauvages Scythes & Européans ; & c'est ce qu'on induiroit encore de diverses autres remarques critiques.

167. *Comment une langue parvenue à sa maturité décline & se perd.*

Le commerce, les usages, les opinions, sont de grands producteurs de termes. Il en naît de nouveaux avec les modes & les usages. Les uns passent avec les modes, & deviennent surannés comme elles : les autres restent. On en voit naître d'autres avec d'autres uſages, avec de nouveaux ſyſtêmes d'opinions. Les opinions n'ont pas moins d'influence ſur les diſcours d'un peuple que ſur ſa conduite : quand elles deviennent populaires, c'eſt une petite révolution dans le langage comme dans les mœurs. Toute langue paſſe néceſſairement par un état de barbarie pour arriver à ſa perfection, & par un état de rafinement pour deſcendre de la perfection au déclin. L'exercice habituel de l'eſprit, la culture des ſciences, le deſir qu'ont les écrivains agréables de tout mettre en images & de ſurprendre par leur nouveauté & par leur ſingularité, en étendant les limites d'une langue, l'amenent à ſon plus haut point de maturité, où commence celui de la corruption. L'abondance des termes donne un plein eſſor au caprice du choix. Une foule de verbes deviennent d'une acception ſi vague & ſi générale, d'un uſage ſi libre & ſi illimité ; ils ſe plient à tant de ſignifications écartées de leur ſigne radical, qu'il eſt impoſſible d'en ſuivre le véritable ſens à travers ce labyrinthe d'idées auxquels ils ſe fléchiſſent. La filiation des mots s'obſcurcit ; la race en dégénere comme celle des anciennes familles : on accrédite certaines expreſſions, pendant qu'on en dégrade d'autres. Celles-là font fortune : la mode leur donne du luſtre, & leur ſouffre d'occuper la place qu'avoient celles-ci. Le ſuccès de quelques libertés ingénieuſes autoriſe l'uſage des écarts forcés. Les figures gagnent de la poëſie dans la proſe, & de la proſe dans le langage familier. L'acception métaphorique ſupplante l'acception ſimple : les gens brillans qui veulent affecter le bon ton, & à qui la valeur originelle des acceptions eſt tout-à-fait étrangere, en diſpoſent avec une licence inconcevable. *Animadvertere eſt*, dit Aulu-Gelle à ce propos, *pleraque verborum ex eâ ſignificatione in quâ nata ſunt, diſceſſiſſe vel in aliam longè vel in proximam ; eamque diſceſſionem factam eſſe inſcitiâ temerè dicentium quæ cui modi ſint non didicerint.* L. xiij, cap. 29.

La distinction des mots disparoît ; on en oublie la propriété, & la langue se hâte vers son déclin. La prononciation s'altere à son tour, & les terminaisons changent, quelquefois par ignorance & par grossiereté, plus souvent par air & par legéreté. Ce n'est plus une richesse dans le langage, mais une dissipation, une intempérance. Le luxe annonce ici, comme dans les États où il regne sans ménagement, la force passée & la ruine prochaine. Le mêlange des expressions produit dans les langues à-peu-près le même effet que produit dans les États le mêlange des conditions, signe certain de leur décadence, & probablement cause en partie de celle du langage. La multitude ne met aucune différence entre les terminaisons justes & celles qui sont affectées ou vicieuses : elle allie les termes bas avec les nobles, les locutions sonores avec les rudes, & fait un assemblage informe de tons grossiers & délicats. L'écriture suit les vicissitudes du discours, les fixe, les porte au loin. Les regles anciennes, à force d'être négligées, ne sont plus connues ni suivies. L'habitude courante leur en substitue d'autres qui varient selon les idiotismes particuliers des provinces, où la langue commune commence à se transformer & à se subdiviser en différens dialectes. Dès que le coup est porté jusque sur les terminaisons & sur la syntaxe, c'est le point de la dissolution totale. Il n'y a plus d'identité dans la forme : à force de mutations, la langue originale s'est enfin tout-à-fait éteinte en se divisant en dialectes; de même que le Rhin, formé du cours de cent moindres rivieres dont il avoit absorbé les eaux, va perdre au milieu des marais de Hollande son nom & son existence dans le trop grand nombre de canaux où il se partage. C'est alors une langue morte qui ne subsiste plus que dans les écrits, & dont la mémoire ne durera qu'autant que dureront ces monumens, qui ne sont rien moins qu'éternels. Après leur destruction sçaura-t-on peut-être seulement si elle a jamais existé? Elle aura cependant encore un grand nombre de descendans sur la surface de la terre.

168. *Causes qui, après le déclin d'une langue, la conservent dans sa pureté sur le pied de langue morte.*

» Une langue se corrompt, dit Gravina
» (*Idea della Poesia*) lorsque la maniere de
» parler vulgaire devient assez dominante
» pour être employée par les gens de
» naissance (*il pouvoit ajoûter*, ou lorsque
» les gens sans éducation tiennent dans le
» monde la même place que les gens de
» naissance) ; mais de cette corruption
» sort une autre langue qui se perfectionera,
» & qui à son tour se divisera en noble &
» en vulgaire. Il en est des langues comme
» de toutes les choses naturelles ; elles ont
» leur commencement, leur progrès &
» leur fin. Lorsqu'une langue noble &
» abondante de sa nature se trouve pendant
» quelque tems être celle d'un grand
» nombre d'excellens écrivains qui la font
» servir à exprimer toutes sortes de ma-
» tieres & qui lui font acquérir de l'éclat
» tant en prose qu'en vers, elle est pour
» lors au comble de sa gloire : elle a tout

» l'accroiſſement qu'on peut lui deſirer ;
» mais ſi l'on n'a ſoin de l'arrêter dans
» ſon point de perfection ; ſi l'on ne munit
» les richeſſes dont elle s'eſt accrue de
» regles, d'obſervations, & de préceptes
» fixes, ſi on la laiſſe aller à l'aventure,
» elle paſſera par tant de variations, que
» venant enfin à être tout-à-fait différente
» d'elle même, on ne la reconnoîtra
» plus du tout. Au contraire, ſi l'on
» raſſemble en un corps des principes
» certains appuyés d'exemples des bons
» auteurs, ſi l'on forme des vocabulaires
» qui renferment ſes principes & ſes
» exemples, la langue pourra bien ſe
» perdre pour le peuple, & pour l'uſage
» ordinaire ; mais elle ſe conſervera dans
» ſes auteurs & dans ſes principes ; & de
» vulgaire & variable qu'elle étoit, elle de-
» viendra fixe & grammaticale. C'eſt par-là
» que les langues grecque, latine, italienne,
» françoiſe, & angloiſe pourront durer
» éternellement ; » non pas en tout ce
qu'elles contiennent, mais ſeulement
en ce qui eſt appuyé ſur les exemples

D v

tirés des bons écrivains ; car on rejettera tout le reſte, comme on ſépare le métal pur du minérai groſſier. La langue latine n'eſt preſque aujourd'hui conſidérée que parce que nous en avons depuis Terence juſqu'à Juvenal.

169. *En quoi conſiſte l'identité d'une langue.*

Il faut bien faire attention à ce qui conſtitue l'identité formelle d'une langue. Ce n'eſt pas le nom qu'on lui donne ; ce ne ſont pas même les mots qui la compoſent ; c'eſt la terminaiſon, la prononciation, & l'orthographe uſuelle de ces mêmes mots, ainſi que la maniere de les aſſembler qu'on appelle *ſyntaxe*. Du françois & du françois ſont quelquefois plus diſſemblables que du françois & de l'italien. Je dis donc qu'une langue eſt identique pour une nation tant qu'elle eſt vulgaire & qu'elle peut être couramment entendue. Dès qu'elle ne peut plus l'être, elle ceſſe d'être identique. Les points fixes de l'un & de l'autre bout avancent périodiquement tous les jours, à-peu-près comme le tems qui amene les mutations. A chaque moment le point d'une des extrémités est celui ou l'on n'entend plus le langage antérieur à ce point; & l'autre extrémité est à celui où le vieux langage qu'on entend encore cessera d'être intelligible. Molinet trouvoit déja que le langage du Roman de la Rose, & Clément Marot que celui de Villon avoient besoin d'interprétation. Vers la fin du quinzieme siécle pour pouvoir jouer la farce de Patelin, probablement composée aux environs du régne de Charles V, il en fallut rajeunir le style. Comines étoit vieux du tems d'Amyot & de Montagne. Ceux-ci commencent à n'être pas entendus par beaucoup de gens. Quand ils ne le seront plus que des grammairiens de profession, ils seront hors de la langue françoise identique, comme Ville-Hardouin auteur du treizieme siécle en est dehors à présent. Au tems de Henri III, cet écrivain avoit déja tellement vieilli que pour plus de commodité, Vigenere mit une traduction à côté du texte. Assurément le françois de Moliere est plus éloigné de celui de Ville-Hardouin qu'il ne l'est de l'italien de Goldoni. Cependant au tems de ce vieil historien des croisades les anciens actes en langue vulgaire & les romans écrits vers l'an 1100 dont les manuscrits se conservent à la bibliothéque du Roi, paroissoient sans doute être d'un langage suranné; & ceux qui les avoient écrit trouvoient tels à leur tour celui du serment fait en 842 par Charles le Chauve & Louis le Germanique. Les vers latins composés sous le regne des rois n'étoient plus intelligibles à Rome, même pour les prêtres, vers la fin de la république. On n'a pas laissé néanmoins que d'appeller également du faux nom de françois & de latin des langages si peu semblables; parce qu'il n'y a point de borne fixe où l'on puisse dire qu'une langue finit, & que l'autre commence; c'est une dégradation journaliere dont les nuances imperceptibles de proche en proche, ne deviennent sensibles que par la comparaison des grands intervalles. C'en eſt aſſez pour faire voir que toutes les langues ſe tiennent les unes aux autres par une filiation infinie; que dans leur maniere de ſe former tout eſt altération ou dérivation, & rien ou preſque rien n'eſt création; & qu'enfin l'art étymologique, loin d'être, comme tant de gens le diſent, arbitraire ou imaginaire eſt en général guidé dans ſa marche par des regles conſtantes, fondées ſur des faits indubitables, ſur des principes certains, dont il ne faut plus que ſçavoir faire une juſte application.

CHAPITRE X.

De la Dérivation, & de ses effets.

170. *Toute langue connue est descendue d'une autre : tout mot est dérivé d'un autre, s'il n'est radical par organisation ou par onomatopée.*

171. *Tous les mots ne viennent que des idées sensibles & des objets extérieurs, même ceux qui expriment des idées morales ou abstraites.*

172. *Les mots en passant de dérivations en dérivations, s'écartent extrêmement de leur premier sens.*

173. *La vivacité de l'esprit humain, toujours pressé de s'exprimer, rassemble plusieurs idées diverses sous une même forme matérielle de la parole, & charge de significations différentes le même assemblage de syllabes.*

174. *Le sens originel est pour l'ordinaire celui qui désigne quelque être simple & physique, quelque usage des tems grossiers.*

175. *Exemples de dérivations altérées jusqu'à former un contre-sens total entre le mot & la chose.*

176. *On altere le sens du dérivé pour n'avoir saisi qu'en partie la définition du primitif.*

177. *Les dérivations fondées sur de vieux usages abolis, sont sujettes à s'écarter du sens primitif.*

178. *Il peut y avoir contrariété entre les divers sens d'un même mot, quoiqu'il y eût une idée d'analogie dans l'esprit qui les applique.*

179. *Prodigieux effets de la métonymie dans la dérivation.*

180. *Dans le grand nombre de mots dont les langues s'enrichissent journellement, on n'en voit presque aucun dont la fabrique nouvelle soit originale & radicale.*

---

170. *Toute langue connue eſt deſcendue d'une autre : tout mot eſt dérivé d'un autre, s'il n'eſt radical par organiſation ou par onomatopée.*

POUR plus d'intelligence de ce qui ſuivra, repaſſons en deux mots ſur les principes établis dans les chapitres précédens, & ne craignons pas en pareille matiere de rappeller au lecteur des idées qui lui ont été déja préſentées. Nul terme n'eſt ſans étymologie, à moins qu'il n'ait été produit en original d'une maniere néceſſaire, réſultante de la conformation phyſique des organes vocaux; ou d'une maniere preſque néceſſaire réſultante de l'imitation vocale de la choſe exprimée. Ces termes ſont ſeuls véritablement radicaux: car ils ont une étymologie phyſique; c'eſt-à-dire que leur cauſe de formation eſt, ſoit dans l'organe intérieur, ſoit dans l'objet extérieur. A l'exception de ceux-ci, de qui tout tout eſt primordialement venu, comme je le ferai voir ailleurs, il eſt auſſi certain qu'aucun autre terme n'eſt ſans étymologie de dérivation (qui eſt la véritable étymologie grammaticale) qu'il eſt certain qu'aucun enfant n'eſt ſans pere. *Ut in hominibus quædam ſunt cognationes & gentilitates, ſic in verbis.* (VARR. L. L. *lib. vij.*) Quand nous dirons qu'un tel mot eſt la racine d'un tel autre, c'eſt une maniere abrégée d'en indiquer la filiation prochaine. On peut appeller un mot primitif, lorſque dans ſa langue ou dans les voiſines on n'en trouve plus d'autres dont il ſorte. Cette dénomination ſert à le diſtinguer des dérivés qui s'y rapportent. Mais la plûpart de ces racines ne ſont telles qu'improprement, étant elles-mêmes dérivées d'autres mots que nous ne pouvons indiquer, faute de pouvoir remonter au de-là de l'étendue de nos connoiſſances : de même que dans une généalogie le premier auteur connu de chaque famille avoit certainement un pere, quoiqu'on n'en ſache rien du tout, & qu'on ne puiſſe dire qui il étoit.

Aucune langue ne s'eſt faite tout d'un coup. Celles que le vulgaire apelle *langues meres* ſont véritablement meres de quelques-unes, mais filles de beaucoup d'autres. Toutes ont été formées peu-à-peu en empruntant le ſecours d'autres langues plus anciennes : on remarque dans toutes une altération inſenſible & journaliere ; jamais de création. Puiſqu'il eſt ſi facile de ſuivre nos langues modernes dans le progrès de leur formation, & d'y reconnoître un mêlange infini, l'auroit-il été moins autrefois, ſi l'on s'y fût appliqué, de reconnoître dans les anciennes langues le même progrès & le même mêlange? La ſeule langue primitive a dû être exempte de ce mélange. Mais cette langue même, quelle qu'elle ſoit, n'a pu qu'être fort pauvre, & ſe former peu-à-peu, à meſure que l'organe intérieur s'eſt développé, à meſure que les objets extérieurs ſe sont préſentés. Repréſentons-nous ce que pouroit être un premier peuple dans ſon origine avant qu'il n'eût fait aucun exercice de ſon eſprit: brut, ſauvage, ſans arts, ſans connoiſſances, ſans autres idées que celles que lui donnoit la ſimple ſenſation des objets extérieurs; ſa langue preſqu'entiérement compoſée de monoſyllabes ne contiendroit que les noms appellatifs des choſes phyſiques, ainſi que nous le remarquons dans les langues des peuples les plus barbares. N'ayant encore alors aucune idée combinée ou réfléchie, morale ou abſtraite, il ne pouvoit avoir pour les exprimer aucuns de ces termes ſi abondans dans nos langues actuelles; & quand le développement de l'eſprit & la multiplicité des actions humaines fera naître en lui ces idées, il en faudra tirer les noms de ceux déja imposés aux objets physiques; car comment forger autrement les noms de ces êtres moraux qui n'ont rien de sensible à l'extérieur, & dont les originaux ne subsistent que dans l'esprit qui les a conçus.

171. *Tous les mots ne viennent que des idées sensibles & des objets extérieurs, même ceux qui expriment des idées morales ou abstraites.*

» Rien ne peut, dit le célebre Locke, » nous approcher mieux de l'origine de » toutes nos notions & connoissances » que d'observer combien les mots dont » nous nous servons dépendent des idées » sensibles, & comment ceux qu'on em- » ploie pour signifier des actions & des » notions tout-à-fait éloignées des sens, » tirent leur origine de ces mêmes idées » sensibles d'où ils sont transférés à des » significations plus abstruses pour exprimer » des idées qui ne tombent point sous les » sens: ainsi les mots suivans, *imaginer*,

» *comprendre*, *s'attacher*, *concevoir*;
» *instiller*, *dégoutter*, *trouble*, *tranquil-*
» *lité*, &c. sont tous empruntés des
» opérations des choses sensibles, &
» appliqués à certains modes de penser.
» Le mot *esprit* dans sa premiere signi-
» fication, c'est le *souffle*, & celui d'*ange*
» signifie *messager*. Et je ne doute point
» que si nous pouvions conduire tous
» les mots jusqu'à leur source, nous
» ne trouvassions que dans toutes les
» langues les mots qu'on emploie pour
» signifier des choses qui ne tombent pas
» sous les sens, ont tiré leur premiere
» origine d'idées sensibles. D'où nous
» pourrions conjecturer quelle sorte de
» notions avoient ceux qui les premiers
» parlerent ces langues-là; d'où elles
» leur venoient dans l'esprit, & comment
» la nature suggéra inopinément aux hom-
» mes l'origine & le principe de toutes
» leurs connoissances, par les noms même
» qu'ils donnoient aux choses; puisque
» pour trouver des noms qui pussent
» faire connoître aux autres les opérations

» qu'ils sentoient en eux-mêmes, ou
» quelqu'autre idée qui ne tombât pas
» sous les sens, ils furent obligés d'em-
» prunter des mots des idées de sensation
» les plus connues, afin de faire concevoir
» par-là plus aisément les opérations qu'ils
» sentoient en eux-mêmes, & qui ne
» pouvoient être représentées par des
» apparences sensibles & exterieures. Après
» avoir ainsi trouvé des noms connus &
» dont ils convenoient mutuellement,
» pour signifier ces opérations intérieures
» de l'esprit, ils pouvoient sans peine
» faire connoître par des mots toutes
» leurs autres idées, puisqu'elles ne pou-
» voient consister qu'en des perceptions
» extérieures & sensibles, ou en des opé-
» rations intérieures de leur esprit sur ces
» perceptions; car, comme il a été prouvé,
» nous n'avons absolument aucune idée
» qui ne vienne originairement des
» objets sensibles & extérieurs, ou des
» opérations intérieures de l'esprit, que
» nous sentons, & dont nous sommes
» intérieurement convaincus en nous-

» mêmes.... Après avoir examiné ceci
» comme il faut, nous ſerons mieux en
» état de découvrir le véritable uſage
» des mots, les perfections & les imper-
» fections naturelles du langage, & les
» remedes qu'il faut employer pour éviter
» dans la ſignification des mots l'obſcurité
» ou l'incertitude, ſans quoi il eſt impoſ-
» ſible de diſcourir nettement ou avec
» ordre de la connoiſſance des choſes,
» qui, roulant ſur des propoſitions pour
» l'ordinaire univerſelles, a plus de liaiſon
» avec les mots qu'on n'eſt peut-être
» porté à ſe l'imaginer.

172. *Les mots en paſſant de dérivations en dérivations s'écartent extrêmement de leur premier ſens.*

Je compte établir en ſon lieu par un grand nombre de preuves le ſyſtême général de l'appellation des êtres moraux, toujours dérivée des noms déja donnés aux êtres phyſiques. Contentons-nous ici, où je ne fais que parcourir rapidement les principes, de joindre quelques autres

exemples

à ceux que Locke a cités pour marquer encore plus préciſément comment les hommes ſe forgent des termes abſtraits ſur des idées particulieres, & donnent aux êtres moraux des noms tirés des objets phyſiques. En la langue latine *calamitas* & *ærumna* ſignifient *un malheur*, *une infortune*. Mais dans ſon origine le premier a ſignifié la diſette de grains ; & le ſecond, la diſette de l'argent. *Calamitas à calamis :* grêle, tempête qui rompt les tiges du bled. *Ærumna ab ære.* Nous appellons en françois *terre en chaume* une terre qui n'eſt point enſemencée, qu'on laiſſe repoſer ; & dans laquelle, après avoir coupé l'épi, il ne reſte plus que le tuyau (*calamus*) attaché à ſa racine. Comme une terre en *chaume* eſt une terre qui ſe repoſe, de-là vient qu'on a dit *chommer* une fête, pour, la célébrer, ne pas travailler ce jour-là, ſe repoſer. De-là vient le mot *calme* pour repos, tranquillité. Mais combien la ſignification du mot *calme* n'eſt-elle pas différente de celle du mot *calamité !* & quel étrange chemin n'ont pas fait ici les expressions & les idées des hommes ?

En la même langue *incolumis* sain & sauf, *qui est sine columna* ; expression tirée d'un bâtiment qui étant en bon état n'a pas besoin d'étaie. Diviser, *dividere*, vient de la racine celtique *Div* c'est-à-dire riviere : le terme relatif *diviser*, à été forgé sur un objet physique, à la vue des rivieres qui séparent naturellement les terres : de même que de *rivales*, qui se dit dans le sens propre des bestiaux qui s'abreuvent à une même riviere, ou des possesseurs de fonds, qui tirent d'un même ruisseau l'irrigation de leurs champs, on en a fait au figuré, *rivaux*, *rivalité*, pour signifier la jalousie entre plusieurs prétendans à une même chose. *Si inter rivales*, id est, *qui per eundem rivum aquam ducunt*, *sit contentio de aquæ usu*, &c. Ulpian. *Leg.* 1, ff. de aqua cotidiana. *Rivales dicebantur qui in agris rivum haberent communem*, *& propter eum sæpè disceptarent.* Acron *in art. poët. Horat.*

La transposition du sens, si fréquente dans les termes relatifs & moraux, s'introduit dans le langage par une voie simple & naturelle ; comme lorsqu'on prend la cause pour l'effet, malgré l'opposition réelle que cette transposition met entre le terme & l'idée. Le latin nomme *fragor* un bruit subit & éclatant, dont l'effet est d'intimider ; & le françois nomme cette crainte *frayeur*. Il y a réellement ici une infraction de l'analogie radicale. L'articulation organique *F R*, & ses dérivés *frango*, *fragor*, *fracas*, qui peignent par onomatopée le bruit subit & la rupture, ne peignent pas le sentiment de surprise & d'épouvante qu'il inspire.

173. *La vivacité de l'esprit humain, toujours pressé de s'exprimer, rassemble plusieurs idées diverses sous une même forme matérielle de la parole, & charge de significations différentes le même assemblage de syllabes.*

Rien n'est plus ordinaire dans le cours

du langage que de conſerver les mots en changeant d'idées. L'eſprit humain veut aller vîte dans ſon opération ; plus empreſſé de s'exprimer promptement que curieux de s'exprimer avec une juſteſſe exacte & réfléchie. S'il n'a pas l'inſtrument qu'il faudroit employer, il ſe ſert de celui qu'il a tout prêt : c'eſt-à-dire qu'il a plutôt fait d'employer le mot qui ſe préſente que de chercher celui qui conviendroit, & qu'il trouve plus court de changer le ſens que de changer les ſyllabes, pour peu qu'il entrevoie une cauſe apparente de courir ainſi d'une ſignification à une autre. Par ce moyen il réunit ſous une même forme matérielle quantité d'idées qui n'ont ni connexité ni rapport véritable entr'elles, & qu'il auroit même revêtues de formes toutes oppoſées, s'il eût pris le temps de réfléchir ſur ſon opération. De *tempus*, on a fait *temperare*, & *tremper*, c'eſt-à-dire *plonger dans l'eau*, *mouiller*. Virgile ſe ſert du mot *temperare* en parlant d'un terrein dont le laboureur a *tempéré* la ſécheresſe en l'arrosant durant les grandes chaleurs :

Et cùm exustus ager morientibus æstuat herbis,
Ecce supercilio clivosi tramitis undam
Elicit. Illa cadens raucum per devia murmur
Saxa ciet, scatebrisque arentia temperat *arva.*
GEORG. I.

Pour éteindre la chaleur du fer rouge on le plonge dans l'eau, ce qui s'appelle *tremper; temperatio æris, temperatura ferri*, disent les Latins, expression que l'on emploie encore lorsque pour diminuer la force du vin on y mêle de l'eau. C'est ainsi qu'on dépeint la *tempérance* sous la figure d'une femme qui verse de l'eau dans une coupe de vin. On voit que l'uniformité de procédé a fait appliquer la même expression à ces différens cas; mais il en a résulté une force significative toute contraire dans la même expression. Car *tremper* du fer c'est le durcir, lui donner de la force; & *tremper* du vin c'est l'affoiblir. De plus l'expression particuliere *tremper* généralisée pour *mouiller*, *plonger* dans l'eau quelque chose que ce ſoit, n'a plus aucun rapport à *tempérer*; quoique ce ſoit ſyllabiquement le même mot. D'autre part, *tempérance* en a ſi peu avec *tempérament*, que ce dernier mot ſe prend quelquefois pour *intempérance*. Quoique tous les mots cy-deſſus ayent été fabriqués en conſéquence d'une certaine relation d'idées, il ne leur reſte après la fabrique aucune relation de ſens entr'eux, ni même avec le primitif *tempus* dont ils ſont dérivés. Il y a plus : les mots même *tempête*, & *température* n'en ont aucune avec le mot *tems*, lorſqu'il eſt pris en ſa ſignification ordinaire pour *durée*. Mais il faut obſerver que le *tems* ſe meſurant par les mouvemens céleſtes, on s'eſt ſervi, pour exprimer la durée ſucceſſive de ce mot *tems*, qui dans ſa véritable ſignification veut dire *le ciel à découvert*, *le vague de l'air*. Nous nous en ſervons journellement, en ce ſens lorſque nous diſons; *il fait mauvais tems : le tems eſt couvert : le tems eſt nébuleux*. C'eſt en ce ſens qu'il a produit les mots *tempête*, &c. Ainſi *tempus* eſt le même mot que *templum* qui dans ſa ſignification originale ne veut dire auſſi que *le ciel à découvert*, comme les Latins nous l'apprennent eux-mêmes, *Cœlum qua tuimur, templum ; Templum ætheris : lucida cœli templa, &c.* Dans les premiers tems on adoroit la Divinité ſous le Ciel à découvert ; on y obſervoit les auſpices & les ſignes. Ce ne fut que dans la ſuite que les devoirs du culte public furent remplis dans des édifices fermés & deſtinés à cet uſage, que l'on nomma *temples* : autre aberration du ſens primitif, laquelle n'a aucun rapport à celles que j'ai ci-deſſus citées. J'en parlerai encore ſur le dérivé *contempler*.

174. *Le ſens originel eſt pour l'ordinaire celui qui déſigne quelque être ſimple & phyſique, quelque uſage des tems groſſiers.*

Tous les mots d'une langue, dit Scaliger, (*De cauſis ling. lat. c.* 193,) n'ont chacun qu'une ſignification premiere & propre. Les autres ſignifications ne ſont que ſecondaires. *Cætera aut communes aut acceſſoriæ aut etiam ſpuriæ.* Entre ces diverſes ſignifications, la primitive & propre eſt preſque toujours celle qui déſigne un être ſimple, phyſique, matériel, où l'art ni les procédés humains n'ont point de part: (*Mém. de l'Acad. des B. L. tom. xx;*) de même, en fait d'uſages, celle qui indique les mœurs ſauvages plutôt que les coutumes d'un peuple policé. Souvent il arrive que cette ſignification originelle eſt la moins employée dans les langues, pendant que les ſecondaires y ſont très-uſitées; mais avec tant de différence ou même de contrariété entr'elles, qu'on ne vient à bout d'en marquer le ſens propre qu'en ramenant tous ces dérivés à leur ſource. Souvent auſſi cette ancienne ſignification reſte priſe à contre-ſens dans le langage vulgaire, parce que les uſages ſont changés & que le mot eſt reſté appliqué à ce qu'il ne veut plus dire. Les gens qui parlent ſans ſçavoir & par habitude (c'eſt le grand nombre) ne s'embarraſſent guères de ceci. Mais un homme raisonnable veut s'entendre lui-même & remonter à la cause de l'imposition du nom. Quelquefois enfin la signification primitive nous est dérobée, faute de monumens qui l'indiquent en la langue. Alors cependant on la retrouve parfois en la recherchant dans les langues meres ou collatérales.

175. *Exemples de dérivations altérées jusqu'à former un contre-sens entre le mot & la chose*

Veut-on voir jusqu'où peut aller l'abus de la dérivation, à force d'étendre l'acception d'un même mot à des significations dégradées de près en près ? *Seigneur* pour chef, homme considérable, vient du latin *senior*, i. e. *le plus vieux*. Le terme étoit bien appliqué dans un siécle où l'âge décidoit de la prééminence entre les hommes ; où le plus vieux de la tribu, du canton, de la famille étoit le chef des autres ; comme cela se pratique encore parmi les sauvages. On a pu raisonnablement aussi dans une république appeller *ſénat*, & *ſénateurs*, le conſeil des vieillards qui gouverne la nation. *Delecti quibus corpus annis infirmum, ingenium ſapientiâ validum, reipublicæ conſultabant: hi ex ætate...appellabantur.* (Salluſt. Catil.) Mais comme le mot *ſeigneur* déſignoit le plus conſidérable du canton, on a nommé ainſi, ſans égard à l'âge, le poſſeſſeur d'une terre, d'un château, d'une paroiſſe. Et comme les grands propriétaires des fonds ſont communément à la cour près de la perſonne du Souverain, on a nommé les gens de cour & de haute naiſſance *les Seigneurs*. De-là viennent ces locutions familieres parmi nous, *nos jeunes ſénateurs ; un jeune ſeigneur*, c'eſt-à-dire, *un jeune vieillard.* On n'eſt pas choqué d'une ſi ridicule façon de parler, parce que la traduction du mot a laiſſé perdre de vue ſon origine & ſon vrai ſens. Mais qui ne riroit de les voir tous deux accolés dans la même langue, & d'entendre dire en latin *juvenis ſenior* ?

Les idiotiſmes d'une langue, quand

elle en emprunte les termes d'un autre langage, donnent auſſi lieu à des aſſemblages bizarres où l'on met le mot en contrariété avec le ſens. L'emploi que nous faiſons de notre mot *quitte* a tiré ſon origine d'un latiniſme aſſez connu. *J'en ſuis quitte :* c'eſt-à-dire, on ne m'en parlera plus ; je ſuis en repos là-deſſus : *Quietus ſum ab illa re.* Sur cette locution nous avons fait le verbe *quitter*, pour, abandonner une dette, laiſſer en repos le débiteur. Mais bientôt on a dit *quitter*, pour *abandonner*, *délaiſſer* en quelque cas que ce ſoit. De ſorte que le mot *quitter* ſe trouve, dès la ſeconde génération, avoir quelquefois un ſens tout contraire au véritable, lorſqu'on vient à l'accoler avec ſon primitif. Car lorſqu'on dit ; *Je ſuis dans une grande inquiétude depuis le moment où vous m'avez quitté ;* n'eſt-ce pas comme ſi l'on diſoit en latin : *Valde ſum inquietus, ex qua die quietus ſum à te ?*

176. *On altere le ſens du dérivé pour*

n'avoir saisi qu'en partie la définition du primitif.

On voit souvent ces sortes de contradictions naître du peu d'attention que font les hommes au vrai sens originel d'une expression, tandis qu'ils saisissent une circonstance indirecte ou accidentelle à l'idée que réveille cette expression. Tout mot d'une langue excite dans l'esprit une idée complette, c'est-à-dire une définition ou une courte description de l'objet. Cette définition est elle-même composée de plusieurs mots qui ont chacun la leur. Mais quoique la définition de chacun de ces mots pris à part ne soit pas celle de l'original, dont l'idée n'est déterminée que par la réunion de tous les mots, souvent l'esprit humain en voulant dériver un terme d'un autre, au lieu de considérer le sens entier, s'arrête à l'un des mots de l'idée ou de la définition : ce qui le jette à l'écart du sujet, altere le sens véritable, & éloigne fort le dérivé du dérivant,

177. *Les dérivations fondées ſur de vieux uſages abolis ſont ſujettes à s'écarter du ſens primitif.*

A meſure qu'il s'établit chez un peuple quelque nouvel uſage, on introduit dans ſa langue de nouveaux noms pour les choſes relatives à cet uſage ; & on les fabrique d'une maniere qui l'exprime pour lors avec juſteſſe. Mais cette juſteſſe ne s'y retrouve plus, ſi en conſervant les expreſſions on vient à changer la forme des uſages. Alors l'expreſſion dérivée n'a plus qu'un faux rapport avec la choſe exprimée dont elle dérive ; ou même quelquefois n'en conſerve aucun. Exemple : *Ecuyer* du mot *equus*, i. e. *cheval*, eſt le titre d'un domeſtique qui donne la main à une princeſſe marchant à pied. Elles ne vont plus à cheval comme autrefois. Cependant le nom eſt reſté, quoiqu'il ne reſte plus aucun rapport entre le nom & la cauſe qui l'a fait impoſer, & qu'il y ait même aujourd'hui une ſorte de contrariété : car il y a oppoſition d'idées entre aller à cheval & aller à pied : ſi bien qu'*Ecuyer* dans ce ſens veut dire un homme à cheval qui eſt à pied. Ces exemples peuvent ſervir pour la dérivation de quantité de mots venus d'uſages que nous voyons à préſent abolis. Et combien n'y a-t-il pas eu de petits uſages dont nous ignorons juſqu'à l'ancienne exiſtence ?

Les uſages abolis laiſſent quelquefois dans les langues des traces bien extraordinaires par les termes qu'ils y introduiſent, & qui n'ont à l'uſage qu'un raport le plus bizarre du monde. Autrefois quand on vouloit bâtir une ville, on en traçoit l'enceinte avec une charrue : pour l'ordinaire on traçoit ces enceintes en rond ; ce qui les faiſoit nommer *orbes* ou *urbes*. Dans les endroits où l'on vouloit laiſſer les ouvertures pour y entrer, on levoit la charrue, & on la *portoit* plus avant, afin qu'elle ne traçât pas le ſillon en ces endroits : ce qui marquoit qu'en bâtiſſant la muraille, il falloit interrompre la clôture en ces places. De-là vient que les entrées des villes, où l'on avoit *porté* la charrue, ont été nommées *portes*, ainſi que celles des maiſons, & même toutes autres entrées, ſpécialement celles de la mer dans les côtes maritimes. Car on a auſſi appellé *ports* les endroits du rivage, où l'eau entrant dans les terres, donne aux vaiſſeaux une commodité pour y aborder. Or comme il n'y a rien d'un uſage plus fréquent & plus commode que les *portes*, ni rien de plus incommode que de n'en pas trouver, on a étendu l'expreſſion juſqu'à une ſignification générale & figurée : en diſant d'une choſe ou d'un homme commode, qu'il eſt *opportunus* ; & d'un homme dont la préſence embarraſſe & fatigue qu'il eſt *importunus*. Il eſt même arrivé que cette épithéte, d'adjectif qu'elle étoit, s'eſt tournée dans notre langue, ainſi que pluſieurs autres, en demi-ſubſtantif, qui peut être employé ſeul, ou comme épithete ; car on dit également bien *un homme importun*, ou *un importun*. Qui croiroit que cette qualification a pour primitif le mot *portare* ; & pour origine une vieille coutume peu connue, qui n'y a pas le moindre rapport apparent?

178. *Il peut y avoir contrariété entre les divers sons d'un même mot, quoiqu'il y eût une idée d'analogie dans l'esprit qui les applique.*

Quelquefois la contrariété n'est que dans la signification du même mot prise en deux sens opposés: elle n'étoit pas, à vrai dire, dans l'esprit de l'impositeur du nom, qui se laissoit guider par une seule & même considération. Alors l'effet de la dérivation est de rendre la signification du dérivé commune à deux choses contraires, si leur contrariété établit entr'elles une espece de relation. Je m'explique, en prenant pour exemple le latin *Altus* qui signifie également un lieu élevé & un lieu profond. Il vient de la clef ou racine celtique *Alt*, ou par renversement *Tal*, qui sert aux mêmes désignations, *Dol* & *Tal* y signifiant également *Mons* & *Vallis*. Voyons comment les hommes ont pu se porter à exprimer par le même terme *Alt* des idées diamétralement opposées. Ils ont voulu rendre cette idée-ci, qu'un objet étoit bien hors de la portée de leur main en ligne perpendiculaire : & après s'être servi de ce mot pour les choses bien hors de portée en haut, ils l'ont aussi employé pour les choses hors de portée en bas ; ne s'arrêtant qu'à la généralisation de cette idée, abstraction faite de la contrariété qui s'y trouvoit relativement à celle des positions de l'objet. Ainsi *Alt* a été pour eux le sommet des rochers, & le fond de la mer. *Uchel* ne signifie-t-il pas également aussi dans la langue des Celtes *excelsus* & *profondus* ? & *Dun* ne s'y dit-il pas d'une montagne & d'une riviere, d'une ville haute & d'une ville basse ? Il faut que ce procédé soit bien naturel à l'homme, puisque, selon la remarque de Falconet, ces deux significations opposées se trouvent également dans le persan *Nagal*, dans le turc *Derin*, dans le chinois *Chan* ; tout de même que dans le breton *Doun*, le gothique *Duin*, l'illyrien *Dubina.*

En voici un autre exemple d'eſpece différente. *Hoſte* ſe dit également d'un étranger arrivant dans une ville, qui vient loger chez un citoyen & d'un citoyen qui reçoit l'étranger dans ſa maiſon. La premiere des deux ſignifications eſt la vraie. *Hoſtis* en latin, c'eſt *extraneus.* De-là *Hôtellerie* pour *demeure paſſagere, logement des étrangers.* Mais on a auſſi nommé *Hoſte* l'aubergiſte qui les loge, ou tout homme qui en loge un autre chez ſoi ; & on dit *Hôtel* pour demeure en général. Obſervons à ce propos que les Romains découvroient qu'elle étoit leur façon de penſer pour les autres peuples, lorſqu'ils ont donné au mot *Hoſtes* la ſignification d'*ennemis* à qui ils faiſoient la guerre. En effet toutes les nations *étrangeres* étoient pour eux, dans leurs principes de gouvernement, des objets de guerre & de conquête. D'*hoſtis* pris en cette ſignification particuliere vient notre vieux mot *oſt* pour camp de guerre ; & de-là vient *ôtage.* Il ſemble que les Romains ayent voulu adoucir cettte dureté par une variété dans l'expreſſion primordiale, en diſant *Hoſpes, hoſpites*, au lieu d'*hoſtes*, quand ils parloient des étrangers avec qui ils logoient à titre d'amitié. De-là le françois *Hôpital*, maiſon où l'on reçoit les étrangers par charité. Ce mot donne encore lieu d'obſerver une liaiſon entre deux anciens langages, le latin & le germanique. Car il n'eſt pas douteux que ſa premiere ſyllabe *Hos* ne ſoit la même que le germanique, *Houſe, maiſon ;* & qu'*Hoſpites* ne ſoit un terme métif un peu altéré d'*Hous-petentes, ceux qui viennent à la maiſon.*

179. *Prodigieux effet de la métonymie dans la dérivation.*

Toutes ces dérivations, nées de l'habitude de tranſporter un mot d'une ſignification à une autre ſignification voiſine de la premiere par quelque endroit réel ou imaginaire, ſont une ſuite de la métonymie, figure très-familiere à l'homme. Elle conſiſte à nommer une choſe du nom d'un autre relative à celle-ci ; comme lorſque l'on dit *boire une bouteille*, c'eſt-à-dire *boire le vin qui eſt dedans.* J'ai vu une dispute entre deux des plus sçavans hommes de notre siécle, MM. Freret & Falconet, sur la véritable signification du mot celtique *Dunum* dont je viens de parler. Sans m'arrêter à la foule d'exemples qu'ils rapporterent en preuve de leurs opinions, & qui trouveront mieux leur place ailleurs, je joindrai à ce qu'ils dirent à ce sujet quelques observations propres à montrer quel est le prodigieux effet d'une métonymie courante & dérivant de significations en significations. Selon Falconet *Dunum* signifie en général *un lieu élevé ;* il avoit raison de le soutenir ; & Freret avoit tort de le disputer, quoiqu'il fût lui-même bien fondé lorsqu'il avançoit que *Dunum* signifioit en général *un lieu habité.* Falconet en convint ; mais il prouva très-bien qu'il n'a cette derniere signification que secondairement, & que son sens primitif est celui de *montagne*, non celui de *ville*.

Sans la crainte de m'engager ici dans une trop longue digression, il me seroit aisé de faire voir en combien de sens relatifs, dérivatifs & approchans les uns des autres, on a, par métonymie, pris la racine *Dun*, *Toun*, *Dan*, *Than*, *Din*, *Thin*, &c. & ſes dérivés qui ſont en ſi grand nombre. Quand on trouve un mot qui eſt conſtamment le même, & qui a deux ſignifications, tel que *Dun* pour *mons* & pour *oppidum*, il faut ſentir que ces deux ſignifications, l'une néceſſairement eſt primordiale, & l'autre ſecondaire adoptée par métonymie. Or rien ne montre mieux laquelle des deux eſt primordiale que lorſque l'un ſignifie une choſe de la nature & l'autre une choſe de l'art. L'expreſſion d'une choſe matérielle, naturelle, où l'art n'a point de part eſt viſiblement primitive. Ainſi Wachter eſt tombé dans une faute de critique quand il a voulu traiter *Dun mons* comme une racine différente de *Dun*, *locus ſeptus*, autre racine ſelon lui, dont il dérive les noms de ville où cette racine entre. Ce qui l'a jetté dans la bizarrerie de faire venir d'une des racines *Lugdunum* des Séguſiens, & de l'autre *Lugdunum* des Bataves. La raiſon qu'il allégue que *Dun* déſignant un lieu élevé ne peut être applicable à tant de villes ſituées au bord de l'eau, n'eſt pas ſuffiſante pour un auſſi habile homme que Wachter. Car il ne pouvoit ignorer que quantité de villes bâties d'abord ſur la hauteur pour plus de ſûreté, ont été enſuite tranſportées dans des lieux bas pour plus de commodité, & ſur-tout par le beſoin continuel d'être à portée d'avoir de l'eau. Ces villes n'en ont pas moins retenu leur nom, quoique leur nouvelle ſituation ne répondît plus ſi bien à la ſignification primitive : témoin la ville de Lyon (*Lug-dunum*, i. e. *corvi-collis*) autrefois bâtie ſur la montagne de Fourviere, à préſent ſur le bord de la Saone. Elle a changé de place ſans quitter le nom tiré de ſa premiere poſition. De plus la relation que les choſes différentes & les idées des choſes ont entr'elles y a communiqué & étendu les expreſſions. *Dun* ſignifiant *hauteur*, on a ainſi nommé les villes, non-ſeulement parce qu'elles étoient d'abord preſque toutes ſur des hauteurs, mais auſſi parce qu'elles ſont hauteur ou élévation dans la plaine unie. Ainſi *Dun* devenu générique pour *ville, habitation fermée* s'eſt dit de même de beaucoup de villes qui n'étoient pas ſur des hauteurs. Ne voyons-nous pas que *Berg* & *Burg* qui ſignifient premierement *montagne, hauteur*, ſignifient auſſi *ville* & *enceinte d'habitation?* Wachter n'a pas ici ſenti la métonymie, trope de la diction le plus important à obſerver. C'eſt par ſon moyen que les mots radicaux qui ſont en petit nombre même dans les langues les plus abondantes s'étendent ſans ſe multiplier, juſqu'à déſigner des choſes dont les ſignifications paroiſſent fort éloignées; mais en partant toujours d'une ſignification primitive qui déſigne une choſe matérielle, naturelle, ſimple, où l'art n'a point de part.

180. *Dans le grand nombre de mots dont les langues s'enrichiſſent journellement, on n'en voit preſque aucun dont la fabrique nouvelle ſoit originale & radicale.*

Je ne parle pas de certaines métonymies

qui peuvent s'introduire dans les langues par erreur de fait : comme lorſque nous avons apellé *Tabac*, qui eſt le nom américain de la pipe, l'herbe que les ſauvages fumoient, & qu'ils appellent *Cohiba*. Mais pour voir combien l'extenſion volontaire de l'emploi des termes eſt fréquente & puiſſante dans les langages, il n'y a qu'à obſerver combien les expreſſions nouvelles ſe multiplient tous les jours parmi les hommes, ſans que parmi tant de mots nouveaux dont chaque langue ou dialecte ſe ſurcharge, on voie preſque jamais créer une ſeule racine à l'exception de quelques nouvelles onomatopées, comme *Trictrac*. Tous les mots nouveaux que nous voyons créer ne le ſont que par dérivation, analogie, métonymie, ou figure. Si même il s'agit de quelqu'objet matériel ou phyſique nouvellement découvert, on prendra quelque nom de relation, de reſſemblance éloignée, ou de rapport même imaginaire qui puiſſe donner une idée quelconque de l'objet, plutôt que de créer une racine nouvelle qui ne ſeroit qu'un vain ſon qui

ne

ne porteroit aucune idée à l'eſprit, ſi l'on ne joignoit toujours au mot une deſcription de l'objet. Et ſi nous en uſons ainſi pour nos langues ſi policées, ſi travaillées, ſerions-nous quelque difficulté de croire que les Sauvages dans leurs langues pauvres & chétives ſe ſont volontiers portés à abuſer d'un mot reçu, en le prenant en toutes ſortes d'acceptions déraiſonnables, quand il a fallu nommer des choſes morales & relatives dont ils ne faiſoient pas grand uſage, plutôt qu'à fabriquer pour cela un terme abſolument neuf? Car ſi l'on fait des mots nouveaux, ce n'eſt jamais que pour nommer des êtres phyſiques & déterminés, inapperçus juſqu'alors.

181. *Suite du pouvoir & de l'extenſion de la métonymie dans le langage.*

La métonymie a été ſi loin ſur le mot *Dun*, quelle que ſoit ſa ſignification primitive, qu'on le trouve également pour *hauteur*, *habitation ſur la hauteur*, *habitation fermée quelconque*, *habitation ſur la riviere*, *riviere*, *lieu bas*, *ſeigneurie*, *ban-*

lieue, *ſeigneur*, *dynaſtie*, *contrée ou province*, &c. &c. en un mot tout ce qui peut avoir rapport à une contrée, élevée ſur des montagnes; abbaiſſée au bord des rivieres, habitée, & gouvernée par des hommes, & encore tout ce qui peut avoir rapport aux idées acceſſoires à ceci. Falconet a fait voir que la métonymie qui prend *Dun* pour *mons* & pour *oppidum*, ſe retrouve de même dans les autres racines de pareille ſignification : tels que *Berg*, *Burg*, πυργὸς *Thor*, τύρσις *Turris*, &c. & tant d'autres qui ſignifient également *Mons* & *oppidum*.

Les mêmes effets de la métonymie ne ſont pas moins remarquables dans le celtique *Pen* (*caput*) racine qui, (ſoit qu'on la prononce *Pen*, *Pin*, *Ben*, *Byn*, ou *Bann* ſelon les différens dialectes) déſigne en général tout ce qui eſt élevé, ſoit au ſens propre, ſoit au ſens figuré. On le trouve au ſens propre dans *Apennin*, *Alpes Penninæ*, *Pinnæ*, *Pinus*, *Pinacle*, *Pignon*, *Pennache*, &c. Pris au ſens figuré, comme *Bann* ſignifie *chef*, *ſeigneur*; & *Bannum* tout ce qui a rapport à la ſeigneurie & à l'exercice de la ſeigneurie, de-là vient que *Bannum* a été pris pour *mandatum*, *jurisdictio*, *exactio*, *interdictum*, *punitio*, *exsilium*, *bannalitas*, &c.

Tant d'exemples ſi pareils & ſi déciſifs tirés de mots comparés, différens pour le ſon, ſortis de racines très-diſtinctes, mais pourtant ſynonimes quant à l'idée, la ſignification, & la déſignation, démontre juſqu'à l'évidence quel eſt le pouvoir de la métonymie & l'extenſion inſenſible & ſucceſſive qui ſe fait en chaque langue lorſque le rapport des idées y produit l'identité des noms. Mais la dérivation des idées n'eſt pas permanente ſur le papier comme la dérivation des mots. Un ſimple grammairien voit la filiation de ceux-ci : il faut un métaphyſicien pour retrouver dans la ſuite des dérivés l'ordre ou les écarts de l'eſprit qui ont cauſé la dérivation ; & qui, ſans qu'il s'en apperçoive, l'ont de peu-à-peu amenée juſqu'à ſe trouver en contradiction avec elle-même. Ceci doit rendre timide à nier ſans examen des étymologies peu probables en apparence, parce qu'elles ſont en effet peu raiſonnables. L'art étymologique eſt un excellent inſtrument pour diſſéquer les opérations de l'eſprit, & en découvrir la contexture. Il eſt vrai qu'on ne peut que s'étonner d'entendre dire que *Dun* qui déſigne *un lieu haut* déſigne auſſi *un lieu bas*; & qu'on répugne beaucoup à le croire. Cependant ces mêmes perſonnes qui y répugnent ne font aucune difficulté de croire qu'*altus* en latin déſigne également *un lieu haut* & *un lieu fort bas*. D'où vient cette différence de ſentiment ſur deux points ſi pareils ? ſinon de ce qu'on eſt habitué dès l'enfance à entendre prendre *altus* dans les deux ſignifications contraires, & qu'on en a mille preuves à portée de ſoi; au lieu qu'on l'entend dire de *Dun* pour la premiere fois, parce que c'eſt un terme étranger & barbare, dont on n'a nul uſage. C'eſt pourtant dans l'un & dans l'autre la même ſuite de procédés qui choquent la raiſon; mais les choſes auxquelles on eſt habitué ne choquent jamais, juſqu'à ce que l'on vienne à les repréſenter ſous des mots différens : car les hommes ſont toujours la dupe des mots.

182. *Deux genres de dérivations, l'une idéale, l'autre matérielle.*

Diſtinguons avec ſoin deux genres de dérivations qui n'ont rien de commun dans leurs cauſes. L'une eſt la dérivation d'idées (& c'eſt celle dont je viens de parler) lorſque le même mot ſubſiſtant, on vient à le prendre dans une acception nouvelle, en y attachant une idée qu'il ne déſignoit pas cy-devant. L'autre purement matérielle, lorſque le mot conſervant le même ſens vient à s'altérer dans le ſon ou dans la figure par un changement introduit dans la prononciation ou dans l'orthographe : car dans tout mot il y a deux choſes, la figure & la ſignification, toutes deux ſujettes à s'altérer chacune de leur côté. *Fraxinus*, freſne, *flagellum*, fléau ; voilà un changement remarquable dans le matériel du mot pendant que l'idée reſte bien identique. C'eſt tout le contraire dans l'exemple ſuivant. *Virtus* venu de la R/. *vir* ſignifioit la virilité, la force du corps. L'acception chez les Latins s'eſt aſſez naturellement étendue au courage de l'ame & de l'eſprit. Chez nous le mot *vertu*, ſans preſque ſouffrir aucune altération dans la figure, ſignifie l'attachement aux devoirs de la religion: en françois une ſemme *vertueuſe* eſt une femme pieuſe ; tandis qu'en italien *virtuoſa* déſigne le talent, & ſignifie une femme habile dans l'art du chant.

183. *Effet de l'un & de l'autre genre d'altération.*

La déviation par le ſon ou par la figure attaque la forme du mot dont elle altere le matériel, quoique l'expreſſion ne ſouffre aucune altération quant au ſens. Elle eſt preſque toujours plus marquée dans le ſon que dans la figure; parce que l'exemplaire du ſon s'évanouit, & que celui de la figure eſt permanent. Exemple: *Satur*, *ſaoul*: voilà une grande variété produite à l'oreille par la ſeule éliſion d'une lettre intermédiaire (le *T.*) A cela près néanmoins, on reconnoît encore aſſez bien la figure du mot dans ſes élémens; &

l'on n'eſt pas ſurpris du changement de l'*R* en *L*, autre lettre du même organe. Mais l'oreille n'y reconnoît plus rien lorſqu'elle entend prononcer en françois *Sou*, au lieu de *Saoul* ou de *Satur*, en élidant tout à la fois dans un mot ſi court l'*A*, le *T*, & l'*L* ou *R*.

Du verbe *meare* le latin fait *commeatus :* l'italien varie l'inflexion labiale & fait *combiato ;* que le françois prononce *combjato*, & en fait ſon mot *congé*, ou la ℟. *meare* eſt fort difficile à reconnoître.

La dérivation par les idées attaque le ſens du mot ſans toucher à la forme. Exemple : στυλος en grec eſt une colonne, un pilier droit qui reſte debout ; de la ℟. organique *ST*, (Voyez n° 80) *Stylus* en latin eſt un poinçon droit, une aiguille ou plume de bronze propre à écrire ſur des tablettes cirées. *Stylo* en italien eſt un petit poignard à lame d'acier très-fine, comme un poincon, & propre à faire des bleſſures fort dangereuſes. *Style* en françois eſt la maniere, bonne ou mauvaiſe, dont un auteur ſçait rendre ſes penſées.

par écrit. Voilà quatre diverſités de ſignification bien marquées, ſans que le mot
en éprouve aucune. Cet exemple ſert auſſi
à faire voir combien un mot, en reſtant
matériellement le même, ſubit de changement pour le ſens en paſſant d'une
langue à une autre.

C'eſt ce qui arrive ſur-tout aux verbes
dont l'acception étant plus vague que
celle des ſubſtantifs, l'aberration du ſens
y eſt auſſi plus fréquente. *Mittere*, *mettre*,
voilà le même mot, mais non le même
ſens. *Mittere* c'eſt *envoyer* : *mettre* c'eſt
ponere ; les deux actions ne ſe prennent
donc l'une pour l'autre que par une
certaine latitude vague de ſignification :
envoyer, *placer*, *poſer*, *mettre* ; on a
regardé toutes ces actions comme revenant
au même. L'aberration eſt encore moindre
quand on ne fait que tranſporter le verbe
du ſens propre au ſens figuré. Car quelquefois une langue n'emploie que dans l'un des
ſens un terme qu'elle emprunte d'une autre
langue où il n'étoit uſité que dans l'autre
ſens. Par exemple : *inſiſter* ne ſe dit en fran-

çois qu'en ſens moral & figuré pour *s'obſtiner dans ſon ſentiment*; quoique le latin ne s'en ſerve qu'au ſens propre pour l'action phyſique de ſe tenir debout ſur, ou au devant de quelque choſe.

Nulli fas caſto ſceleratum inſiſtere limen.

Autre Exemple : *tres*, *trois*. Voilà un primitif radical qui ſignifie un nombre. Romulus partagea ſon peuple en *trois* portions : il les appella *tribus*; & ce nom reſta aux diviſions du peuple Romain, quoiqu'il ne leur convînt plus quand on en eut augmenté le nombre fort au-delà des trois premieres ; mais les uſages varient ſans que les noms qu'on leur a donnés changent; tellement que le mot n'eſt plus propre à ce qu'on lui fait ſignifier. (Voyez nº 175.) Les tribus ſervoient à former les légions pour le ſervice militaire; & l'on nomma *tribun* le commandant de chaque légion. Quand le gouvernement fut devenu populaire, & que le peuple, que les *tribus* comprenoient tout entier, voulut avoir des Magiſtrats ſpécialement chargés de ſes intérêts, on nomma auſſi ces magiſtrats *tribuns*. Le peuple s'aſſembloit pour ſes affaires dans une place publique, où il écoutoit ce que le chef de l'Etat avoit à propoſer : le chef parloit du haut d'une terraſſe ou balcon pratiqué pour cet uſage ; & l'on nomma ce balcon *tribune*. Pour nous, nous appellons en françois *tribune* tout balcon ou terraſſe ornée de baluſtrades qui regnent le long du corridor d'un bâtiment public, quoiqu'on n'y faſſe point de harangues, & qu'il ne s'y aſſemble pas de *tribus*. Le peuple Romain diviſé par tribus payoit des ſubſides pour les beſoins de l'Etat : on appella ces ſubſides *tributs* ; & l'on ne donne pas d'autres noms aux impôts que le peuple Romain lui-même mettoit ſur les nations étrangeres qui n'étoient pas diviſées en tribus. Le parfourniſſement fait par une perſonne à une autre, ou par un peuple à un autre, a fait éclorre le verbe générique *tribuere* pour *donner à quelqu'un ce qui lui appartient* ; & enſuite les mots compoſés *attribuer*, *contribuer*, *diſtribuer*, *attributs*, &c. dont l'aoception est encore plus générale. Ainsi que dans le mot *tribulations*, nom allégorique qu'on a donné aux afflictions, aux peines de corps & d'esprit ; parce que le latin appelle *tribules*, *tribuli* les épines à trois pointes, les chausses-trapes ou chevaux-de-frise, les herses garnies de pointes dont on se sert en certains pays, au lieu de fleau, pour tirer le grain de l'épi ; tous instrumens propres à blesser.

Tous les mots que je viens de rapporter à l'exception du primitif *tribus* n'ont rien de commun avec le nombre *tres* qui les a certainement tous engendrés ; quoique moins évidemment qu'il n'a produit certains termes numériques, *tiers*, *tiercer*, *triolet*, *tierceline*, *tréfle*, &c. & entr'autres *très*, signe françois du superlatif, pour marquer un troisieme degré supérieur aux deux degrés précédens. Cependant une forte déviation dans les idées n'en a pas produit beaucoup dans le son ni dans la figure. Le caractéristique élémentaire *TR* y reste toujours bien marqué. Que si l'on veut me presser jusqu'à me demander pourquoi cette inflexion organique, ce caractériſtique *TR* eſt approprié par la nature à devenir le germe radical du nombre *trois*, je hazarderai une conjecture. *TR* eſt une onomatopée, un bruit vocal par lequel l'organe tâche de rendre l'image du mouvement qui ſe fait pour inſérer matériellement un corps entre un corps & un corps, pour *traverſer* les deux qui y ſont, & y mettre un *tiers*. Je vois en effet que cette articulation *TR*, dont le bruit peint aſſez bien le mouvement d'un paſſage forcé, & de la ſurvenance d'un nouveau corps où il y en avoit déja deux autres, ſe trouve dans une bonne partie des mots qui indiquent ce paſſage; & qui ſuppoſant l'exiſtence antérieure des deux objets, déſignent l'adjonction d'un troiſieme: *trans*, *intra*, *extra*, *ultra*, *citra*, *præter*, *propter*, *entrée*, *travers*, &c. (Voyez n° 203.) Mais revenons à l'altération idéale.

184. *Différence de l'un & de l'autre genre d'altération.*

Elle s'exerce ſans ceſſe ſur les noms

d'êtres moraux & abſtraits, de relations & autres qui n'exiſtant qu'en idée ſont ſujets à n'avoir qu'une ſignification peu déterminée ; faute d'archétypes exiſtans dans la nature auxquels on puiſſe les comparer comme à leur original. L'altération matérielle, quoiqu'elle s'étende à tout, appartient plus proprement aux noms d'êtres phyſiques qui ſont moins ſuſceptibles de l'altération idéale ; leur ſens étant invariable & leur idée ſe référant à des originaux connus. Cependant les noms de ceux-ci ne laiſſent pas que d'être aſſujettis à l'autre eſpece d'altération, lorſqu'ils ſont tirés de quelque circonſtance accidentelle à l'objet nommé plutôt que de ſa ſubſtance même.

185. *Autre eſpece de dérivation idéale tirée de l'identité de ſignification. Elle nuit à la clarté des langues, en y introduiſant des ſynonymes de ſens, qui ne ſont pas ſynonymes d'expreſſion.*

Les hommes s'attachent à toutes ſortes d'idées générales en impoſant les noms aux choſes, lorſque ces idées y apportent quelques caracteres distinctifs, sur-tout si ces choses sont du nombre de celles où l'art & la main-d'œuvre ont part. De-là vient que des choses d'especes très-diverses ont des noms synonymes, quoique le mot paroisse fort différent, & que la chose soit en effet fort différente. Ils appellent la mine d'argent fondue & réduite en billes *piastres*, i. e. *formatæ* de πλαττεῖν (*formare.*) Ils appellent le lait caillé & réduit en masse *formées* dans des moules, *fromage*, *formaticum*; deux noms également pris de la *forme* où l'on a réduit deux matieres premieres très-différentes. Ces deux mots sont donc les mêmes, non pour la figure ni pour le son, mais pour le sens. Il auroit été aisé de les ramener au même son & à la même figure, si l'on eût traduit le mot en disant *formées* au lieu de *piastres*. Le nombre de termes du même sens non traduits qui passent ainsi dans chaque langue la multiplient prodigieusement. On simplifieroit fort une langue en traduisant dans les termes propres à la langue même les termes étrangers qui s'y introduisent ; en identifiant la figure & le son du mot, aussi-bien que l'idée de la chose, qui se perd bientôt faute de ceci : on rendroit en même tems la langue beaucoup plus claire ; car chacun entendroit la signification propre des mots dont il se sert, ce qui n'arrive que rarement. Tous ces mots non traduits ont une étymologie de sens qui n'est pas leur étymologie de lettre. Comme on range ceux-ci sous leurs racines figurées, on pourroit ranger ceux-là sous leurs racines idéales.

186. *Causes de l'altération matérielle.*

Mille causes habituelles alterent le matériel des mots. Chaque langue ayant adopté un certain nombre de terminaisons qu'elle s'est particuliérement appropriées, rejette celles d'une autre langue pour y substituer les siennes, ou les accumule l'une à l'autre ; ce qui rend les mots si longs qu'il faut bien les retrancher en quelque endroit. On est toujours pressé de faire entendre ce que l'on veut dire : on prononce avec rapidité ; on retranche le commencement du mot ; on le resserre au milieu ; on supprime, on élide la fin : on rend les sons indistincts sur l'instrument vocal, comme un musicien qui veut exécuter avec trop de vîtesse, brouille & mange les notes. Au lieu de *flagellum* on prononce rapidement *flael* en mangeant le milieu & la fin du mot : puis par une autre habitude qui change les finales *el* & *al* en *au*, on présente aux yeux *fleau* ; mais le son qu'on fait entendre à l'oreille, est *flô*.

La délicatesse des oreilles, l'euphonie, l'affectation porte à transposer, à permuter, à élider, à intercaler des syllabes ou des lettres. L'art de l'écriture survient là-dessus, entretient l'altération, quelquefois l'augmente, & toujours la fixe. Ceux qui ne sçavent pas lire entendent mal, & parlent incorrectement. Lorsqu'un langage barbare & sauvage commence d'être rapporté & comme attaché à un alphabet, les premiers qui se servent de cet alphabet s'efforcent d'appliquer les caracteres aux sons le plus exactement qu'il leur est possible : en conséquence ils font passer dans l'écriture toute l'altération courante, qui s'étoit déja glissée dans les termes. La valeur des lettres est elle-même assez incertaine & vague, si l'on n'y donne une attention méthodique en les rapportant soigneusement à leurs classes d'organes : elle le devient de plus en plus quand on les transporte d'une langue à une autre. En très-peu de tems, différentes mains représentent un même son par différentes combinaisons de caracteres, & la même combinaison par des sons différens : tellement que dès les premieres productions écrites de tous les peuples, il y a eu une infraction primitive de l'analogie.

187. *Effet d'altération par la prononciation inexacte & par la permutation des lettres.*

De legeres omissions dans le procédé de la formation des langues, donnent lieu à des altérations assez considérables dans le son des mots à mesure qu'ils dérivent ; tellement que la ressemblance entre le dérivant & le dérivé ne frappe plus au premier abord. Dans la pronon-ciation l'*j* consonne diffère de l'*i* voyelle; de même l'*v* consonne de l'*u* voyelle. On a eu soin à la vérité de leur donner des figures différentes, *j* & *i*; *v* & *u*. Mais ce soin a été souvent négligé en écrivant; de plus on a totalement omis de les distinguer par différens noms spé-cifiques à chacun. Cette omission jointe à la négligence des écrivains a jetté de l'erreur dans la prononciation, lorsqu'on a pris une lettre pour l'autre. On a pro-noncé la voyelle comme si elle eût été consonne. Qui plus est, par une seconde erreur on a figuré en écrivant, non cette consonne-ci, mais une autre qui affectoit l'ouïe de la même maniere; de sorte que le mot s'est trouvé assez défiguré. On a écrit *Coulonge* (nom de lieu) au lieu de *Colonia* & même au lieu de *Coulonje*: ce leger changement a rendu assez sensible à l'oreille une altération qui est presque nulle aux yeux: car il n'y en auroit point du tout, si l'on eût écrit *Colonie*. Du mot *pollis*, i. e. *fleur de farine* les

Latins ont fait *polenta*, i. e. *gâteau de farine*, *farine cuite*, & *polentiarius*; mais les François ont écrit *boulanger*, *polentjarius*. Les Grecs ont dit νεῦρον: les Latins *nervus*: les François ont enchéri sur l'altération en substituant à l'*v* consonne un autre sifflement labial; ils ont écrit *nerf*.

Il est assez singulier qu'on ait ainsi confondu avec l'*i* & l'*u* voyelles les consonnes à qui on donne le même nom, quoiqu'elles n'y ayent aucun rapport apparent. Ceci vient de ce que l'*u* voyelle est l'extrémité de la voix, ou le bout extérieur de la corde vocale; comme l'*v* consonne est l'extrémité de l'instrument organique, ou le bout extérieur du sifflement vocal. L'inattention a plus facilement confondu deux effets qui s'opèrent sur la même place de l'instrument. L'*i* voyelle est le milieu de la corde vocale. L'*j* consonne palatiale est le milieu du corps de l'instrument. De même l'aspiration *h*, qui est le bout intérieur de la corde vocale, reçoit souvent de l'organe une inflexion plus caractérisée qui la change en *ch* ou en *gh*, lorſque le mot paſſe d'une langue à une autre. Parmi nous pluſieurs conſonnes introduiſent auſſi des altérations de ce genre par la prononciation défectueuſe à laquelle l'habitude les rend ſujettes. A tout moment le *c* & le *t* ſont à notre oreille le ſon de l'*s*. L'analogie veut qu'on écrive *prononciation* & *collation*; l'uſage défectueux fait entendre *prononſiaſion* & *collaſion*. Le même uſage ſouvent adoucit l'*s* & y fait entendre un *z*: par-là le *z* ſe trouve ſubſtitué au *t* à qui il n'a nul rapport d'organe, parce qu'on a ſubſtitué l'*s* au *t*. Au lieu de *ratio* on écrit *raiſon* & on prononce *raizon*. Au lieu du ſon organique & guttural qui eſt propre au *g* on lui donne la plûpart du tems le ſon palatial de l'*j*. On dit *vendanger* au lieu de *vendemjare* ou *vindemiare*. Un de nos vieux hiſtoriens, lorſqu'il dit en parlant d'une Princeſſe dont le mariage ne fut pas conſommé, *ſponſo ad votum gaviſa non eſt*, nous apprend que notre mot *jouir* vient du latin *gaudere*; & que le mot *gavisa* se prononçoit probablement *jauisa*; ce qui le rapproche fort de notre mot *jouir* & *jouissance*, ainsi que de notre expression *jouir d'une femme*. Ainsi *joye*, *joyau*, &c. viennent de *gaudium* par l'italien *gioie*.

188. *La prononciation vicieuse introduit de fausses opinions*

La permutation, la transposition des lettres, le peu d'exactitude à les bien prononcer produit dans les mots dérivés des équivoques qui à leur tour donnent naissance à des préjugés, à des contes populaires. La critique les détruit en rétablissant le terme & en faisant voir que la fable n'a d'autre fondement qu'une prononciation vicieuse. On met au nombre des sept merveilles du Dauphiné la *Tour sans venin* près de Grenoble, où les animaux venimeux meurent, à ce qu'on prétend, aussi-tôt qu'on les y porte. Le fait est démenti par l'expérience; mais cela n'empêche pas que le peuple n'y ajoûte la même foi : c'est son usage. Le vrai nom de cette tour & de la chapelle voisine est : *Torre san-Vereno*, *la tour ſaint Vrain*. On a dit par une prononciation altérée *Torre ſan veneno*, & en françois par une mauvaiſe équivoque *Tour ſans venin*; ce qui a ſuffi pour établir cette fable. Quelquefois auſſi les prononciations vicieuſes, peuvent par un hazard ſingulier, remettre l'obſervateur critique ſur la voie de la vérité dont les traditions s'étoient écartées. On ſçait qu'une grande partie des métamorphoſes de la Mythologie grecque ne ſont fondées que ſur des reſſemblances ou des équivoques de noms, ou ſur le double ſens de certaines expreſſions, de ſorte qu'il n'y a réellement de métamorphoſes que dans le matériel ou dans l'idéal du mot. Une des plus célebres eſt celle de Sémiramis reine d'Aſſyrie en colombe de montagne. C'eſt en effet ce que peuvent ſignifier les mots orientaux : *Sar-eman* (Har *mons* heman *columba;*) & il y a toute apparence que la fable eſt née de cette équivoque. Mais elle nous indique en même tems que le vrai nom aſſyrien de cette reine fameuſe étoit *Serimamis*, que les Grecs ont nal écrit par transposition *Semiramis*. Elle nous en donne en même tems la véritable signification, *Sar-iman* (*Reine-Prêtresse*, *Reine divine*,) signification conforme à ce que nous sçavons par quantité d'exemples, que les noms des rois d'Assyrie n'étoient composés que de titres ou épithetes honorifiques; l'une desquelles est ordinairement le mot *Sar* (*Roi.*) Alors nous ne sommes plus étonnés de trouver *Semiramis* en plusieurs tems de l'histoire d'Assyrie dont la différence embarrassoit les chronologistes, puisque ce nom a pu être porté par plusieurs Reines Assyriennes, n'étant qu'une expression générique composée de plusieurs titres de dignité, selon le génie & la tournure ordinaire de la langue orientale.

189. *Effet bizarre de la dérivation, en ce qu'elle rend obscenes des termes qui étoient honnêtes dans leurs primitifs.*

Un des plus singuliers effets de la dérivation est de rendre mal-honnêtes des expressions qui ne l'étoient pas dans leur origine. Chez les peuples civilisés, l'obscénité attachée à certains termes bannis du discours, est une suite raisonnable du respect qu'on doit aux mœurs. C'est un hommage qu'on leur rend, du moins de bouche, si ce n'est d'esprit; car c'est à-peu-près-là qu'il s'arrête, comme je dirai plus bas. Mieux un peuple est policé, plus il se pique de montrer de l'honnêteté (du moins verbale) dans ses mœurs, plus son langage se rafine, & devient sujet à rejetter comme peu honnêtes certains termes ou locutions usitées. A mesure que le siécle devient délicat, il trouve son langage moins chaste. Moliere emploie dans ses comédies plusieurs expressions qu'on ne souffriroit pas aujourd'hui dans une piéce nouvelle. Avant Moliere & Corneille, le théatre en admettoit beaucoup d'autres que ceux-ci ne se seroient pas permises. Que ce soient les oreilles qui d'un siécle à l'autre soient devenues plus modestes, ou que ce soit l'imagination qui soit devenue plus aisée à émouvoir, c'est ce que je n'ai pas dessein

de

de rechercher avec ſoin. Ce n'eſt peut-être ni l'un ni l'autre, mais ſeulement une certaine délicateſſe qui tend à éloigner de plus en plus nos façons de parler de celles de la nature ſimple & ſauvage, & qui ſeroit choquée ſi en mille occaſions, on n'atténuoit la clarté de l'idée par l'ambiguité du mot.

Je ne m'éloignerois pas de croire que plus une langue a de termes qu'elle bannit comme obſcènes, moins elle reſte chaſte; & que le beſoin qu'elle ſe fait d'en venir à cette réforme, eſt une marque qu'elle ne l'eſt pas. En toutes langues les choſes dont il eſt néceſſaire de parler ont des noms appellatifs & ſimples. Ces noms ne devroient pas, dans le diſcours, faire plus de ſenſations que leurs équivalens; & il ſemble que la langue la plus chaſte ſeroit celle du peuple chez qui, nulle idée ne faiſant d'impreſſion dangereuſe, les mots ſeroient regardés comme indifférens à cet égard, & perſonne ne ſeroit ſurpris ni révolté d'entendre nommer chaque choſe par ſon nom. De tous les moyens de rendre ſans effet les impreſſions que les idées peuvent produire, le plus efficace eſt l'habitude des objets même. A Sparte où les objets n'étoient pas indécens, il étoit impoſſible que les noms des objets le fuſſent. Quand un peuple eſt ſauvage il eſt ſimple, & ſes expreſſions le ſont auſſi : comme elles ne le choquent pas, il n'a pas beſoin d'en chercher de plus détournées, ſignes aſſez certains que l'imagination a corrompu la langue. Le peuple Hébreu étoit à demi-ſauvage ; le livre de ſes loix traite ſans détour des choſes naturelles que nos langues ont ſoin de voiler. C'eſt une marque que chez eux ces façons de parler n'avoient rien de licentieux ; car on n'auroit pas écrit un livre de loix d'une maniere contraire aux mœurs.

La cauſe qui a mis dans certains termes une indécence qu'ils n'avoient probablement pas dans leur ancien & premier uſage, paroît donc combinée ſur le double principe d'une plus grande corruption intérieure, & de l'affectation d'une plus grande pureté extérieure, qui tient à la politesse des manieres. Ce seroit une grossiéreté que de se servir du propre nom des choses, lorsque l'imagination est devenue assez prompte pour en saisir l'idée à demi-mot. Leur proscription montre au moins qu'on veut se conformer aux décences introduites par le nouvel usage, lors même qu'en se servant d'autres mots, ou de quelque façon de parler détournée, on ne laisse pas de présenter les mêmes idées.

Les idées sont mal-honnêtes, non selon les objets naturellement pris en eux-mêmes, mais selon le choix que les mœurs, les usages, les religions des peuples ont fait de certains objets, que la législation ou le préjugé ont regardés comme dangereux, en considérant l'abus qu'on en pouvoit faire. En Occident l'idée mal-honnête est attachée à l'union des sexes : en Orient elle est attachée à l'usage du vin; ailleurs elle pourroit l'être à l'usage du fer ou du feu. Chez les Musulmans, à qui le vin est défendu par la loi, le mot *Cherab* qui signifie en général ſyrop, ſorbet, liqueur, mais plus particuliérement le *vin*, & les autres mots relatifs à celui-là, ſont regardés par les gens fort religieux, comme des termes obſcènes, ou du moins trop libres pour être dans la bouche d'une perſonne de bonnes mœurs. Le préjugé ſur l'obſcénité du diſcours a pris tant d'empire qu'il ne ceſſe pas, même dans le cas où l'action à laquelle on a attaché l'idée eſt honnête & légitime, permiſe & preſcrite; de ſorte qu'il eſt toujours mal-honnête de dire ce qu'il eſt très-ſouvent honnête de faire.

A dire vrai, la décence s'eſt ici contentée d'un fort petit ſacrifice. Il doit toujours paroître ſingulier que l'obſcénité ſoit dans les mots, & ne ſoit pas dans les idées: ce qui néanmoins eſt à-peu-près ainſi; car ſans ceſſe on préſente honnêtement, ſous certaines expreſſions, des images qui ſeroient mal-honnêtes à préſenter ſous d'autres mots. L'obſcénité attachée par l'uſage à certains termes de chaque langue, ſe réduit aux mots, en laiſſant ſubſiſter les images. Les gens les plus séveres disent honnêtement qu'un mariage a été consommé, quoique cette image soit absolument la même qu'on se garderoit bien de rendre en d'autres termes. Et, ce qui n'est pas moins bizarre, tel mot est réputé obscène, sans que son primitif ni ses collatéraux le soient : tel est le fréquentatif latin du verbe grec φύω, & les dérivés immédiats de ce fréquentatif dans les dialectes latins. La cause de cette bizarrerie vient, à ce que je crois, de ce que les mots de cette espece sont devenus des termes propres, consacrés par l'usage à donner simplement & directement la seule image de l'objet ; au lieu qu'en se servant d'autres expressions, on joint à l'image simple, d'autres images accessoires qui partagent la pensée, & la détournent de s'occuper à la considération toute nüe de l'objet principal. Ainsi le palliatif est employé, parce qu'au fond on a dessein de respecter les mœurs, en affoiblissant l'image. Mais avec cela il est étrange qu'en se contentant d'atténuer legérement les images deshonnêtes, on ait si sévérement proscrit les peintures verbales, dont la réforme auroit dû paroître infiniment moins importante. Il n'est pas moins singulier que la réforme ait sacrifié certains termes, pendant qu'elle en épargnoit d'autres, qui sont tout aussi simples & significatifs; puisqu'ils expriment de même, sans mettre à l'image ni accessoire, ni adoucissement. J'en pourrois citer des exemples, si je ne voulois éviter d'employer ici aucune de ces expressions propres que la décence est convenue de bannir. Mais il n'y a nul inconvénient, & il est même de mon sujet d'en indiquer les primitifs & les dérivés. Tous sont des expressions honnêtes, & d'un usage extrêmement commun. Je n'en employerai pas ici d'autres; & en cela je n'irai pas aussi loin que Scaliger, Pontus de Thiard évêque de Châlon, l'abbé Ménage, Du-Cange, Leibnitz, & tant d'autres glossateurs, obligés comme moi par la nature de leur sujet d'entrer dans quelque discussion relative à certains mots rejettés du langage honnête. Ces ſçavans hommes ont jugé qu'il y auroit, à vouloir exclure de telles diſcuſſions d'un ouvrage de littérature qui les demande, une délicateſſe auſſi puérile que le ſeroit celle d'un anatomiſte qui retrancheroit de ſon ouvrage les obſervations d'un certain genre qu'on s'attend d'y trouver.

Le dérivé latin de *mens*, *mentis*, eſt, comme on le voit, bien éloigné d'avoir rien de mal-honnête dans ſon origine; non plus que ſon ſynonyme dérivé du teuton *mut*, i. e. *mens*, *anima*. *Mut* dans les différens dialectes des langues germaniques, ſe prononce, *mod*, *mode*, *muat*, &c. De même en langue gothique *miton*, i. e. *cogitare* : *mitons*, i. e. *cogitatio*. En grec, μῆτις, i. e. *intelligentia*: en latin *mens*, *mentis*. Tous les dérivés du germain *mut* déſignent en général *animatum*, *motum*, *quidquid movet ſe*. (Voyez Vachter.) Par-là le terme latin dérivé du teuton *mut*, donne l'image d'une choſe animée par elle-même, qui a ſa *vie* & ſon mouvement particulier indépendant de la volonté. Horace en employant cette expreſſion, l'a très-bien entendu de la ſorte, lorſqu'il a dit :

Huic ſi . . . . verbis mala tanta videntis
Diceret hæc animus : *Quid vis tibi ? Numquid ego à te,*
Magno prognatum depoſco conſule . . . .
Velatumque ſtola, mea cum conſerbuit ira.

En effet les Latins emploient l'autre ſynonyme dérivé de *mente* comme pour faire entendre que ce dont ils parlent *mentem propriam ac voluntatem habet.*

Ils ont dans la même langue un troiſieme ſynonyme qui vient, à ce que je crois, non de *verenda*, mais plutôt de *vir*, (comme *feretrum* de *ferre :*) *vir*, *vita*, *vitalis.* La modeſtie n'étant bleſſée dans aucune de ces origines, n'auroit pas naturellement dû l'être par les dérivés de ces derniers mots latins : bien moins encore ſi ce dérivé n'eſt en notre langue qu'une image adoucie & qu'une altération du latin *vectis* (un levier) comme un grand nombre de paſſages de la baſſe latinité paroît l'indiquer, & comme l'ont cru Ménage dans ſes additions, pag. 738, &

Du-Cange à la vue d'une ancienne loi angloiſe qui prononce une amende contre les mutilateurs : *Si libero teſticulos evulſerit, centum ſolidos componat : ſi vectem ſimiliter.* Tit. v. §. 7. Le primitif de *vectis* qui eſt *veho* ou *via* ainſi que ſes collatéraux *vehiculum*, *viator*, *voiture*, *envoyer*, ſont aſſurément des termes à l'abri de tout ſcrupule. Que ſi l'on me dit que ce neſt pas le mot *vectis*, mais l'idée, qui eſt indécente, je demanderai toujours pourquoi donc c'eſt le mot qu'on a proſcrit & non pas l'idée. L'acception ſinguliere des mots eſt encore plus marquée dans le dérivé du grec καυλὸς, en latin *caulis*, *virga*. De ces deux termes latins traduits dans notre langue, le dernier eſt reçu & l'autre rejetté.

Une autre dénomination licentieuſe dans la langue latine & dans la nôtre, n'eſt cependant que le même terme, que les mots grecs & latins, γένος, *genus*, *generatio*, &c. Le ſens s'y rapporte; & tous ces mots, tant ceux que je nomme, que celui que je ſupprime, ſont formés des mêmes lettres organiques. Il y a beaucoup d'apparence que ce dernier étoit radical dans les anciennes langues barbares de l'Europe : En celtique *cwens*, *cona*, *chena*, *quena*, ſelon les différentes manieres de prononcer des divers dialectes, ſignifie *femelle*; en d'autres *kennen* ſignifie *gigni*, *naſci*; *kind*, *fœtus*, *proles*. La racine étoit appropriée à déſigner les ſexes, ſoit maſculin, ſoit féminins. La prononciation barbare *Quena* a laiſſé des traces dans notre langue relatives au ſexe mâle; & la racine en général, aujourd'hui reſtreinte à l'autre ſexe s'appliquoit alors à tous deux : *Gun*, *vir*, *Gund*, *virgo*; & auſſi *Gund*, *vulva*. Un ancien paſſage cité par M. de Valois fait voir que *Gund* avoit les deux ſignifications de *mulier*, & de *vulva* : *Quædam mulier nomine* Gunda *femora denudare*, *crura divaricare & pudenda* proprio nomini cognomina *cœpit oſtentare*. De-là viennent pluſieurs noms propres de femmes, où la racine eſt employée, ſoit dans le ſens de *pars muliebris*, ſoit dans celui de *virgo*, qui eſt le même. *Gontrude* composé de *muliebris* & de *fidelis*. *Cunegonde* composé de *muliebris*, & de *regius*, &c. Le mot italien *gonna*, i. e. cotillon, juppe de femme, est fort bien dérivé par Leibnitz du terme latin propre : & de *gonna* vient notre mot populaire *gonée*, c'est-à-dire *mal-habillée*, *mal-ajustée*. C'est la même chose en grec, *γυνὴ mulier* : En islandois *Cona*, *mulier* : En anglois *Quean*, *meretrix*; & aussi *Queen*, *Regina*; dans le patois de quelques provinces de France *Gouine*, *meretrix*, *fœmina*: En tudesque *Quen*, *uxor*; &, comme le dit fort bien Wachter, *quælibet de sexu*. On trouve aussi chez les anciens Barbares de l'Europe, beaucoup de noms d'hommes composés sur la même idée : *Gontran*, *Gondebaud*, *Gondemar*, &c. car il faut remarquer que le mot est réciproque, s'appliquant indifféremment au mâle ou à la femelle, sans nul changement, ou avec un fort leger changement, comme dans le latin, *vir*, *vira*, *virgo*. *Fœminas Antiqui* viras *appellabant*, dit Festus.

On voit ici par la comparaiſon des procédés du latin & de ceux des langues barbares, comment & pourquoi la racine s'eſt étendue des idées de ſexe, aux idées de force, & de puiſſance. Comme en latin *vir* a produit *vis*, *vires*, *virtus*; en barbare la racine a produit *konnen*, *poſſe*, *valere*: d'où eſt venu *koning*, *rex*. *Kun* & *Keen* ſignifient le *Roi* & la *Reine*, comme ſi l'on diſoit l'homme & la femme par excellence. De la même racine ſont venus dans divers dialectes, *kung*, *kunig*, *koning*, *king*, *kongur*, &c. i. e. *Rex*. Telle eſt l'excurſion que font les mots. Il y en a bien d'autres; car, par exemple, le latin qui dit au ſimple, *geno*, je *produis*, & au fréquentatif, *germino*, je *germe*, appelle *gemma* le bourgeon des plantes, qui germe & qui les propage: & enſuite *gemma*, la perle qui a la figure ronde du bourgeon des plantes: & encore *gemma* toute pierre qui eſt précieuſe comme la perle. Tous ces mots, comme on le voit, ſont fort honnêtes, à l'exception d'un ſeul en latin & en

190. *Cause de l'altération des mots en passant d'une langue à une autre. Rapidité de cette altération.*

De la facilité qu'ont les lettres de même organe à se remplacer les unes les autres, naissent les variétés infinies qui se trouvent dans la prononciation des mots, & les altérations perpétuelles qu'ils souffrent en passant d'une langue à une autre ; altération dont la cause est double, à raison de deux sens, de l'ouïe & de la vue. Car tantôt on copie comme on lit, & tantôt on écrit comme on entend. C'est ce que ceux qui s'adonnent à la matiere étymologique doivent soigneusement observer. Les manuscrits que nous avons des anciens auteurs, & qui nous tiennent lieu d'originaux, sont remplis de fautes. Tout homme un peu intelligent discernera par le genre des fautes si le manuscrit a été copié sous la dictée ou à la vue d'un autre manuscrit. Il reconnoîtra si les erreurs du copiste viennent de l'oreille pour avoir mal ouï, ou de l'œil pour avoir mal lu. En étymologie dans la comparaiſon des mots, il ne faut avoir aucun égard aux voyelles, & n'en avoir aux conſonnes qu'autant qu'elles ſeroient de différens organes. Si la variété dans la conſonne ne vient que de la différence des inflexions du même organe, on doit dire hardiment que c'eſt toujours la même lettre. C'eſt le caractériſtique de la ſuite d'organes qui doit guider dans cette comparaiſon. Si la ſuite du caractériſtique s'y retrouve, le mot eſt le même : encore n'eſt-il pas rare de le voir s'éclipſer lorſque la filiation n'eſt pas immédiate. Pour connoître combien les altérations ſont ſenſibles, combien le progrès en eſt rapide, il ne faut qu'obſerver combien il y a de termes dérivés, où le ſigne radical même n'eſt plus reconnoiſſable au bout de trois ou quatre générations. Je ne citerai que ce peu d'exemples dont j'ai déja donné le premier pour modele. *Pelerin* vient d'*Ager*: *Ager* : *Peragrare* : *Peregrinari* : *Pelegrino* : *Pelerin*. *Roſſignol* vient de *Luco canens* : *Luco canens* : *Luccinia* : *Luſciniola* : *Uſignuolo* : *Roſſignol*. *Jour* vient de *Dies* :

Dies, *Diurnus*. *Djiorno*. *Jour*. Ces altérations prodigieuſes ne doivent ni étonner, parce que les cauſes en ſont connues par les principes ci-deſſus établis; ni rebuter, parce qu'elles ne ſont jamais immédiates. Un fils reſſemble à ſon pere, quoiqu'il n'ait ſouvent plus rien de ſon triſaïeul. D'une filiation à l'autre les mots ne ſont jamais méconnoiſſables. Tout dépend de les ranger dans un ordre qui les rende faciles à reconnoître : & cette méthode d'arrangement, que je donnerai ci-après, ne demande que du ſoin, n'a rien de difficile à pratiquer.

191. *La permutation des lettres s'opere d'une maniere phyſique & néceſſaire.*

Règle générale : le changement d'une lettre en une autre qui n'eſt pas de même organe naît de ce que dans la langue dérivante l'organe joignoit à la prononciation de la lettre changée, l'inflexion d'un autre organe ; & c'eſt celui de la lettre qui remplace. Pourquoi le *D* de *Diurnus* eſt-il devenu *J* dans *Journal* ? C'eſt que ce dernier mot a passé en venant par l'italien *Giorno* qui se prononce *Djiorno*. Les dents articuloient seules dans le latin *Diurnus* : elles articuloient avec inflexion du palais dans l'italien *Djiorno* ; l'articulation du palais est restée seule dans le françois *Journal*.

Les lettres s'attirent les unes les autres, non pas au hazard ; mais dans un certain ordre dicté par la nature & par une opération insensible, née de l'organisation même. Voyez ce que j'ai dit (n° 46,) sur la lettre de levre *M* & la maniere dont elle attire une autre labiale en se transformant en voix nazale. Exemple : *Numerus*, nombre ; *Cumulus*, comble.

Les lettres se détruisent de même par opération naturelle ; & plus que toute autre la lettre de *gorge* placée à l'endroit le plus reculé de l'instrument. Plus l'articulation de *gorge* est reculée, plus on est porté à la supprimer. *H* plus que *G* : *G* plus que *C* ; sur-tout au milieu des mots où la prononciation est plus rapide qu'au commencement. Exemple : *Hispania*-,

Eſpagne, *fugere* fuir, *legere*, lire, *ſacramentum*, ſerment. Dès qu'un mot ayant un *G* intermédiaire paſſe dans une autre langue, on le contracte & le *G* ne s'y trouve plus. Lorſque par hazard il ſe trouve une articulation double produite par deux organes peu analogues l'un à l'autre, ce qui eſt une vraie diſſonance faite en touchant l'inſtrument vocal; dès que le mot où elle ſe trouve vient à paſſer d'une langue à une autre, il perd auſſi-tôt cette double inflexion contrariante & difficile à exécuter. Exemple: *Pſalmus*, ſalmo; *Ptolomeus*, Tolomei; *Pfifer*, fifre. Selon l'apparence dans l'ancienne langue du mot, l'uſage étoit de ne prononcer comme dans la moderne qu'une des deux articulations, & c'eſt celle qui s'eſt conſervée.

Les anomalies vicieuſes de certaines langues influent pareillement ici: tellement qu'il y a des lettres qui, ſans être du même organe, ſont devenues permutables par la prononciation fautive, ou par l'habitude d'orthographe d'un dialecte. Notre habitude de changer le *C* & le *T* en *S*, (Voyez nº 187,) a introduit celle de regarder le *C* & le *T*, tout différens qu'ils ſont l'un de l'autre, comme communs, parce qu'ils le ſont *uni-tertio*. Par-là ils ſont devenus permutables comme *Platea*, *place*. Telle eſt encore parmi les Latins & parmi les Allemands, qui ſe plaiſent au ſiflement naſal, l'*S* ajoûtée avant la voyelle aſpirée gutturalement. Exemple : ἓξ *ſex*; ὑπὲρ *ſuper*; ἅλως (*area*, *atrium*) *aula*, *hall*, *halle*, *ſalle*. En cimraëc *had*, en allemand *ſat*, en latin *ſatus*, *ſemen*. Les dialectes dérivés du latin ont encore enchéri ſur lui en ceci. Exemple : *Quadratus* ſquadrones; *plaga* ſpiaggia, &c. La propenſion qu'on voit ici aux peuples Latins plus ſeptentrionaux que les Grecs pour ajoûter ce ſiflement de nez, & aux Barbares du nord qui ont envahi l'Empire Romain pour enchérir encore ſur l'habitude latine, eſt un indice de la conformation d'organes qui leur eſt donnée par leur climat natal, à la différence des peuples du midi. Ceux-ci aſpirent beaucoup :

ceux-là ſiflent beaucoup : chacun d'eux eſt conduit par ſon organiſation phyſique à toucher les deux bouts oppoſés de l'inſtrument vocal. (Voyez n° 19.) Les peuples plus ſeptentrionaux ſiflent également, ſoit du nez, ſoit des levres. Je viens de donner des exemples de l'addition du ſiflement nazal : en voici de l'addition du ſiflement labial ; ἑσϕερος *veſper*, οἶνος *vinum*, ἔργον *work*, ὕδωρ *water*, &c. On pourroit faire ſur chaque langue une infinité d'autres petites remarques de pareille eſpece. Celles-ci ſuffiſent pour mettre ſur les voies les gens qui s'adonneront à l'art.

192. *Des trois claſſes de changemens dans les mots entiers.*

Outre les changemens qui ſe font dans les lettres, il s'en fait auſſi beaucoup dans les mots entiers : ils peuvent être rangés ſous trois claſſes.

Augmentation en tête du mot (*protheſis*), *ſcala*, eſchelle : ou au milieu (*epenthesis*), *gener* gendre : ou à la fin, c'est-à-dire terminaison (*paragoge*); *ratio*, raison.

Retranchement à la tête (*aphæresis*), *avunculus* oncle; *Cesaraugusta* Saragosse : ou au milieu, c'est-à-dire contraction, (*syncope*) *ambulare*, aller; *ridere*, rire; *molendinarius*, meûnier; *manducare*, manger; *culicino*, cousin : ou à la fin (*apocope*), *terminus*, terme; *clavicembalo*, clavecin; *consanguineus*, cousin.

Transposition des lettres ou syllabes, (*metathesis*) comme μοςφη forme : ou totale du mot entier par renversement (*anastrophe*). Le renversement de tout le caractere radical d'un mot est fort commun. Exemples : ἅλς *sal*; Lœf *folium* φυλλον; γαλα *lac*; A-phil ε-λεφ *elephas*; Saba *Abas* Abissin. A-neith A-thein *hæc virgo* : ce qui vient de ce que l'on a laissé les letttres dans le même ordre où elles étoient, quand le mot a passé par l'écriture, d'une langue qui écrivoit de droite à gauche, en une autre qui écrivoit de gauche à droite.

193. *Observation sur un changement singulier qu'on rencontre quelquefois dans la direction d'une lettre.*

Il est arrivé parfois qu'en changeant la ligne de direction, on a laissé une seule lettre dans l'ancienne direction ; ce qui a fait prendre cette lettre pour une autre qui lui ressembloit, & qui n'en différoit que par cette direction, comme *q* pour *p*, ou *b* pour *d*. Les exemples de cette singularité sont rares, mais il y en a ; & on y peut remarquer cette autre singularité qu'ils portent presque tous sur des noms de nombres : δὶς, *bis* : *petoar*, *quatuor* ; *pempe*, *quinque* ; *duiginti*, *biginti* ou *viginti* : *duellum*, *bellum*, &c. Les anciens grammairiens Latins conviennent de ce fait singulier, dont il nous reste des preuves dans quelques vieilles inscriptions, entr'autres dans celle de Scipio Barbatus, & qui d'ailleurs se montre ici avec assez d'evidence. Après tout, ce procédé n'est guères plus singulier que celui que nous pouvons remarquer dans notre mot numéral *dix*. Nous le tirons du latin *decem* : & cependant au lieu de l'écrire avec le *c* latin, nous l'écrivons avec le *κ* grec, comme dans *δεκα*. Ce changement purement matériel n'a rapport ni à la voix ni à l'oreille, mais ſeulement à la vue. Je le cite comme exemple anomal de la permutation des lettres. Probablement le mot celtique & étruſque étant écrit ainſi en lettres étruſques ƎПMMƎП (*pempe*), les Latins l'ont groſſiérement copié dans leurs propres caractéres fort approchans de ceux des Etruſques retournés de gauche à droite qEMqE (*quinque*) retournant les uns & laiſſant les autres dans la poſition étruſque. La preuve qu'ils en avoient uſé ainſi pour ce terme numérique, eſt confirmée par un procédé tout pareil dans le terme précédent : car le П étruſque de *petoar* eſt reſté dans ſon ancienne poſition au mot latin *quatuor*, *quatre*. Les noms de nombres, étant d'un uſage ſi fréquent & ſi néceſſaire, ſont de ceux qu'une nation groſſiere, quand ils lui manquent, emprunte des premiers d'une nation plus inſtruite.

L'obſervation que je viens de faire ſur la fauſſe direction d'une lettre dans certains mots latins, eſt par elle-même de très-petite importance ; mais elle ſert d'adminicule à des points obſcurs de l'hiſtoire ancienne. Elle indique 1°, que c'eſt, comme il y a pluſieurs autres raiſons de le croire, des Etruſques que les Latins ont premiérement emprunté leurs lettres ; non des Grecs, dont l'alphabet eſt, à la vérité, fort ſemblable à l'Etruſque : les deux nations ayant également & immédiatement reçu leurs caracteres des colonies Phœniciennes. 2° Que les Latins peuvent avoir commencé par diriger leur écriture à la maniere orientale & étruſque, avant que de la rédiger à la grecque ; ce qu'ils ont néanmoins fait de très-bonne heure ; le commerce de l'écriture étant plus abondant pour eux du côté des Grecs, nation déja fort célebre, & très-verſée dans les ſciences, en un ſiécle où les Latins

en

en étoient aux premiers élémens, & où les Etruſques commençoient à décliner. 3° Que les noms des nombres étoient probablement les mêmes en Etrurie que chez les Celtes, car les mots *petoar* & *pempe* ſont celtiques. Il y a grande apparence que les Latins les ont immédiatement pris des Etruſques leurs plus proches voiſins, dont nous ſçavons qu'ils ont emprunté tant d'autres choſes, plutôt que des colonies Celtes un peu éloignées du Latium. 4° Que ſi les Celtes ont eu l'uſage de l'écriture, ils l'ont eu à l'orientale, ainſi que les Etruſques, avec un alphabet à-peu-près ſemblable; choſe très-ſimple, puiſque s'ils ont eu cet uſage (ce que je ne croirois pas volontiers,) ils l'ont reçu des navigateurs Phœniciens, qui faiſoient de fréquens voyages pour leur commerce dans la Gaule, dès le tems des Hercules, c'eſt-à-dire des capitaines de vaiſſeaux Tyriens. Je ne dis pas néanmoins qu'ils n'ayent pu le tenir auſſi des Phocéens d'Ionie, fondateurs de Marſeille.

194. *Excellens effets de la terminaison.*

Des huit formes de changemens ci-dessus, la paragogique est la plus commune de toutes; elle opere à tout moment dans le systême de dérivation, sur-tout d'un dialecte à l'autre, où les terminaisons, quoique ressemblantes, sont rarement identiques. Elle diversifie les mots *nécessaires* que j'ai dit n'avoir de variété marquée & arbitraire, que dans la terminaison. Elle domine dans les syntaxes qui ne différencient guères que par son moyen le nom, le cas, le genre, le nombre, le substantif, l'adjectif, le degré, le verbe, le tems, le mode, l'adverbe, &c. d'une même chose, en variant seulement la terminaison sur une même racine toujours répétée. (Voyez Chapitre XI.) Elle est un grand caractéristique des idiomes, qui tous se sont approprié chacun un certain nombre de terminaisons singulieres qu'ils affectent d'employer. Elle regle & désigne les classes de chaque modalité grammaticale ; car dès que la terminaiſon a commencé de s'établir dans une langue pour y déſigner une certaine combinaiſon d'idées, on l'adapte toujours au même cas ; de ſorte qu'elle devient la marque générale de cette combinaiſon particuliere. Par exemple, dans le latin, *rum* ou *um* terminant le mot, marque non-ſeulement la choſe qu'on veut déſigner, mais encore qu'il y a pluſieurs de ces choſes, & qu'elles procedent d'une autre choſe : c'eſt le ſigne de tous les génitifs pluriels, *filiorum ; urbium*. *Imus* ou *iſſimus* au bout de l'adjectif font entendre que la qualité indiquée eſt au degré le plus éminent : c'eſt le ſigne de tous les ſuperlatifs, *pulcherrimus ; fortiſſimus*. Combien une peinture conventionelle, ſi aiſée, ſi breve, ſi commode n'eſt-elle pas admirable dans ſes effets ? Et cependant cela s'eſt établi par hazard, par beſoin, par occaſion, par habitude, bien plutôt que par réflexion. Il étoit naturel d'opérer de tels effets par la variété des terminaiſons ; car le premier mouvement eſt de dire la choſe, puis d'ajoûter les circonſtances. Cependant on y a quelquefois auſſi employé la prothèſe ou augmentation en tête du mot, ſoit en repliquant la ſyllabe initiale ou autrement, comme font les Grecs & parfois les Latins pour déſigner le tems paſſé du verbe : *cado*, *cecidi* ; Τύπτω, ἔτυπτον, τέτυφα.

Les ſix autres formes de changemens cy-deſſus ne ſervent guères dans les ſyntaxes, & ne ſont nés que des abus introduits dans la prononciation.

Il n'en eſt pas de même de la ſimple permutation des lettres en d'autres de même ou de différent organe : elle eſt de grand uſage dans toutes les ſyntaxes, ſur-tout pour peindre commodément les différens modes & tems des conjugaiſons. Τύπτω, τέτυφα, *lego*, *lectus* ; *vidi*, *viſum* ; *lire*, *liſez*. Cette matiere du changement & de l'accroiſſement dans les mots dérivés d'une même racine va être traitée dans le Chapitre ſuivant. Elle comprend toute la formation de la grammaire dans ſes parties conſtitutives.

CHAPITRE XI.

De l'accroissement des primitifs, par terminaison, préposition & composition. Des formules grammaticales, & de leur valeur significative.

195. *L'accroissement des mots est le signe des idées accessoires que l'esprit joint à l'idée de l'objet simple : il sert à donner la forme & la liaison aux parties constitutives du discours.*

196. *Toute différence que subit l'objet nommé, soit qu'elle vienne de l'objet même ou de l'esprit qui le considere, produit une variété dans l'accroissement du nom.*

197. *Des accroissemens par terminaison. Chaque formule est destinée à marquer une certaine variété de l'objet simple.*

gement de sa terminaison principale.

205. *Exemple du verbe accru par préposition. Valeur significative de chaque préposition.*

206. *Exemple de l'accroissement par composition.*

207. *La nature ne fournissant qu'un petit nombre de primitifs intelligibles, l'homme est forcé de détourner en diverses manieres le sens de ceux qu'elle a établis.*

---

195. *L'accroissement des mots est le signe des idées accessoires que l'esprit joint à l'idée de l'objet simple : Il sert à donner la forme & la liaison aux parties constitutives du discours.*

LA dérivation, prise en général pour toute espece d'accroissement que chaque terme primitif peut recevoir avant ou après la racine simple, rend cette racine susceptible d'extension en cent manieres commodes & variées ; au moyen desquelles elle devient propre à exprimer tout d'un coup toutes ſortes d'idées acceſſoires, que l'eſprit peut joindre au ſimple ſens de la racine. Les dérivations qui marquent le cas & les nombres des choſes, les tems, les perſonnes, les nombres & les modes des verbes ſont des points ſi communs en grammaire, qu'il ne ſeroit guères néceſſaire de faire des obſervations ſur une pratique, qui a pourtant ſa ſource dans une philoſophie naturelle de l'eſprit. L'homme a briévement caractériſé ſon idée acceſſoire par un petit procédé dont il a rendu l'uniformité habituelle toutes les fois qu'il eſt trouvé dans le même cas, en diſant *templo*, *viro*, *domino*; *legitis*, *facitis*, *dicitis*. Chaque langue, ſelon ſon génie, étend ſes mots au-deſſus ou au-deſſous du générateur, mais plus ſouvent au-deſſous; elle pourroit même les étendre au milieu. L'uſage de ceci a des branches infinies que je vais parcourir cy-après par un exemple. Je le tirerai, ſoit du verbe *ago*, dont la racine *AC* déſigne en général ce qui eſt en pointe, ce qui va en avant, ce qui pouſſe les autres corps : ſoit du verbe *Capio*, dont la racine *CAP* déſigne en général l'action phyſique de ſaiſir quelque choſe dans le creux de ſa main ; ſur quoi on peut remarquer que l'égyptien hiéroglyphique s'exprimoit de même, au rapport de Diodore, & figuroit le mot *prendre* par une main qui ſe fermoit. Je ſuivrai toutes les extenſions de ce ſigne primitif, par déclinaiſon, conjugaiſon, & compoſition ; en faiſant obſerver à chaque extenſion quelle idée acceſſoire l'accroiſſement donne en chaque cas à l'idée ſimple & primitive. On trouvera dans de tels exemples tout ce qui peut, en conſéquence d'un objet ou d'une action phyſique quelconque, exciter les idées humaines, ſur l'objet en lui-même, ſur les relations que l'eſprit lui trouve ou lui donne avec d'autres objets ou avec les perſonnes, ſur les abſtractions, ſur les réflexions, les combinaiſons, les approximations que l'homme prête aux choſes ; en ſens phyſique, moral & métaphyſique ; en premier, ſecond, ou troiſieme ordre ; &

ſelon les degrés particuliers de chaque ordre.

196. *Toute différence que ſubit l'objet nommé, ſoit qu'elle vienne de l'objet même ou de l'eſprit qui le conſidére, produit une variété dans l'accroiſſement du nom.*

L'accroiſſement marque une variation qui n'affecte pas toujours l'objet exprimé par le générateur ; mais plus ſouvent les circonſtances étrangeres, conſidérées relativement à lui ; car il ſert pour l'ordinaire à exprimer plutôt l'exercice de l'eſprit & ſes vues combinées ſur un objet, que ce qui exiſte réellement dans l'objet. L'effet des accroiſſemens eſt donc de marquer les variations extrinſéques, & les variations intrinſéques de chaque objet ; les unes & les autres fort nombreuſes ſur chaque générateur, quoique celles-là le ſoient encore plus que celles-ci. Si je dis *agam* au lieu d'*ago*, je change, non l'action, mais le tems de l'action ; & ſi je dis *ages*, en laiſſant l'action telle qu'elle eſt, je change à la fois le tems & la perſonne. Cette variation eſt donc extrinſéque à l'action. Au contraire, ſi je dis *agito* au lieu d'*ago*, la variation eſt intrinſéque à l'action : j'en change la forme en la rendant plus fréquente, ſans rien changer au tems ni à la perſonne.

Les accroiſſemens varient & ſe multiplient ſur un même générateur, à meſure que l'objet qu'il exprime eſt plus ou moins ſuſceptible de ſe trouver lié à un grand nombre d'idées acceſſoires & modificatives. Il y a une infinité de mots qui croiſſent à la fois avant & après le générateur, par compoſition & par dérivation ; produiſant variété intrinſéque appartenante à l'objet, & variété extrinſéque appartenante aux relations conſidérées avec l'objet. Exemple : *Suſ-cip-iunt*. Ici l'accroiſſement antérieur change quelque choſe à la forme de l'action ſimple : l'accroiſſement poſtérieur ne regarde que les perſonnes qui font l'action, & le tems où elle ſe fait. L'accroiſſement antérieur comprend les compoſitions, les prépoſitions, &c. Le plus ſouvent il déſigne une variété intrinſéque. L'accroiſſement poſtérieur comprend les déclinaiſons, les genres, les conjugaiſons, &c. La variété qu'il déſigne eſt le plus ſouvent extrinſéque. Mais ce n'eſt pas une regle ; les langages ayant plutôt été fabriqués par routine que ſur un plan régulier & immuable. Pour marquer le tems paſſé, la langue latine augmente le verbe au commencement dans *cecidi*, & l'augmente à la fin dans *credidi*. Il ſuffit pour changer de terminaiſon qu'il naiſſe dans l'idée une différence quelconque. La méchanique des terminaiſons ſert beaucoup à caractériſer la nuance des idées & des ſentimens. On le voit par l'exemple d'*ami* & d'*amant*, où deux mots différens partent de la même racine génératrice pour exprimer deux paſſions fort différentes, parties du ſentiment d'*aimer* qui leur eſt commun.

197 *Des accroiſſemens par terminaiſon. Chaque formule eſt deſtinée à marquer une certaine variété de l'objet ſimple. Les unes de ces formules ſont elles-mêmes dérivées d'un primitif fondamental. Les autres, quoiqu'arbitraires dans leur origine, ſont devenues*

nécessaires au moyen d'une premiere introduction qui en a fixé l'usage.

Il paroît qu'il y a beaucoup d'arbitraire dans les terminaisons. Cependant on a eu raison de remarquer qu'elles étoient soumises dans toutes les langues à des loix générales; qu'en chaque langue, chaque terminaison indique presqu'invariablement une même idée accessoire; de maniere que si on connoît bien les terminaisons usuelles d'une langue, la connoissance d'une seule racine donne sur le champ celle d'un grand nombre des mots de la langue. En effet, que l'on sçache les terminaisons qui sont en petit nombre, & leur usage; que l'on sçache les racines qui sont en petit nombre aussi, & qui se ressemblent toutes d'une langue à une autre, on peut dire que l'on sçaura la langue; car dès que l'on sçait ce que signifie la racine, il est aisé de reconnoître par la terminaison quel est le genre d'idées accessoires qu'il y faut joindre: & alors on a la signification du total. Je crois que cette maniere philosophique d'apprendre une langue est la plus expéditive de toutes pour un homme qui a l'eſprit formé & l'habitude de combiner.

Mais puiſque les terminaiſons ſont ſoumiſes à des loix générales, elles tiennent d'aſſez près au néceſſaire de la formation des mots; non pas peut-être à la vérité dans leur principe, mais ſeulement dans leurs progrès. On a dit *iſſime* pour le ſigne du ſuperlatif; & l'on pouvoit, ce me ſemble, ſe ſervir à volonté d'un autre ſigne; mais l'exemple, la clef une fois poſée dans un cas, a ſervi de modele pour tous les cas pareils: *iſſimus* eſt devenu le ſigne géneral des ſuperlatifs. Cette regle s'eſt établie dans le paſſage des mots d'une langue à une autre, même lorſqu'alors le ſigne des terminaiſons, uſuel pour un acceſſoire, n'eſt pas le même dans les deux langues. Quand le grec termine en ιςος, le latin termine en *iſſimus*. Voilà pour les adjectifs. De même pour les adverbes; quand le latin termine en *ter*, le françois termine en *ment: fortiter*, *fortement*. De même pour les ſubſtantifs: quand le latin termine en *tio*, le françois termine en *ſon*; *ratio*, *raiſon*; *lectio*, *leçon*. Ce qui eſt moins l'effet de la traduction que de la force d'une loi générale d'analogie. De plus, les terminaiſons ne ſont-elles pas quelquefois formées & dérivées d'un primitif radical & uſité, expreſſif de l'acceſſoire qu'elles déſignent? On voit, par exemple, que la terminaiſon latine *urire* eſt appropriée à déſigner un deſir vif & ardent de faire quelque choſe; *micturire*, *eſurire*; par où il ſemble qu'elle ait été fondamentalement formée ſur le mot *urere* & ſur le ſigne radical *ur* qui en tant de langues ſignifie *le feu*: ainſi la terminaiſon *urire* étoit bien choiſie pour déſigner *un deſir brûlant*; & les paroles ſuivantes de Séneque font ſentir qu'elle eſt l'effet d'un choix déterminé: *Ab eſuriente, à ſitiente, & ab omni homine quem aliqua res urit.* On a fait une pareille remarque ſur la terminaiſon *ſtus* (de *ſto*) qui déſigne la conſtance en une habitude morale: *juſtus*, *modeſtus*, *honeſtus*; ſur le verbe inchoatif terminé en *eſco* qui déſigne *devenir*;

Albesco, *frigesco*, *senesco*, ſoit qu'il vienne d'*ex* & de la locution *senex exeo ;* ſoit que l'infinitif *escere* y ſoit employé comme inchoatif d'*esse*. Du même genre de loi générale réſultent les diminutifs, les augmentatifs, les inceptifs, les fréquentatifs, &c. où l'idée primitive ſe trouve toujours modifiée par l'acceſſoire que l'accroiſſement déſigne. Il y a bien d'autres exemples à tirer de la langue latine fertile en terminaiſons, où l'on voit comment *tio* indique l'action d'une maniere abſtraite ; *Captio*. *Tor* indique la perſonne qui fait profeſſion de faire l'action, *captor*. *Ax* déſigne l'aptitude à l'action, *capax*. *Acitas*, le penchant, le talent de mettre l'aptitude en action, *capacitas*, &c.

L'opinion de quelques ſçavans grammairiens eſt que toutes les terminaiſons uſuelles des langages ne ſont pas purement arbitraires ; mais qu'elles ont leur origine dans certaines racines, qui ſeules & iſolées exprimoient fondamentalement certaines idées ou objets ; racines qu'on a jointes en forme de terminaiſon au mot principal chaque fois qu'on a voulu exprimer avec lui l'idée acceſſoire que déſigne cette racine. Cette opinion me paroît vraie en pluſieurs occaſions, mais non pas dans toutes. Il eſt certain, par exemple, que la terminaiſon *ſtus* qui exprime la conſtante habitude des mœurs eſt née de la racine *ſto*, qui déſigne la fixité des objets phyſiques : *Juſtus*, *in jure ſtans.* Il eſt certain encore que les terminaiſons *eſſe* & *ice* qui ajoûtées au mot déſignent la femelle, comme *princeſſe*, *prêtreſſe*, *comteſſe*, *actrice*; *Principeſſa*, *ſacerdotiſſa*, *comitiſſa*, *actrix*, viennent de l'oriental *iſcha*, qui veut dire *vira* femelle. Il eſt probable que la terminaiſon *culum* vient de *colo*, mot approprié au terrein, au lieu, à l'habitation : *receptaculum*, *receptandi locus*. Il eſt probable encore que τατος, *iſſimus*, terminaiſons appropriées à déſigner le degré ſuperlatif des épithetes, ne ſont que des coups d'organe appuyés fortement, comme la nature indique de le faire pour ſignifier & dépeindre un plus grand degré de force dans la qualité exprimée. Mais il y a une infinité d'autres terminaiſons dont je n'entrevois en aucune maniere la cauſe néceſſaire & primordiale. Tellement que je ſuis tenté de les juger purement arbitraires & fabriquées ſans autre motif que celui que je rapporte, n° 198. De ce genre ſont les déclinaiſons ou les conjugaiſons. Lorſque ſur la racine *res*, & ſur le primitif *reor* on a fait par le participe *ratus* les mots *ratio*, *rationis*, *rationi*, *rationem*, aſſignera-t-on à ces développemens acceſſoires d'autres cauſes ſignificatives que le ſimple uſage? Il n'y a rien autre dans ces inflexions qui marque qu'elles ſont originairement appropriées à exprimer le nominatif, le génitif, le datif, l'acuſatif. Mais je conviens bien que quand l'inflexion eſt une fois établie, elle acquiert un empire dans le langage, & une eſpece de néceſſité d'être toujours employée en cas pareil, où elle ſert d'exemplaire, chaque fois qu'on veut ajoûter un ſemblable acceſſoire au mot principal. (Voyez n° 194).

198. *Des accroissemens par prépositions. De l'origine des prépositions & des autres particules qui font la liaison du discours.*

L'accroissement en tête des mots y amene une quantité fort variée d'idées accessoires. C'est un effet commun des prépositions, qui pourroit fournir la matiere d'un Chapitre très-philosophique sur leurs causes, leurs racines, leur force, leur effet, leurs significations, leurs variétés. Je ne ferai que toucher cette matiere en fort peu de mots dans un exemple que je donnerai, & seulement pour mettre sur les voies. (Voyez n° 203....) Chacune des prépositions a son sens propre, mais qu'on applique à beaucoup d'autres sens par extension & par approximation. Elles sont des formules abrégées dont l'usage est le plus frapant & le plus commode dans toutes les langues pour circonstancier les idées : elles sont elles-mêmes racines primitives ; mais je n'ai pas trouvé qu'il fût possible d'assigner la cauſe de leur origine : tellement que j'en crois la formation purement arbitraire. Je penſe de même des particules, des articles, des pronoms, des relatifs, des conjonctions, en un mot, de tous les monoſyllabes ſi fréquens qu'on emploie pour lier les paroles d'un diſcours, en former une phraſe conſtruite, & lui donner un ſens déterminé pour ceux qui l'entendent. Car ce n'eſt qu'en faveur de ceux qui écoutent, qu'on introduit cet appareil de tant de conjonctions. Un homme ſeul au monde ne parleroit que peu ou point. Il n'auroit beſoin d'aucune de ces conjonctions pour former ſa phraſe mentale : les ſeuls termes principaux lui ſuffiroient, parce qu'il en a dans l'eſprit la perception circonſtanciée, & qu'il ſçait aſſez ſous quel aſpect il les emploie. Il n'en eſt pas de même, lorſqu'il faut exprimer la phraſe au dehors. Un tas de mots iſolés ne feront non plus une phraſe pour l'auditeur, qu'un tas de pierres toutes taillées ne feroient une maiſon, ſi on ne les arrangeoit dans leur ordre, & ſi on ne les lioit avec du ſable & de la chaux.

L'apprêt de cette eſpece eſt très-preſſé pour un homme qui veut ſe faire entendre. Cependant la nature, les images, l'imitation, l'onomatopée, tout lui manque ici : car il n'eſt pas queſtion de peindre & de nommer aucun objet réel, mais ſeulement de donner à entendre des petites combinaiſons mentales, abſtraites & vagues. Alors l'homme aura uſé pour conjonctions des premiers ſons brefs & vagues qui lui venoient à la bouche. L'habitude en aura bientôt fait connoître la force & l'emploi. Ces petits ſignes de liaiſon ſont reſtés en grand nombre dans chaque langue, où l'on peut les conſidérer comme ſons radicaux; & ils y ont en effet leurs dérivés.

Il ne ſeroit pas aiſé de dire par quel motif tant de langages ont fait choix de l'articulation gutturale *Qu* autrement κ grec, comme d'une racine & clef générale ſervant à déſigner les relations, à faire entendre qu'on vouloit exprimer entre les choſes dont on parloit un rapport d'exiſtence, de forme, de qualité, de nom, de tems, de lieu, de nombre, de position; en un mot, d'idées & de perceptions quelconques tendant à les comparer, à les rapprocher, à s'en enquérir, à les mettre ensemble de quelque maniere que ce soit, à parler de l'un à propos de l'autre. Cette racine sert à former tous les pronoms qu'on appelle *relatifs:* on l'emploie à tout moment comme *conjonction* pour la liaison du discours: on en tire l'expression générales des qualités, des quantités, des demandes ou enquêtes sur le tems, le lieu, la durée, le nombre, enfin de toutes questions qu'on peut faire relativement aux objets ou aux idées qu'ils excitent. Tels sont les mots *qui*, *quæ*, *quod*, *quis*, *quidam*, *quiquunque*, *qualis*, *quot*, *quando*, *quantum*, *quujas*, *quur*, *quia*, *quare*, *quum*, *quorsum*, *quoniam*, *quidem*, *quæstio*, *quærere*, & beaucoup d'autres, ainsi que leurs dérivés, soit en latin, soit en d'autres langues, où cette petite formule conjonctive *qui*, *que*, *chi*, *che*, est du plus fréquent usage dans le discours.

On met quelquefois les prépositions

les unes ſur les autres, comme dans *préoccupation:* en ce mot il n'y a rien de ſimple que la racine *Cap* qui déſigne en général l'action de *prendre:* je fais plus en compoſant le verbe *capio* par *ob-capio* ou *oc-cupo*, je déſigne que je m'empare, que je me mets dans le lieu, dans la place; ce qui eſt plus que de prendre ſimplement. Si j'y ajoûte une ſeconde prépoſition *præ-oc-cupo*, j'ajoûte encore à l'idée, en exprimant que je m'empare d'avance. Mais en détournant le mot *préoccupation* du ſens phyſique au ſens moral, je le particulariſe & j'exprime *qu'un ſentiment s'eſt emparé d'avance de l'eſprit.*

199. *Des accroiſſemens par compoſition. Exemple des mots compoſés de pluſieurs primitifs.*

Les mots de cette fabrique ſont des mots compoſés; mais la compoſition eſt bien plus forte, quand le mot, quoiqu'il paroiſſe ſimple, eſt, ainſi qu'il arrive ſouvent, compoſé de deux primitifs bien diſtincts; & ſouvent auſſi ces primitifs ne ſont pas uſités dans le langage, étant en ceci du genre des racines ou clefs qui ſont preſque toutes inuſitées. Par exemple : *Prince*, *Princeps* eſt compoſé de *primus*, & du grec κεφαλὴ *caput*, *chef*. On voit ici une contraction de deux mots qui en françois ſignifient *premier chef*; exemple qui, pour le remarquer en paſſant, montre que l'analyſe du mot donne pour l'ordinaire fort bien la définition de la choſe. Et ſi on contractoit ainſi les deux mots françois *Premchef*, on auroit quaſi le pur latin *Princeps*; & alors le mot ſeroit bien plus reconnoiſſable en françois qu'il ne l'eſt par le terme uſité *Prince*. Le double élément employé dans la formation de tant de mots en peut rendre la filiation très-difficile à ſuivre d'une langue à une autre; ſur-tout quand ils retiennent beaucoup de l'un & perdent beaucoup de l'autre, comme dans le mot *Prince* qui n'a conſervé que l'initiale de ſon ſecond élément; car alors il eſt fort aiſé de perdre de vue la ſignification primordiale élémentaire, (qui eſt le meilleur guide en

étymologie,)

Etymologie), à moins qu'elle ne se trouve dans les dérivés subséquens, comme *principauté*, où les consonnes caractéristiques de la seconde racine *ceps*, *caput* se retrouvent toutes sans exception & dans leur ordre.

La filiation se présente plus difficilement encore dans les mots composés de deux primitifs complets, quand on s'est avisé, en les transportant d'une langue à une autre, de les syncoper & de retrancher une syllabe radicale au milieu du mot. De *Jus-dicere* on a fait le composé *Judicare*, puis le syncopé *Jucare*, *Juger*. Alors le mot prend un air simple. On auroit peut-être quelque peine à reconnoître son origine, si l'on n'étoit promptement éclairé par l'identité de signification. Mais à défaut de ceci on seroit remis sur la voie par l'examen des autres mots paralleles & dérivés, dont quelques-uns peuvent avoir conservé tous les membres primitifs de la composition, comme ici le mot *Judicature*.

200. *Exemple d'un ſon radical ſuivi dans tous ſes développemens. Du verbe & de ſa conjugaiſon.*

Rendons ces réflexions générales plus ſenſibles par un exemple détaillé, qui en montre la teneur & la ſuite, entée ſur une ſeule racine. Examinons le mot *Capio*, à le ſuivre dans tous ſes développemens, depuis ſon plus petit germe, qui eſt la lettre de gorge *C*, dont on s'eſt naturellement ſervi pour peindre par le ſon l'image du creux (Voyez n° 193,) en ſe ſervant d'une articulation profonde de l'inſtrument vocal. Elle eſt en effet le premier germe de la ℞ *Cav*, *Cuv*, *Cap*, *Cup*, qui englobe toute cette claſſe de modalité d'êtres; & d'où ſont nés *Cavus*, *Cupa*, *Caupo*, &c. Mais je me reſtreins à *Capio* ou *Cupo*, pour le ſuivre dans ſes changemens ou accroiſſemens; les uns extrinſéques, les autres intrinſéques; les uns par terminaiſons, les autres par prépoſitions ou compoſitions. Tous marquent d'une maniere fort breve la quantité & la variété des idées acceſſoires qu'on ajoûte à l'idée ſimple.

D'abord *Cap* déſigne en général l'action phyſique de ſaiſir quelque choſe dans le creux de la main, c'eſt-à-dire *prendre*; image que dans ſon origine on rendoit ſans doute plus ſenſible par le geſte, qui en facilitoit l'intelligence & qui étoit fidelement exprimé par les Egyptiens, lorſqu'en leur langue ils écrivoient le mot *prendre* par la peinture d'une main qu'il fermoit. Car on ne peut douter que dans la premiere naiſſance des langages, les hommes ne ſoient ſervis de toutes leurs facultés, & de toutes les habitudes de leur corps, pour aider au ſon de la voix, & faire mieux entendre ce qu'ils vouloient dire. Ce ſont autant de traits qui mettent un peu plus de netteté & de vérité dans une peinture, par elle-même fort imparfaite.

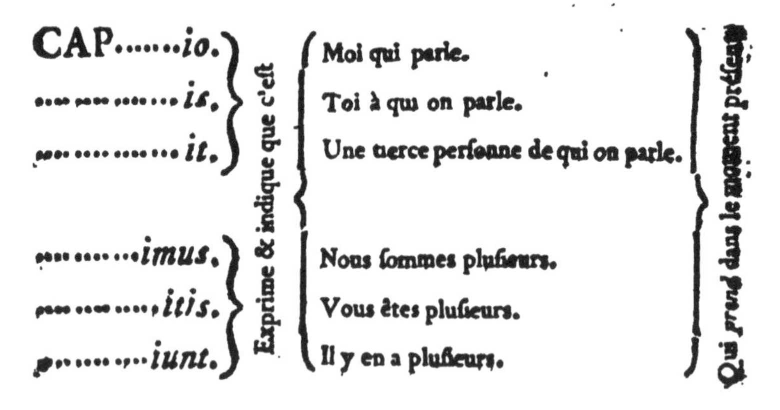

........*iebam.*
..............*s.*
..............*t.*
............*mus.*
..............*tis.*
..............*nt.*

Ici l'action, les personnes, & le nombre des personnes sont les mêmes. Il n'y a que le tems qui change, ce n'est plus le moment présent : c'est un moment passé, mais récent & indéfini.

Remarquez comment dans un seul mot si chargé d'idées accessoires, tout est marqué ; chaque idée a son membre, & les formules analogiques sont par-tout conservées sur le premier plan donné. *Cap-ieba-m* ; *Cap* c'est l'action ; *ieba* c'est le tems de l'action ; *m* c'est à la fois la personne qui agit, & le nombre marquant s'il y a une ou plusieurs personnes qui parlent, qui écoutent, ou qui ne parlent ni n'écoutent. Les caractéristiques ne varient pas & sont consacrés : sçavoir *M* à un qui parle, *S* à un à qui on parle, *T* à un tiers dont on parle ; s'ils sont plusieurs on accroît la dérivation, *Mus*, *Tis*, *nT*.

CEP .... *i.*	Même remarque. Tout reste dans le même ordre que cy-dessus, excepté le tems. Ce n'est plus le présent, ni le presque présent,
— .... *isti.*	
— .... *it.*	
— .... *imus.*	
— .... *istis.*	
— .... *erunt.*	

mais le passé décidé & déterminé. Pour le marquer encore mieux, on a changé quelque chose dans le son voyel & générateur du signe radical : *Cep* au lieu de *Cap*. C'est ce que l'on fait souvent, lorsqu'on parle du tems passé. L'analogie conservera ce changement en toute occasion où il faudra faire entendre le tems passé du même verbe ou action.

CEP.......................*eram.*	C'eſt toujours le tems paſſé, mais plus que paſſé, pour ainſi dire ; moins parfait cependant : car il eſt plus que parfait & plus indéfini.
..................................*s.*	
..................................*t.*	
..............................*mus.*	
................................*tis.*	
..................................*nt.*	

CAP.......................*iam.*	Ici le tems change tout-à-fait. Ce n'eſt plus ni le préſent ni le paſſé ; c'eſt le futur. Ainſi voilà les trois tems poſſibles où l'action ſe peut faire, le pré-
................................*ies.*	
................................*iet.*	
............................*iemus.*	
..............................*ietis.*	
..............................*ient.*	

ſent, le paſſé & le futur, marqués, même avec leurs nuances ou dégradations en plus ou en moins. Car il y a d'autres manieres, auxquelles je ne m'arrête pas, de marquer par la terminaiſon les tems indéterminés ou aoriſtes, les preſque-futurs, les futurs éventuels, les futurs paſſés, les paulo-poſt-futurs, &c.

Jusqu'ici l'action est nettement indiquée d'une maniere certaine & absolue, comme parlant d'une chose qu'on *prend*, qu'on *a prise*, qu'on *prendra*. Cette maniere est encore un élément de la pensee ou accessoire qu'on veut faire entendre & qu'on appelle, en termes de grammaire, la maniere ou le mode *indicatif*.

CAP...*e*. ....*ite*.	Exprime que c'est	à toi à vous	Que j'ordonne de *prendre*.

La maniere change : elle n'est plus indicative d'une maniere toute décidée. On ne fait pas l'action : on la commande : ce qui a quelque chose d'éventuel & de futur. C'est ici le mode *impératif*, qui ne peut avoir ni premiere, ni tierce personne, mais la seconde seulement : car on ne parle pour ordonner, ni à soi-même, ni au tiers qui n'entend pas, mais seulement à celui qui écoute. Il y a dans l'impératif un futur présent, lorsqu'on commande l'action pour être faite au moment même : *Cape*, *Capite* : & un futur indéfini, lorſqu'on ne marque pas le moment : *Capito*, *Capitote*. Quelques langues emploient même une terminaiſon impérative, lorſque l'action du verbe eſt preſcrite en commandement à la tierce perſonne : *Capiunto ;* tandis que d'autres langues en pareil cas n'emploient le verbe qu'en ſubjonctif ; *Qu'ils prennent ;* ce qui me paroît plus régulier.

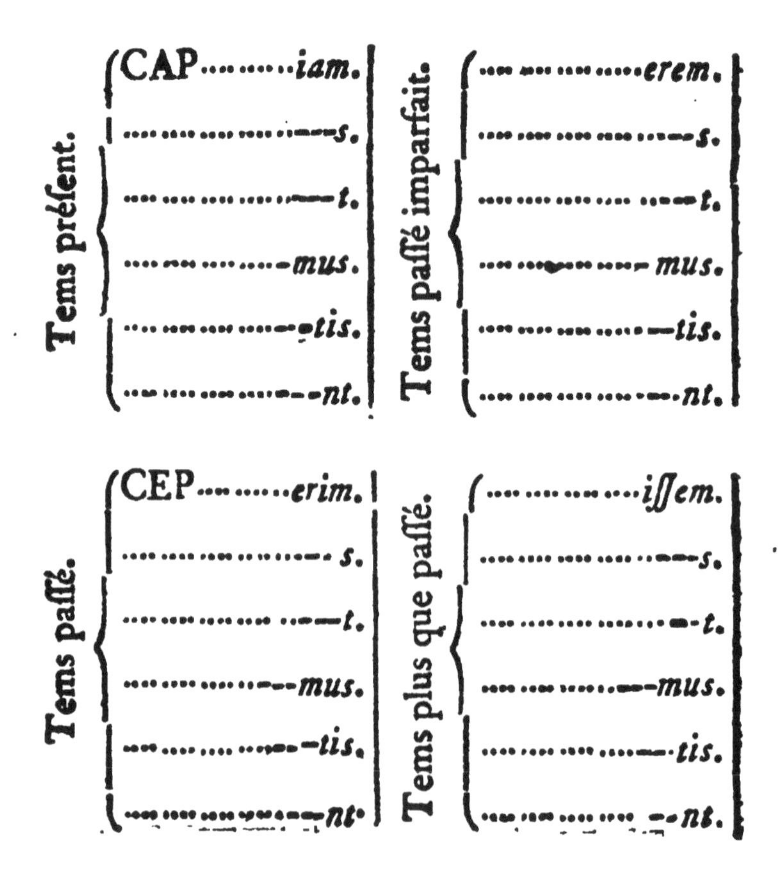

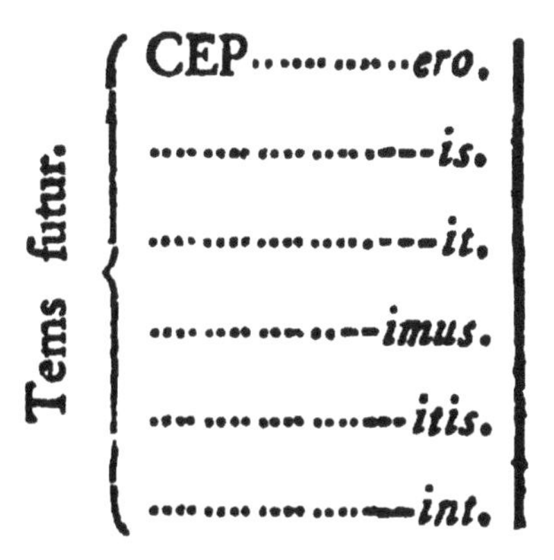

C'eſt la même ſuite de tems, de perſonnes, & de formules; mais la maniere de l'action change; elle eſt dépendante, conditionelle & éventuelle; *ut capiam*, *ſi cepiſſem*, *cùm cepero*. Auſſi faut-il qu'il y ait un verbe de mode certain qui procede ce mode-ci, qui n'eſt que *ſubjonctif* au précédent.

CAP *ere*. } CEP *iſſe*. } Ici les idées acceſſoires ont extrêmement changé. Il ne s'agit plus des perſonnes ni de leur nombre. On n'y conſidere que l'action même, d'une maniere abſtraite, indépendante de l'agent : *Capere*, *prendre*: Cette maniere indéfinie de conſidérer par abſtraction a été nommée *le mode infinitif*.

Comme l'action, quoiqu'abſtraite, eſt encore ſuſceptible d'être conſidérée dans le tems préſent, paſſé ou futur, on a conſervé au ſigne radical des terminaiſons appropriées aux tems

Cette maniere abſtraite de ne conſidérer que l'action du verbe tourne le *verbe infinitif* en un eſpece de *nom ſubſtantif* indéclinable, qui ſera le générateur de divers *adjectifs* ſervant à exprimer la qualité ou épithete déſignée par l'action, relativement aux tems, aux genres, aux perſonnes & à leur nombre : ſi bien que le mot prend à l'infinitif une forme mixte, ſuſceptible à la fois de conjugaiſon & de déclinaiſon, ſelon le beſoin qu'on a de s'exprimer. C'eſt un mot qui *participe* du nom & du verbe.

CAP.....*iens*, préſent actif.
............*turus*, futur actif.
..............*tus*, paſſé paſſif.
.... *iendus*, futur paſſif.

} Sont des adjectifs qui participent de la nature du verbe, puiſqu'on y marque les tems de l'action ; mais ils participent encore plus de la nature du *nom* par leur propre forme, susceptible des genres & de la déclinaison.

CAP *tus, a, um.*	CAP *iendus, a, um.*
..........—*i.*	..........*iendi.*
.... ---*o.*	..........—*o.*
.......—*um.*	..........—*um.*

Tous ces mots *participes* présentent l'action sous divers rapports qui sont trop connus par l'usage pour m'arrêter ici à les décrire l'un après l'autre. Observons seulement que lorsqu'on a été dans le cas de fabriquer de francs substantifs dérivés du verbe, on les a fait émaner du participe, plutôt que de tout autre endroit du verbe, qui de sa nature ne s'approcheroit pas autant que le participe de la forme des noms déclinables. La langue latine tire habituellement les siens du *participe-passé-passif.*

Jusqu'ici j'ai observé le verbe comme *actif.* Venons à l'observer comme *passif.* C'est encore une des idées accessoires que la terminaiſon fait entendre. Car l'action peut s'exercer par quelqu'un, & alors il eſt l'*agent*, ou ſur quelqu'un, & alors il eſt le *patient*.

PASSIF.

Maniere indicative.

Préſent.	Préſent paſſé *ou* Paſſé imparfait.
CAP.................. *ior.*	.... *iebar.*
.... *ieris.*	.... *ris.*
.... *itur.*	.... *tur.*
.... *imur.*	.... *mur.*
.... *imini.*	.... *mini.*
.... *iuntur.*	.... *ntur.*

Futur.

CAP.................. *iar.*
.... *ieris.*
.... *ietur.*
.... *iemur.*
.... *iemini.*
.... *ientur.*

Maniere impérative.

Présent.	Futur.
CAP..................*iere.*	..................*itor.*
..................*imini.*	..................*iminor.*
	..................*iuntor.*

Maniere subjonctive.

Présent.	Présent passé.
CAP..................*iar.*	..................*erer.*
..................*iaris.*	..................*ris.*
..................*iatur.*	..................*tur.*
..................*iamur.*	..................*mur.*
..................*iamini.*	..................*mini.*
..................*iantur.*	..................*ntur.*

Maniere infinitive.

CAP...*i.*

A chaque tems, nombre, personne, & maniere, ce sont les mêmes suites des formules, les mêmes exemplaires que dans l'*actif*; avec un peu plus d'accroiſſement, avec une petite variété qui marque chaque différence ſpéciale; mais ſur-tout avec un caractériſtique général conſacré à ſignifier le *paſſif*, ſçavoir la conſonne *R*. Voyez la comparaiſon de l'un à l'autre & la ſuite analogique bien marquée.

CAP-.ebs-m	*s*	*t*	*mus*	*tis*	*nt*
r,	*ris*,	*tur*,	*mur*,	*mini*,	*ntur*

Toute cette compoſition eſt l'ouvrage non d'une combinaiſon réfléchie ni d'une philoſophie raiſonnée, mais d'une métaphyſique d'inſtinct, qui, à meſure qu'elle forme de nouveaux accroiſſemens, chemine ſur le plan analogique & exemplaire que les mouvemens de l'organe vocal ont commencé de tracer. Il faut donc s'attendre à trouver ſouvent l'analogie irréguliere & incomplette. *Mini* eſt ici une irrégularité: ailleurs il y en a un grand nombre & de très-conſidérables. Rien de ſi commun que les verbes défectueux, qui ont une partie de leurs membres mal conſtruits, ou qui en manquent tout-à-fait. On a dû s'appercevoir ici qu'à l'indicatif paſſif les Latins n'ont point de terminaiſon pour marquer le tems paſſé, & qu'au ſubjonctif-paſſif ils n'en ont ni pour le paſſé ni pour le futur. Le latin fait entendre ces tems comme il peut, avec le participe-paſſif, *captus*, à l'aide de l'auxiliaire *fui* ou *ero*. En ceci la plûpart des langues ſont encore plus défectueuſes que la langue latine : elles ſe ſervent tant qu'elles peuvent des verbes fort communs & fort généraux comme d'autant d'auxiliaires. On eſt ſi preſſé de dire ſa penſée, qu'on aime mieux la rendre d'une maniere mal conſtruite & embarraſſée, que d'attendre qu'on ait trouvé mieux. Les terminaiſons ſe fabriquent ſelon le beſoin. S'il eſt fréquent elles ne peuvent guères manquer d'être bien faites; elles le ſont mal, ſi les idées acceſſoires ſont fort impliquées & indéfinies, & ſi le beſoin de les exprimer eſt rare. S'il eſt très-rare, les terminaiſons manquent tout-à-fait. On a eu plutôt fait dans ces cas peu communs de prendre une circonlocution embarrassée. Les irrégularités, les défectuosités se rencontrent plus souvent dans le passé que dans le présent, dans le passif que dans l'actif. A mesure qu'on a trouvé que l'idée étoit moins nettement déterminée, & le terme d'un usage moins habituel, on a négligé d'y faire une terminaison exprès, ou de la bien faire. Car ce sont des barbares peu curieux & peu fournis d'idées implexes qui ont été les opérateurs. Dans la suite l'usage est resté tel qu'il étoit établi. On a eu beau polir nos dialectes modernes, on n'a pas purgé la vieille syntaxe des conjugaisons embarrassées que les peuples barbares avoient à la bouche en défigurant l'idiome latin. Le latin dit *cepisse*, le françois par un mauvais emploi de la langue latine dit *avoir pris*, *habere captum*. Réalisant par abstraction le mot *pris*, il en parle comme d'un objet réel : il dit *j'ai pris*, comme il diroit, *j'ai une maison*. Le latin même se ressent encore au passif de sa premiere barbarie dans de grossieres terminaisons rudes à l'oreille.

201. *Des termes abstraits. Des terminaisons qui expriment des variétés intrinséques à l'objet même ; & de la force de leur signification.*

C'est assez m'arrêter à l'examen du verbe simple *Capio* & des idées accessoires dont on peut le charger par terminaison, sans qu'il y ait rien de changé dans l'action même. Tous ces accessoires sont extrinséques à l'action abstraite : ils n'appartiennent qu'à ceux qui l'exercent. De plus dans les terminaisons que j'ai parcourues, la ℟ simple *Cap* n'est encore considérée que comme *verbe*, c'est-à-dire comme mot qui affirme & indique, soit une action exercée par un être réel sur un autre être, soit un jugement de l'esprit qui lie deux objets réels l'un à l'autre. Il faut encore considérer cette ℟ *Cap* comme objet réel elle-même, c'est-à-dire comme *substantif ;* & comme qualité d'objet réel, c'est-à-dire comme *adjectif.* Les idées accessoires y vont amener des terminaisons en grand nombre.

CAP *tio* y nomme l'action d'une maniere abstraite, considérée comme *objet réél qui existe* & non plus comme *ce que l'on fait quand on prend. Captio, prise.* L'esprit constitue ici cet être, comme si c'étoit un être physique qui existât par soi dans la nature. Ce mot est de ceux qu'on appelle en grammaire *termes abstraits*; car s'il existe des corps qui peuvent être *pris* réellement, il n'y a pas hors de nous un être réel qui soit *la prise.* Mais à l'occasion des objets extérieurs notre esprit forme un concept singulier, comme s'il y avoit un objet réel qui répondît à notre pensée; & ne pouvant faire connoître notre pensée autrement que par la parole, nous donnons des noms aux concepts métaphysiques, comme nous en avons donné aux objets réels. Après avoir constitué physiquement tel le mot *captio*, l'esprit dérive d'idées en idées, & sans rien changer au ſon, ni à la figure, il le conſtitue encore tel au figuré, au relatif, au moral. *Captio*, au ſens propre, *priſe*; au ſens figuré, *ſurpriſe*, *tromperie*.

CAP*tiuncula* nomme la même action, conſidérée en moindre quantité; au moyen d'une terminaiſon affectée au diminutif. *Captiuncula*, *petite priſe*.

....*tura* indique que la choſe à la propriété paſſive de l'action, étant du genre de celles ſur qui on peut l'exercer. *Captura*, *choſe bonne à prendre*, *Capture*, *proie*; & en ſens dérivé, *gain*, *profit* qu'apporte la choſe priſe.

....*tus* ſubſtantif, indique la poſſibilité locale d'exercer l'action. *Captus*, génitif *ûs*, portée où l'on peut atteindre pour *prendre* avec la main; au figuré, *compréhenſion*, *capacité*, *portée* de l'eſprit.

....*tor* indique la perſonne qui fait pro-

comme *adjectif*. Les idées accessoires y vont amener des terminaisons en grand nombre.
CAP *tio* y nomme l'action d'une maniere abstraite, considérée comme *objet réél qui existe* & non plus comme *ce que l'on fait quand on prend. Captio, prise.* L'esprit constitue ici cet être, comme si c'étoit un être physique qui existât par soi dans la nature. Ce mot est de ceux qu'on appelle en grammaire *termes abstraits*; car s'il existe des corps qui peuvent être *pris* réellement, il n'y a pas hors de nous un être réel qui soit *la prise*. Mais à l'occasion des objets extérieurs notre esprit forme un concept singulier, comme s'il y avoit un objet réel qui répondît à notre pensée; & ne pouvant faire connoître notre pensée autrement que par la parole, nous donnons des noms aux concepts métaphysiques, comme nous en avons donné aux objets réels. Après avoir constitué physiquement tel le mot *captio*, l'esprit dérive d'idées en idées, & sans

rien changer au son, ni à la figure, il le constitue encore tel au figuré, au relatif, au moral. *Captio*, au sens propre, *prise*; au sens figuré, *surprise*, *tromperie*.

CAP*tiuncula* nomme la même action, considérée en moindre quantité; au moyen d'une terminaison affectée au diminutif. *Captiuncula*, *petite prise*.

....*tura* indique que la chose à la propriété passive de l'action, étant du genre de celles sur qui on peut l'exercer. *Captura*, *chose bonne à prendre*, *Capture*, *proie*; & en sens dérivé, *gain*, *profit* qu'apporte la chose prise.

....*tus* substantif, indique la possibilité locale d'exercer l'action. *Captus*, génitif *ûs*, portée où l'on peut atteindre pour *prendre* avec la main; au figuré, *compréhension*, *capacité*, *portée* de l'esprit.

....*tor* indique la personne qui fait profession de faire l'action. *Captor*, *preneur*.

CAP*trix* indique que cette personne est une femelle ; *Captrix*, *Captatrix*, *preneuse*, *trompeuse*.

.....*iens* indique la personne faisant actuellement l'action ; *Capiens*, *prenant*.

.....*iendus* indique que l'action se fera sur la chose, *res capienda* ; *chose à prendre*.

.....*tus* indique que la chose a reçu une certaine qualité par l'action qui a été exercée. *Captus*, *pris*.

.....*tivus* indique que la chose reste dans l'état où l'action l'a mise. *Captivus*, *captif*.

.....*tivitas* nomme cet état de la chose, & le constitue en forme d'existence réelle ; *Captivitas*, *captivité*.

.....*ax* désigne l'aptitude à l'action, la propriété active d'exercer l'action ; *Capax*, *capable*, c'est-à-dire propre à *prendre*, & à contenir dans son *creux*. On a vu ci-dessus, que *Capturus* désignoit la propriété passive. Le latin indique le plus souvent cette propriété passive par la terminaison, *ilis* ou *bilis*.

CAP *acitas* nomme le penchant à cette aptitude, le talent d'en faire usage; *Capacitas*, *capacité*. Ce mot se dit au sens propre de ce que peut contenir un vase creux; mais il s'étend fort loin au sens figuré.

..... *edo* indique la facilité qu'une chose a pour *prendre* ou pour être *prise*; *Capedo*, *Capeduncula*, mesure à liqueurs; vaisseau emmanché pour le *prendre* facilement.

..... *anna* désigne le lieu qui peut *prendre*, *contenir*, *recevoir*. *Capanna*, en françois, *petite maison*. *Cabane*, c'est, dit Isidore, *tectum quod unum capit*. Nous nommons aussi *Cabas* ces grands paniers où l'on renferme des provisions, *quia capiunt*, *sunt capaces*.

Toutes ces terminaiſons ſont uſitées dans la langue latine qui le joint au générateur, *Cap*. Elle y en auroit pu joindre une quantité d'autres, habituelles à l'idiome latin, quoique non reçues avec la ℟ *Cap*. Telles ſeroient *Capeſco*, *Captillo*, *Capacibilis*, *Captuoſus*, *Captuarius*, *Captatorius*, *Captutum*, *Capaciter*, *Capimen*, *Captantia*, *Captitius*, *Capeſtus*, &c. &c. Chaque accroiſſement auroit donné au ſigne radical *Cap* le même acceſſoire d'idées qu'il a coutume de donner aux primitifs où l'uſage le joint.

202. *Du nom ſubſtantif & adjectif ; & de la déclinaiſon.*

Tous les mots cy-deſſus ſont des noms, ſoit *ſubſtantifs*, exprimant les noms dont l'exiſtence eſt cenſée réelle ; ſoit *adjectifs* exprimant les attributs des choſes. Tous ſont *déclinables* ; par-là ſuſceptibles de recevoir de nouveaux accroiſſemens, qui ſignifieront de nouvelles idées acceſſoires, distinguées les unes des autres par la variété de la désinence.

CAP*tio* est le nom simple de la chose, purement énoncée d'une maniere directe. Les désinences accessoires vont *décliner* de cette énonciation directe, & s'en détourner.

.....*tionis* indique que la chose nommée a un rapport d'émanation de quelqu'autre objet. On l'appelle *génitif*; & les langues qui n'ont point de désinences appropriées aux substantifs indiquent ce *cas* ou rapport, par les périphrases *de*, *de qui*, *dont*, *d'où*, (de, *de quo*, *de unde*, *de ubi*.)

.....*tioni* indique un rapport de destination. On l'apelle *datif*. Notre langue sans désinences l'exprime par *à*, *au*, *à qui*.

.....*tionem* indique un rapport de déclaration: on l'appelle *accusatif* (de *ad-causam*;) car *accuser* signifie ici *déclarer*; comme lorsqu'on dit *accuser le point* en jouant au piquet.

CAP*tione* indique un rapport fort vague de ſéparation, d'approximation, ou comparaiſon. On l'appelle *ablatif.* Je parle, dans tous ces cas, des rapports les plus fréquens; car ſelon la teneur de la phraſe, chacune de ces déſinences ſert à indiquer une infinité de rapports différens, qu'il ſeroit fort long d'analyſer, & que l'on ſent encore mieux qu'on ne pourroit les décrire; l'uſage habituel les ayant déterminés ſans beaucoup de réflexions.

CAP*tiones.* } Indiquent les mêmes rap-
..........*um.* } ports, ſans que rien ait changé
..........*ibus.* } que le nombre de la choſe nommée: cy-devant il n'y avoit qu'une choſe; ici il y en a pluſieurs.

Le ſubſtantif & l'adjectif ſont également ſuſceptibles de déclinaiſon. De plus l'adjectif eſt ſuſceptible de comparaiſon, ou de quantité; car il exprime un attribut, dont la choſe peut être douée en un degré plus grand ou moindre qu'une autre choſe.

CAP*tiosus* exprime l'attribut à un degré simple & indéfini.

------*ior* l'exprime à un degré plus grand qu'un autre à qui on le compare.

------*issimus* l'exprime à un degré le plus grand qu'il soit.

Ces terminaisons marquent l'augmentation du degré, il y en pouroit avoir d'autres qui marqueroient la diminution du degré. Le latin ne les a pas, parce qu'en comparant deux objets, il fait toujours porter le signe de comparaison sur le plus grand. Notre langue n'a de terminaisons dans l'un ni dans l'autre cas, & se sert de périphrase pour exprimer la comparaison.

203. *De l'adverbe.*

Il faut encore dans le langage exprimer certaines idées dérivées de l'attribut ou adjectif, lorsqu'on veut faire entendre d'une façon abstraite une circonstance qualificative de la maniere de faire l'action. L'expression de cette espece s'appelle *adverbe*, parce qu'on la joint au verbe pour exprimer avec quelle qualité on agit. Or comme la qualification peut être plus grande ou moindre, l'adverbe est susceptible, ainsi que l'adjectif, de certaines désinences consacrées à mesurer le degré d'attribut; & ces désinences sont fabriquées sur la formule de l'adjectif,

ÇAP *tiosè*,
......—*iùs*,
......—*issimè*.

L'adverbe est une formule abstraite qui n'exprime pas l'attribut, mais seulement l'emploi de l'attribut. N'étant pas susceptible des mêmes rapports que les *noms*, il ne l'est pas d'être *décliné* comme eux.

204. *Maniere de marquer le changement de la forme simple du verbe, par le changement de sa terminaison principale.*

Quand il y a des variétés intrinséques à l'action même du verbe *Capio*, qui changent la forme simple de l'action en une forme composée, on le fait entendre à l'oreille, soit par un changement de terminaiſon, ſoit par un accroiſſement au devant de la ℞ CAP. Ces derniers accroiſſemens ſont très-communs : on les appelle *prépoſitions*. J'en ai dit quelque choſe cy-deſſus : j'en vais parler encore, pour définir la force & la valeur habituelle de chacune. Rapportons d'abord quelques formules uſitées de terminer la ℞ CAP, lorſqu'on veut modifier la ſignification ſimple du verbe *capio*.

CAP *io*, comme on l'a vu, eſt le verbe de l'action ſimple.

CAP *to* exprime qu'on cherche à *prendre*, qu'on y eſt diſpoſé, qu'on s'y étudie, qu'on en fait habitude. *Captare*, *chercher à ſurprendre*, *épier*, *tâcher de tromper & d'attraper* ; en ſens figuré, *flatter*, *avoir du manége*. Chaque verbe ſous cette nouvelle forme aura ſes mots propres, pour l'agent, l'action, l'attribut & la maniere ou adverbe. *Captator*, *Captatio*, *Captioſus*, *Captiosè* ; & l'on détournera le ſens propre, pour appliquer les termes par extenſion à toute la claſſe de ce qui est nuisible par *surprise*, piége & tromperie.

CAP-*esso* exprime la fréquence & l'ardeur avec laquelle on se porte à l'action de *prendre*. *Capessere*, *empoigner*; *prendre avec toute la main*; & au figuré, *prendre grand soin de quelque chose.*

205. *Exemple du verbe accru par préposition: Valeur significative de chaque préposition.*

Accipio [*ad-capio*, où le simple est joint à la préposition *ad* qui signifie le mouvement local que l'on se donne pour une fin;] exprime que l'on est arrivé, que l'on fait un mouvement, que l'on se présente pour *prendre*. *Accipere*, *accepter*, *recevoir*; & en sens figuré *apprendre*. (Voyez les remarques faites n° 241, sur les mots *accepter*, *recevoir*, *apprendre*.) Ce verbe composé a, comme les précédens & les suivans, ses dérivés déduits de sa forme propre; comme *Accipiter*, oiseau de proie, oiseau qui *prend*. Les Latins nomment aussi cet oiseau *Acceptor.*

Accepto. [*Ad-capto*], est le fréquentatif d'*Accipio*. Il énonce la volonté libre & contente de celui qui reçoit : car, *accepter* est plus que *recevoir* : on dit *recevoir une blessure*, & *accepter un présent*.

Anticipo. [*Ante-capio*, joint à la préposition qui désigne la priorité de tems ou de lieu], exprime que l'on *prend* d'avance, avant qu'on ne donne. *Anticipare*, *prendre d'avance*, *anticiper*, *devancer*, *prévenir*. Au figuré, *Anticipatio*, *connoissance prématurée des choses*.

Concipio [*Cum-capio*, joint à la préposition qui désigne l'ensemble & l'assemblage de plusieurs choses] exprime que l'on prend plusieurs choses à la fois, & aussi que l'on *prend* une chose avec soi pour la conserver en soi. *Concipere*, *comprendre*, *concevoir*, soit intellectuellement, soit corporellement ; *engendrer*, en parlant de la femelle qui a reçu en son sein le germe du mâle. De-là vient *conceptus*, *conceptio*, productions de la terre, ou de l'esprit : *conceptaculum* terrein propre à produire, lieu où les choses sont produites.

La terminaiſon *culum*, habituelle au latin, eſt équivalente à *locus*, & peut tirer ſon origine du verbe *colo*. Bien des gens penchent à croire que comme toutes les terminaiſons ont leur ſignification propre & adaptée à une certaine formule d'expreſſions, elles ont auſſi leur dérivation propre, non arbitrairement fabriquée, mais tirée de quelque terme général. (Voyez n° 197.) Si cela eſt ainſi (ce que je ne voudrois pas aſſurer dans tous les cas, quoique la propoſition ſoit vraie dans un grand nombre de cas,) il en faut conclure qu'une bonne partie des mots, qu'on feroit tenté de regarder comme ſimples, ſont en effet compoſés ſur deux racines diſtinctes & effectives, comme ici *Ceptaculum* de *Cap* & de *Col*.

Circumcipio joint à la prépoſition qui déſigne la forme ronde & le local à l'entour (*circa*, *circum*, *circus*, *circulus*, *circuitus*) exprime que l'on *prend* autour ce qui environne.

Decipio (*De-capio*, joint à la prépoſition qui déſigne l'excluſion & la ſouſtraction) exprime que l'on empêche de *prendre*, que l'on fait manquer de *prendre*. *Decipere*, *décevoir*, *tromper*, *attraper*, *ſurprendre*. De-là *Decipulum*, *Decipula*, *piége*, *machine qui trompe*, *trébuchet*, *ſouriciere*. La terminaiſon *ula* paroît avoir été faite ſur le grec ὕλη *materia*, *res*; de ſorte que *Decipula* eſt *res*, *ens*, *machina quæ decipit*.

Diſcepto (*Diſ-capto*, joint à la prépoſition qui déſigne la ſéparation & la diſtinction) exprime que l'on *prend* les choſes à part les unes des autres, ou de part & d'autre, ſans les mêler. *Diſceptare*, au figuré, *diſcuter*, *diſputer*, *examiner de part & d'autre*, *juger avec examen*.

Excipio (joint à la prépoſition qui déſigne le dehors du lieu) exprime, 1° l'exception, c'eſt-à-dire qu'en *prenant* les autres choſes on laiſſe celle-ci, tellement qu'elle reſte hors de la priſe. *Excipere*, *excepter*; c'eſt à-peu-près l'oppoſé de *concipere*. 2° Le tranſport de lieu à lieu, ou de perſonne à perſonne; la choſe prise venant d'un autre lieu ou d'une autre personne. *Excipere*, *recevoir*, *recueillir*, *ramasser* : *Excipulus*, *récipient*, *vase*, *panier*. *Excipere* exprime une action opposée à *accipere*; en ce que dans *accipere* *prendre*, le mouvement est censé venir de celui qui *prend*; & dans *excipere*, *recevoir*, le mouvement est censé venir de celui qui donne. C'est-là le sens strict & primordial; mais dans le discours ordinaire on néglige ces petites différences, & l'on emploie les termes l'un pour l'autre.

Incipio. Ce verbe offre une remarque singuliere. Quoique formé par analogie de langage sur le modele des précédens avec une préposition qui désigne le dedans du lieu, il ne vient pas de *Capio*, & de la ℞ *Cap* en tant qu'elle veut peindre le creux de la main, mais d'une autre ℞ *Cap* qui signifie *tête* : *Caput*, *le commencement*, *le premier bout d'une chose quelconque*. Car *incipere* ne signifie nullement *prendre dedans*, mais *commencer*, *être au premier bout*; ainsi il est évident qu'il vient d'*in-capite*.

Intercipio, [joint à la préposition qui désigne une différence, d'*espace*, une distance de tems ou de lieu], exprime que l'on *prend* entre un tems & un tems, entre un lieu & un lieu; ce qui suppose qu'on a *pris* hors du tems & du lieu convenu. *Intercipere*, *intercepter*, *prendre par surprise*, *s'emparer*. De-là, *Intercapedo*, *intervalle* où l'on peut prendre.

Occupo (*Ob-capio*, joint à la préposition qui désigne qu'on s'est mis à dessein au-devant de la chose) exprime qu'on *prend* de dessein prémédité, en se mettant en place pour *prendre*. *Occupare*, *se rendre maître*, *saisir*, *s'emparer*, *usurper*, *prévenir*, *anticiper*. *Ante-occupare*, *præoccupare* ajoûte encore à l'idée un accessoire plus fort, un plus grand degré d'avance. Au figuré, *préoccupation*, *prévention*, sentiment qui a *pris*, qui s'est emparé d'avance de l'esprit. Par la raison que *occupare* exprime *prendre à dessein*, *occupatio* signifie l'action d'opérer sur la chose *prise* pour un certain dessein; *occupation*, *exercice*, *emploi*.

Occipio vient d'*ob-caput* comme *incipio*. *Occipere*, *commencer* ; nouvelle preuve qu'en étymologie, c'eſt ſur-tout la ſignification du mot qu'il faut conſulter.

Percipio, [joint à la prépoſition qui déſigne la traverſée, le mouvement local à l'intérieur], exprime que l'on *prend* en paſſant. *Percipere percevoir*, *recueillir*, *recevoir*, *comprendre*. *Perceptio*, *récolte* ; & au figuré, récolte que fait l'eſprit, *perception*, *intelligence*, *connoiſſance* que l'eſprit reçoit des objets extérieurs. La langue françoiſe redouble la prépoſition ſur ce mot, & dit *appercevoir* ; c'eſt *prendre* connoiſſance des objets par les ſens, ou par la pénſée.

Præcipio [joint à la prépoſition qui déſigne la priorité de perſonnes ou d'action], exprime que l'on *prend* le premier. *Præcipere*, *anticiper*, & au figuré *prévoir*. Mais il y a un autre *præcipio*, qui vient de *caput* comme *incipio*. *Præcipere* en ce ſens c'eſt *commander* : alors le verbe eſt formé ſur *præceptum*, ou *præ-caput. Primum caput*, c'eſt-à-dire *premier chef, principal chapitre, précepte*, choſe qu'il faut faire en premier lieu, *commandement, inſtruction, maxime*. De même *præceptio, inſtruction, enſeignement : Præceptor, précepteur* qui enſeigne, *Præcipuus, principal*, premier chef. *Princeps, principium, principalis*, &c. & auſſi *deinceps* (*de* capite *in capite*) c'eſt-à-dire *enſuite*. Et encore *præceps, præcipito, præcipitatio*, &c. tous mots qui dans leur ſens littéral déſignent qu'on ſe jette *la tête la premiere*.

Recipio, [joint à la prépoſition qui déſigne l'itération], exprime qu'on *prend* ce qu'on avoit déja *pris* une autre fois. *Recipere, reprendre, recevoir*.

Recepto eſt un augmentatif, *Receptare, retirer, receler. Receptus, retraite, Receptaculum, lieu de retraite, réceptacle*.

Suſcipio (*Super-capio*, avec la prépoſition qui déſigne une plus grande hauteur locale) exprime que l'on met ſur ſoi ce que l'on *prend*, image par laquelle on peint que l'on ſe *charge* de l'action de *prendre*, que l'on en fait ſa propre affaire. *Suſcipere*, *prendre ſur ſoi*, *ſe charger* ; en françois nous diſons d'un ſeul mot *entreprendre*.

Outre ces prépoſitions il y en a pluſieurs autres que l'on joint à chaque verbe, ſelon que ſon action le rend ſuſceptible d'être modifié par les rapports qu'elles déſignent. L'uſage s'eſt contenté de joindre au verbe *Capio* celles qui lui conviennent le plus ordinairement. Il y a même des prépoſitions compoſées de deux autres, comme *præter* qui déſigne le mouvement local de paſſer au travers ſans s'arrêter & d'aller plus loin, composé de *præ* & du ſon radical *TR* ſervant à exprimer le mouvement de paſſer au-dedans avec quelque rapidité *trans*, *tranſire*, *trahere*, *traverſer*, &c. *Propter* déſigne le mouvement local de paſſer tout le long à côté, non par dedans. On s'en ſert au figuré pour déſigner la cauſe occaſionnelle & prochaine. *Propter*, *à cauſe de* ; & c'eſt ainſi qu'on détourne ſouvent le ſens primitif des prépoſitions.

206. *Exemple de l'accroissement par composition.*

Participo (*Partem-capio*) exprime disertement qu'on *prend* une partie de la chose, & qu'une autre personne *prend* l'autre partie. *Participare*, *participer*, *communiquer*. Ce verbe est ainsi que les suivans, composé de deux mots effectifs. *Particeps*, *compagnon*, *complice*.

Aucupo. Aucupor (*Aves-capere*), *prendre des oiseaux*; & au figuré *rechercher avec soin*, *se donner de la peine pour prendre*. *Auceps*, *oiseleur*; *Aucupium*, *chasse à l'oiseau*, *recherche pénible*.

Nuncupo, (*nomen-capere*) *nommer*, *appeller*.

Municipo (*Munus-capere*) *prendre* charge ou emploi public comme citoyen. De-là *Municipium* pour dire *une ville qui est gouvernée* par ses propres Magistrats. Il signifie aussi le droit de *prendre* un tel emploi, d'exercer une telle fonction publique. *Municeps*, *municipalis*, *municipatim*, &c. expriment les personnes, les attributs, les manieres relatives à cette fonction.

Mancipo (*Manu-capere*), *prendre avec la main*, se saisir soi-même ou ensaisiner un autre, lui vendre. *Mancipium*, dans la signification restrainte, signifie un *esclave*, un *captif*, un prisonnier de guerre *pris* avec la main. *Emancipare*, c'est lui lui rendre la liberté, l'ôter de sa main; ce qui se dit aussi des mineurs, & des fils de famille à qui l'on rend un droit d'agir librement qu'il n'avoit pas; *Emanciper*. *Manceps* signifie un *entrepreneur*, un *ouvrier* qui *prend* un ouvrage public à faire.

Forceps (de *Forte-capere*, ou plutôt de *Foras-capere*) instrument propre à *prendre* pour tirer *dehors*; *tenailles*, *ciseaux*.

207. *La nature ne fournissant qu'un petit nombre de primitifs intelligibles, l'homme est forcé de détourner en diverses manieres le sens de ceux qu'elle a établis.*

L'usage le plus pur de la langue latine

autoriſe tous les accroiſſemens cy-deſſus ; qui expriment des idées acceſſoires de la R/ *Cap*, employée dans une ſeule de ſes branches où elle ſignifie *prendre* ; en tirant l'image radicale du *creux* de la main avec laquelle on *prend* ; image figurée par un ſon de la voix *creux* & guttural. La racine a diverſes autres branches non moins étendues, telles que *Cupa*, *Cava*, *choſe creuſe*, &c. Elle n'eſt pas une des plus fécondes, ni des plus divergentes. Il m'étoit facile pour l'analyſe qu'on vient de lire, de faire choix de bien d'autres racines qui ſe propagent infiniment plus loin. Celle-ci ſuffit pour faire connoître combien une ſeule peinture d'objet phyſique, où le ſon de la voix s'efforce d'imiter l'objet nommé, ſe développe de peu-à-peu dans le langage, & ſert de baſe, à meſure que l'eſprit dérive, à l'introduction d'une infinité de termes, où l'on ne croiroit pas d'abord que les objets fuſſent mis en image. C'eſt cependant, au fond, preſque la ſeule méchanique que l'homme puiſſe employer pour communiquer ſes perceptions à un autre homme. Le principe en eſt dans la néceſſité de ſe faire entendre. Elle entraîne celle d'exprimer les objets abſens par des geſtes qui les rendent préſens, en les figurant, tant bien que mal à l'oreille ou à la vue, pour exciter une ſenſation pareille à celle qu'ils ont eux-mêmes excitée par leur préſence ; ſans quoi on n'en pourroit donner l'idée. Elle entraîne enſuite une ſeconde néceſſité de ſe ſervir de l'image établie d'un objet réel pour exprimer un objet intellectuel & abſtrait, qui n'étant pas ſuſceptible de peinture, faute d'exiſtence extérieure & phyſique, eſt néanmoins ſuſceptible de quelque comparaiſon avec un objet qu'on peut peindre : *Verborum tranſlatio inſtituta eſt inopiæ causâ.* (CICER. *de Orat.* iij, 39). Par-là on parvient à en exciter une notion, mais beaucoup plus imparfaite que celle qu'exciteroit un objet apparent. Malgré les efforts que fait l'homme pour rapporter à un type connu les êtres métaphyſiques & moraux qui n'exiſtent que dans ſa pensée, il ne réussit guères à en donner une idée bien complette & précisément telle qu'il l'a lui-même : aussi reste-t-il toujours plus ou moins de confusion dans la maniere dont on s'entend sur les perceptions de cette espece ; chacun se figurant l'original à sa maniere. On dispute tous les jours sur la signification du mot *esprit* ou autres pareils, personne ne s'avise de disputer sur celle du mot *fleuve*.

CHAPITRE XII.

DES NOMS des êtres moraux.

208. *Des noms imposés aux choses intellectuelles & aux actions relatives aux sens intérieurs.*

209. *Maniere de les fabriquer en les assimilant aux noms des choses physiques & relatives aux sens extérieurs ; en transportant les peintures d'objets matériels à des objets intellectuels.*

210. *Exemples.*

211. *Preuve & explication des exemples cités.*

212. *Autres exemples de noms d'operations intellectuelles, de relations, d'habitudes, &c. formés sur des images visibles, & même par onomatopée.*

213. *Maniere singuliere de forger les noms des choses spirituelles, par images comparatives.*

---

208. *Des noms imposés aux choses intellectuelles & aux actions relatives aux sens intérieurs.*

Il y a une infinité de choses dans les idées des hommes, & par conséquent une infinité de mots dans leur langage, relatifs à certains êtres qui, sans avoir hors de l'homme aucune existence réelle, ne sont que dans & par l'esprit humain, & n'ont dans la nature aucun original physique. Ils ne peuvent donc tomber sous les sens extérieurs ; mais ils naissent dans l'esprit humain du mélange interne de diverses perceptions simples qu'il a reçues des objets du dehors, dont il se forme un résultat abstrait qui affecte les sens intérieurs, sur-tout l'entendement. Telles sont les idées mentales, les abstractions, les considérations de l'esprit, ses réflexions, les jugemens qu'il porte des choses réelles, les relations qu'il y observe, les combinaisons qu'il y établit pour sa propre commodité, en un mot, tout ce qu'on appelle pensées abstraites ou êtres métaphysiques & moraux ; parce qu'en effet ce ne sont pas des êtres physiques, & qu'ils ne paroissent exister que moralement parlant & incorporellement. Telles sont les idées qu'on exprime par les termes de *réflexion*, *considérer*, *délibérer*, *remarque*, *contemplation*, *desir*, *doute*, *qualité*, *caprice*, *frugalité*, &c. tous êtres sans existence corporelle, & simples modalités de pensée, qui, naissant dans le cerveau de l'homme, fructifient dans leur terrein natif avec une prodigieuse abondance. C'est sur eux sur-tout que s'exerce la culture de l'esprit parmi les peuples policés, bien plus encore que sur les êtres physiques : ce qui nous oblige d'introduire dans notre langage, pour nous faire entendre, une grande quantité de termes dont n'ont aucun besoin les peuples sauvages qui ne s'occupent guères de morale, d'abstractions, ni d'existences métaphysiques. L'embarras de fabriquer de telles expressions, ne paroît pas médiocre. Les objets extérieurs étoient ou visibles, ou bruyans, ou palpables : ils produisoient sur les sens extérieurs un effet qui avoit servi à leur donner une dénomination. On pouvoit les présenter à la vue, à l'ouie, au toucher par l'imitation de leur image, de leur son, de leur forme. Que faire ici, où toutes ces circonstances manquent ; où l'objet même manque aussi ; les sens intérieurs n'ayant reçu aucun moyen de la nature de le mettre avec évidence à portée des sens extérieurs? Car il est très-important de remarquer ici philosophiquement en général, qu'autant les organes ont de facilité pour transmettre leurs sensations à l'esprit, qui n'a de connoissances que celles qu'il acquiert par cette route, autant l'esprit a-t-il de difficulté à représenter ses conceptions aux organes.

209. *Maniere de les fabriquer en les assimilant aux noms des choses physiques & relatives aux sens extérieurs; en transportant les peintures d'objets matériels à des objets intellectuels.*

La nature avoit guidé la voix dans la fabrique des mots *nécessaires*, de la maniere expliquée, Chapitre VI. Le langage s'étoit étendu sur ce premier germe. On avoit suivi le chemin tracé; & lorsqu'il avoit fallu trouver de nouveaux noms pour des choses peu susceptibles d'être imitées par l'organe vocal, on avoit saisi quelque coin de ressemblance entre le nouvel objet & un autre objet déja nommé que l'organe avoit pu peindre: on s'en étoit servi pour fabriquer le nouveau nom par une approximation ou par une comparaison plus ou moins éloignée, en le dérivant d'un ancien terme déja reçu. (Voyez n° 88, 171, &c.) Il fallut étendre cette nouvelle méthode de comparaiſon aux noms des choſes intellectuelles & morales, puiſqu'il n'y avoit aucun moyen de les rendre ſenſibles, qu'en les ramenant à une premiere image de quelqu'objet réel & phyſique qui eût affecté les ſens, & auquel on les aſſimiloit pour en donner une idée. Cette application d'une méthode déja très-imparfaite à des êtres dont la comparaiſon étoit encore plus éloignée la rendoit encore plus défectueuſe. Mais il n'y avoit pas d'autre reſſource ſi l'on vouloit ſe faire entendre. On étoit obligé d'emprunter les mots des idées de ſenſation extérieure les plus connues, afin de faire concevoir par-là les opérations intérieures, qui ne pouvoient être autrement rendues que par quelque apparence ſenſible. *Tranſlationes enim quaſi mutuationes ſunt; cùm quod non habeas aliunde ſumas.* (CICER.) Les termes reçus pour exprimer des ſenſations extérieures, furent transférés à des significations plus abstruses pour exprimer des actions & des notions qui ne tomboient pas sous les sens. C'est l'opinion déja rapportée, n° 171, du célebre Locke, le plus grand maître qu'il y ait eu en cette matiere ; & l'on peut voir, *ibid.* la conclusion qu'il en tire pour montrer combien l'examen des mots nous rapprocheroit de l'origine de nos premieres notions & des principes de nos connoissances intellectuelles. Il est si vrai que les termes qui n'appartiennent qu'au sentiment de l'ame sont tous tirés des objets corporels, que je ne crois pas qu'il fût possible de citer en aucune langue aucun terme moral dont la racine ne se trouvât physique, lorsqu'il est possible de l'assigner. Comment pourroit-on former l'expression des idées de cette espece qui n'offrent aucune image, si on n'alloit les chercher dans la ressemblance indirecte de quelqu'image physique ? Et pour m'expliquer nettement là-dessus, j'appelle *termes physiques* les noms de tous les individus qui existent réellement dans la nature : j'appelle *termes moraux* les noms des choses

choses qui n'ayant pas une existence réelle & sensible dans la nature, n'existent que par l'entendement humain qui en a produit les archétypes ou originaux.

210. *Exemples.*

Si nous faisons remonter ceux-ci à l'origine qu'ils tirent de ceux-là; si nous voulons les expliquer à la lettre dans la signification qu'ils auroient selon le vrai sens des primitifs dont ils sont dérivés, nous verrons, par exemple, qu'*admirer* c'est *regarder le soleil : mirari* ; ℞. *Mihr*, i.e. *sol. Contempler* c'est *regarder le ciel : contemplari* ; ℞. *Templum*, i. e. *cælum*, *æther. Considérer* c'est *regarder les astres*, & *desirer* c'est *les perdre de vue* ; *considerare, desiderare* ; ℞. *Sidera. Admonition* c'est *la vue de la lune* ; *Moneo* ; ℞. *moun*. i. e. *Luna*. On doit être déja frappé de voir toutes ces expressions de même espece, dont quelques-unes de même idée, se rapporter également à la vue des astres, objets qui affectent vivement les sens ; & sentir qu'il ne peut y avoir ni erreur ni hazard dans une telle rencontre. *Penſer* c'eſt tenir un corps en *ſuſpenſion* par un fil : *pendere*, *penſum*, *penſitare*. *Délibérer*, c'eſt *tenir en balance : deliberare*. R/. *Libra*. Encore ici même analogie entre le ſens détourné & les primitifs propres. *Empêcher* c'eſt *lier les pieds*, & *expédier* c'eſt les *délier : Impedire*, *expedire*. R/. *Pedes*. *Réfléchir* c'eſt *faire un pli : re-flectere* ; R/. *flecto*. *Remarquer* c'eſt *mettre une borne*, *circonſcrire* ; R/. *march*, i. e. *finis*, *terminus*. *Caprice* ſont des *cheveux hériſſés*, de l'italien *Capo riccio*, &c. &c. &c. Comme on ne m'en croira peut-être pas volontiers à ma parole ſur des origines qui ne paroiſſent au premier aſpect avoir que ſi peu de rapport à leurs relatifs, donnons une explication plus détaillée de la dérivation de chacun de ces termes. Elle n'en fera que mieux entendre les propoſitions cy-deſſus expoſées, toujours un peu fatiguantes pour le lecteur, quand on ne les poſe qu'en général d'une maniere abſtraite, ſans les particulariſer par des exemples qui les rendent faciles à ſaiſir.

211. *Preuve & explication des exemples cités.*

Considérer, regarder attentivement un objet; au figuré, réfléchir en soi-même. Tel est le sens actuel & générique de ce mot; mais dans son premier usage, il a dû seulement signifier, *regarder le ciel. Considerare.* R/. *Sidus.* Expression formée sur l'attention avec laquelle un astronome regarde une constellation à travers un long tube pour en mettre les étoiles ensemble, *constellare, con-siderare;* car les anciens sans avoir comme nous l'invention des vetres de lunettes ne laissoient pas que de se servir pour regarder les astres d'un long tuyau qui en dégage les faux rayons. Le terme qui exprime cette idée morale ne peut être que très-ancien, puisqu'il est d'un si commun usage à l'esprit de l'homme. Il nous montre par-là combien l'étude de l'astronomie est ancienne parmi les hommes. Cette expression métaphorique vient sans doute des Chaldéens, soit par dérivation, soit par traduction. Car je ne prétends pas dire que le mot *conſiderare* ſoit l'ancien mot dont on s'eſt d'abord ſervi, mais ſeulement qu'il en doit être une traduction littérale. J'ai cité un ſecond exemple également tiré de la R/. *Sidus* très propre à faire voir que cette étymologie ſinguliere n'eſt nullement imaginaire. C'eſt le mot *deſir* ſyncopé du latin *deſiderium*, qui ſignifiant dans cette langue plus encore le regret de la perte que le ſouhait de la poſſeſſion, s'eſt particuliérement étendu dans notre langue à ce dernier ſentiment de l'ame. Sa particule privative *Dé* précédant le verbe *ſiderare* nous montre que *De-ſiderare* dans ſa ſignification purement littérale ne vouloit dire autre choſe, qu'*être privé de la vue des aſtres ou du ſoleil*, ſe trouver dans le regret du jour, & dans l'embarras de l'obſcurité. Le terme qui exprimoit la perte d'une choſe ſi ſouhaitable pour l'homme, s'eſt généraliſé pour tous les ſentimens du regret, & enſuite par tous les ſentimens de deſir qui ſont encore plus généraux; car le regret n'eſt que le ſouhait de ce que l'on a perdu; & le deſir regarde auſſi-bien ce que l'on voudroit obtenir que ce qu'on ne poſſede plus. Ces deux exemples ſont d'autant plus frappans que les deux expreſſions *con-ſiderare* & *de-ſiderare* n'ayant rien de commun dans l'idée qu'ils préſentent, ni dans l'affection de l'ame, & ſe trouvant chacun précédé d'une prépoſition qui les caractériſe, on ne pourroit les tirer ainſi tous deux *à ſidere*, ſi le développement de l'opération de l'eſprit dans la formation des mots n'avoit été tel qu'on vient de le décrire. Ajoûtons que ces deux expreſſions priſes dans leur ſens purement littéral viennent naturellement à la bouche d'un peuple ſauvage qui vit en plein air : & n'oublions jamais que c'eſt toujours à ce tems qu'il faut remonter quand on veut trouver la véritable origine des choſes; ſur-tout celle des expreſſions de cette eſpece, qui ne ſont généraliſées qu'après avoir été reçues dans un ſens particulier, matériel, & tout-à-fait à portée des eſprits peu exercés. Le composé *Præ-ſideratio* s'eſt conſervé à-peu-près dans le ſens propre ; car il ſignifie que les ſaiſons du froid & du chaud ſont plus avancées qu'elles n'ont coutume de l'être dans l'ordre ordinaire de la nature : au lieu que le ſimple *ſideratio* ne ſe dit que d'un mal ſubit & épidémique qui attaque tout-à-coup les animaux & les végétaux ; choſe que dans les tems d'ignorance on attribuoit à l'influence des aſtres.

Pour fortifier la même obſervation j'ai encore cité le mot *contempler*, à-peu-près ſynonime de *conſidérer*, & dont l'origine eſt la même. *Contemplari* de la R/. *Templum*. Or le mot *temple* qui ſignifie aujourd'hui un lieu ſacré & fermé, ne ſignifioit au contraire dans ſon origine, qu'un grand eſpace ouvert ſoit dans le ciel ſoit ſur la terre, libre de toute part à la vue. Varron, l. vj, le définit ainſi : *Cœlum quà tuimur, dictum templum.* Les expreſſions *templum ætheris*, *ætherea templa* ſont uſitées chez les plus anciens Grecs & Latins. Ainſi *conſidérer* & *contempler*, c'eſt également *regarder le ciel*. Le mot *temple* très-générique dans ſon origine, l'eſt devenu un peu moins lorſqu'on l'a reſtreint à ſignifier un eſpace ouvert en plein air, où les anciens peuples ſauvages s'aſſembloient autrefois, comme ils s'aſſemblent encore en Amérique, pour prier, pour adorer le ciel & les aſtres. Car dans les premiers ſiecles on ne faiſoit point de prieres dans un lieu fermé. Mais quand l'uſage a changé totalement à cet égard, la ſignification du mot *temple* s'eſt particulariſée tout-à-fait dans le ſens où nous l'avons depuis long-tems.

Admirer, *mirari*, ſe dit de tout ce que l'on conſidere avec une ſurpriſe mêlée de plaiſir; & auſſi de tout ce que l'on regarde avec attention, ſur-tout s'il s'attire du reſpect, & s'il éblouit la vue ou l'ame. Dès-lors n'eſt-il pas facile de voir, que parmi tant de mots latins dont on ſçait que l'origine ſe trouve dans les langues d'orient, le terme *mirari*, ſervant à exprimer un ſentiment de l'ame tel que celui que nous venons de décrire, a été formé ſur le mot oriental *mihr* i. e. *le ſoleil*, qui eſt en effet le plus *admirable* de tous les objets de la vue, & celui du culte des anciennes nations ? De-là ſont dérivés les mots *miracle*, *miroir*, *mire*, *merveille*, &c.

J'ai dit auſſi que *Monition* avertiſſement, *monere* avertir, venoit de *Moun*, i. e. *Luna* (*celticè* Mon, *græcè* Μηνὶ, *perſicè* maen, *anglicè* Moon, &c.) Il faut le prouver. Rappellons ici les uſages antiques. Les premiers peuples n'avoient d'autre méthode ou d'autre inſtrument propre à meſurer la durée du tems que d'obſerver le cours des aſtres. Ils ſe ſervoient ſur-tout du cours plus limité de la lune, dont les phaſes leur donnoient à cet égard une grande commodité. La nouvelle lune après le déclin commençoit une nouvelle période de tems appellée (de Μὴν) *menſis* mois, qu'on célébroit par une fête appellée *néo-ménie*, *nova luna*. On tenoit en ſentinelle ſur un lieu élevé une perſonne chargée d'obſerver la lune & d'avertir (*monere*) le peuple, ſi-tôt que ſa lumiere commenceroit à redevenir visible. C'étoit la pratique des Hébreux, & de bien d'autres nations. Tous ces faits sont parfaitemens connus. J'en conclus après les meilleurs étymologistes, que le terme servant à signifier le plus usité de tous les avertissemens s'est étendu à tous autres; que le mot générique *monere*, exprimant une idée intellectuelle & purement relative à l'opération de l'ame, ne pouvant dès-lors avoir une racine qui ne soit tirée d'un objet physique, on la trouve dans la R. *Mon*, *Lunà*. On y retrouve la convenance de son, de figure & de raison, puisque la lune servant aux hommes des premiers siécles de mesure du tems & de la durée, étoit pour eux le *moniteur* perpétuel & journalier. Aussi les Latins nommoient-ils *moneta* la même divinité qu'ils appelloient *Luna*, *Djana*, [i. e. la Déesse journaliere (de *Dies*] *Jana* & *Juno*, la Déesse & la Reine des airs. Elle avoit son temple à Rome, où l'on établit la fabrique des piéces d'argent ayant cours pour l'échange des choses usuelles, qui retint le nom de *moneta*, *monnoie* ; mais le ſens de *monnoie* n'a plus de rapport à celui de *monition* ; comme celui de *monition* n'en a plus à celui de *mois*. L'idée a couru de branches en branches ; tandis que la figure moins altérée nous indique encore que les branches peuvent ſe rapporter à un même tronc, & que l'obſervation nous le démontre. Le nom purement latin de *Minerve*, une de leurs divinités, vient auſſi de la même origine, & ſe rapporte à la même cauſe. Son nom ſignifie la Déeſſe de l'*avertiſſement*, ou du conſeil. On n'en peut douter quand on voit que dans le vieux langage que parloient au tems du roi Numa les prêtres Saliens, qui avoient dans leur rituel des hymnes en l'honneur de Minerve, *promenervare* ſignifie *promonere*. Ainſi quelques Mythologiſtes n'ont pas eu tort de dire que *Minerve* étoit la même que *Diane*. On voit ici pourquoi Minerve étoit regardée comme la Déeſſe de la prudence, du bon conſeil, de l'avertiſſement ; rôle qu'elle joue dans les poëmes anciens

& comment les premieres origines de chaque divinité se rapportent toujours au Sabeïsme, ou culte des astres.

Réfléchir de *re-flectere*, à la lettre c'est *plier en deux*, comme si l'on replioit ses pensées les unes sur les autres pour les rassembler & les combiner. Comment auroit-on pu peindre autrement que par cette image comparative la duplication & la combinaison des pensées? *Repliquer*, *re-plicare*, c'est de même redoubler ses paroles. *Réfléchir* s'applique aux pensées, *repliquer* au discours, & *remarquer* aux objets : c'est distinguer un objet, le particulariser, le circonscrire en le séparant des autres; de la Rℓ. *Mark*, i. e. borne, confin, limite. Peut-être pourroit-on m'objecter à la rigueur que les mots cy-dessus *pli* & *marque* ne sont pas des noms de substances physiques & réelles, mais de modes & de relations. Mais il ne faut pas presser ceci selon une métaphysique trop rigoureuse. Les qualités & les accidens des substances réelles peuvent bien être rangés ici dans la classe du physique, à laquelle elles appartiennent bien plus qu'à celle des purs êtres moraux.

212. *Autres exemples de noms d'opérations intellectuelles, de relations, d'habitudes, &c. formés sur des images visibles & même par onomatopée.*

Délibérer, *deliberare*, c'est tenir en balance; de la R. *Libra*. i. e. *balance*. Cette peinture physique est très-bonne & directement appliquée à de telles opérations de l'esprit. Mais le mot *libra*, *balance* est fait sur le mot *liber* qui de même que *codex*, signifie dans son origine *un morceau de bois*, soit qu'on s'en servît pour poids, soit qu'on s'en servît pour planche suspendue sur laquelle on mettoit deux corps en équilibre. Le latin *libella*, i. e. régle de bois propre à poser les corps de niveau a produit l'anglois *level* & le françois *niveau*, *nivellement*.

Il y a des termes moraux si bien fabriqués pour faire rapporter la juste application de ce qui est externe, à l'opération des sens intérieurs, qu'on pourroit croire que leur fabrique est le produit d'une observation combinée & philosophique, s'il n'étoit plus naturel encore de la prendre pour l'effet rapide d'une grande justesse d'instinct. Tel est le mot *ratio*, *raison*, qui, selon la force de la signification originelle, équivaut aux expressions suivantes, *la vérité de la chose*, *l'existence réelle de la chose*, en un mot, *la chose même*, en la considérant comme transportée du dehors au dedans de l'esprit. Cette juste conformité de l'idée intellectuelle avec l'objet physique est ce qui constitue précisément la vérité, c'est dire *la raison*, & le fondement de la raison tant dans le fait que dans les *raisonnemens* ou conséquences qui découlent du fait. Voici quelle a été la fabrique du mot *ratio*. Du substantif générique *res*, *rerum*, les Latins ont fait le verbe *reri*, pour signifier *faire passer quelque chose dans son esprit*, *la connoître comme vraie & existente*, *la croire telle* : comme nous dirions littéralement & absolument (si le mot étoit reçu dans notre langue) *choser* dans sa tête, y mettre un objet, en avoir l'idée toute telle qu'il est. De *reri* on a fait le participe *ratus*, & le terme abstrait *ratio*, *raison*. On ne pouvoit mieux peindre la force de cette opération de l'entendement qu'en y appliquant le mot *res*, pour faire entendre que la *raison* c'étoit la *chose* même toute réelle & toute vraie. C'est bien aussi ce que signifie le mot *réalité* tiré du même primitif. Ce qu'est la *réalité* dans la nature, la *raison* l'est dans l'esprit. Ceci paroît encore confirmé par le verbe grec ῥέω *dico*, *loquor*; car *parler* c'est *nommer les choses*.

Excellence c'est une course plus rapide que celle d'un autre coureur : image sauvage qui représente fort bien quel est entre plusieurs personnes celui qui surpasse les autres, & qui mérite d'être préféré. Le mot oriental *kel*, i. e. *celer*, *velox* a produit le verbe grec Κέλλω *provenio*, *adpello*, & en latin le verbe simple *cellere*, i. e. *avancer*, *agiter*, *remuer*. De-là on a fait les verbes composés *præ-cellere*, i. e. *être avancé le premier*, & *ex-cellere*, i. e.

être avancé *hors de rang, être assis plus haut*; ce qui est une marque de prééminence parmi les hommes assemblés. Jusques-là le mot restoit encore à-peu-près dans son sens physique. Quand on l'a voulu étendre au sens moral, on a dit *ex-cellent* pour le *meilleur*, l'objet préférable à tout autre du même *genre*. Quand on a voulu s'en tenir à la signification purement littérale, de *cello* on a fait *pro-cella* pour signifier *tempête rapide, agitation violente*.

Donnons un exemple d'un objet physique & réel dont le nom serve de ℞. à celui d'une considération de l'esprit purement relative, & d'une relation d'un genre singulier, telle qu'est par exemple la parenté entre plusieurs personnes. *Frere*, en latin *frater*, en anglois *brother*, & ainsi de même en quantité d'autres langues. Tous ces mots paroissent venir de la vieille ℞. celtique *Bru*, i. e. *venter, uterus*; de sorte que le mot *frater*, dans sa propre signification est synonime d'*uterinus*; l'idée relative contenue dans le mot *frere* se trouve ainsi exprimée par une dérivation tirée d'un objet physique. On peut encore remarquer en passant sur ce mot que la terminaison *ter*, paroît appropriée dans beaucoup de langues aux mots qui expriment des rapports venus par génération charnelle. Sçavoir, outre le générateur commun *venter*, *Pater* pere; *Mater* mere; *Frater Brother*, i. e. frere; *Sister*, i. e. sœur. Dochter. θυγατηρ, Docter, Daughter, *i. e.* fille, &c.

J'ai dit qu'*empêcher* c'étoit à la lettre *lier les pieds*; & qu'*expédier* c'étoit *les délier*. Cela s'explique tout seul par le latin *impedire*, i. e. *pedes intricare*, & *expedire*, i. e. *pedes liberare*. Cette image est très naturelle, très-pittoresque : car il n'y a guères de meilleur moyen d'empêcher un homme d'agir, ou de lui en rendre la facilité. Mais à combien d'*empêchemens* & d'*expéditions* cette allégorie n'a-t-elle pas été transférée. Les Latins s'en servent dans un sens moral tout-à-fait détourné lorsqu'ils disent *expedit* pour *il est à propos*; d'où nous avons fait *expédient*.

Ne disons-nous pas aussi *délivrer expédition d'un acte de Notaire*, pour en donner copie aux parties intéressées ?

Il n'y a sorte d'image matérielle qu'on ne s'avise de transporter par métaphore en signification intellectuelle. *CAL* est une racine qui désigne la dureté des corps (*);

(*) *Galad* en Phœnicien, (*durescere.*) Challek (*lapis.*) χαλιξ (*lapillus.*) Calculus (*caillou plat*, d'où vient *calculer*, parce qu'on s'est premierement servi pour *calculer* de petites pierres en guise de jettons. Kaled, en celtique (*durus.*) Challex, au pays de Gex, signifie *rocher*. Collis. Colline. Calare en italien (descendre d'un rocher, glisser d'une pente roide.) Gallet (*caillou plat* du rivage de la mer.) Cal, en général, rivage maritime, rivage garni de rochers & de gallet; de-là viennent, à ce que je crois, les noms de Caletes, Celtæ, Galli Καλιτο., Γαλαται. J'estime que c'est de-là que toute la région qui faisoit l'extrémité de l'Europe sur la grande mer océane, a été nommée *Gallia*, Celtica. Caleti (*le pays de Caux.*) Callæcia (*la Gallice.*) Wallia (*le pays de Galles.*) Wallones (*les Flamands.*) Cala-is (*Portus Iccius.*) Portugal (*Port-Cal*, ce qui est une espece de pléonasme assez commun en géographie.) Cilicia (*lapidosa.*) Cale-donia, (*dura*, vel *lapidosa regio.*) Callus. Callis, (sentier battu, d'où viennent Callere,

de-là vient *Caillou*, *Galet*, *Caledonia*. *Cilicia*, *Calus*, *Calx*. *Calcare*, &c. Le grand usage de manier des corps durs rend les mains *calleuses*, & la callosité des mains indique ce grand usage. Il n'en a pas fallu davantage aux Latins pour fabriquer là-dessus le verbe *callere*, lorsqu'ils ont voulu exprimer que l'esprit avoit une pratique usitée, & une connoissance parfaite de quelque science. Ils ont présenté l'image d'un esprit *endurci* par l'usage, comme un sentier (*callis*) est *endurci* pour avoir été battu & fréquenté. Ils ont encore étendu l'image, en disant *calliditas* pour exprimer le prompt & subtil discernement acquis par la pratique habituelle des choses. Cependant alors l'image est déja bien loin de son original.

Calliditas.) Calx. Calceus, (d'où viennent) Caligæ, Caleçon, Chausser.) Calcar. Culco. Calco, (d'où vient Calquer.) Calx. Chaux. Calciner. Calva, (*crâne*, *tête chauve*, *test nud*,) d'où viennent Calotte & Calot (coquille de noix.) Calvi-mons (*rocher pelé*, *Chaumont*.) Gelu Glacies. Glarea (*gravier*.) Glaise, (*terre dure*.) Caillou. Calus, &c. &c.

Voyez encore comment ces façons de parler, *avoir de l'inclination pour quelqu'un, pencher en ſa faveur* ſont vraiment des images phyſiques de choſes morales; & comment on exprime les mouvemens de l'ame par les mots *penchant* & *incliner*, qui ſont la figure des mouvemens corporels. C'eſt auſſi une fort bonne peinture naturelle que d'avoir nommé *coqueterie* le caractere d'eſprit d'une femme qui agace vingt amans, comme le *coq* agace & fait l'amour à pluſieurs poules à la fois. Ce mot-ci ſervira d'exemple pour les termes moraux venus par onomatopée, qui eſt la ſource d'où il ſemble le plus difficile de les voir ſortir. Certainement le nom celtique *coq* de notre oiſeau *gallus* a été formé par imitation naturelle du glouſſement de cet oiſeau. Il n'en faut pas d'autre preuve, ſinon que d'autres peuples très-inconnus aux Celtes l'ont ainſi nommé naturellement, & qu'une *poule* en langue des ſauvages Auſtraliens de la N. Guinée ſe dit *cooq*. *Caqueter*, *caquet* viennent de la même ℟. pour déſigner un babil continuel & importun, tel que le glouſſement continuel des poules. Les deux termes *caqueter* & *coqueter* ſont preſque ſemblables, parce qu'ils viennent de la même R/. quoiqu'ils expriment des idées fort différentes. La derniere n'a plus rien de l'onomatopée ni de l'imitation du cri; & cependant elle en vient, ainſi qu'une infinité d'autres, dont la liaiſon n'eſt pas facile à démêler.

Caprice, qui ſe dit d'une diſpoſition d'eſprit bizarre & déréglé dans ſes ſaillies, ne ſignifie à la lettre que *chevelure crêpue*, *tête hériſſée*, en italien *capo riccio*. En effet cet extérieur eſt aſſez ſouvent un ſigne d'une telle diſpoſition d'eſprit. On a jadis nommé *Hurepois* ou *Hurepoil* une contrée voiſine de Paris, à cauſe des façons groſſieres des habitans de ce canton, à poil levé, hériſſé & mal peigné. (Voyez FAUCHET, *Antiquit. l.* 4.) *Pellevé* famille éteinte en Normandie, dont un Cardinal, effréné ligueur, portoit pour armoiries une tête à poil levé & hériſſé : le dernier de cette famille eſt mort fol. Pour preuve que *caprice* vient de *capo-*

riccio, on doit remarquer que la derniere moitié est caractérisée, & la même que dans le mot *hérissé* qui vient de l'anglois *hair* (*capillus*) & de *right*, *riccio*, ou *erectus*

Délire, égarement de l'esprit, folie; *Delirare*, n'est autre chose que *labourer un champ de travers* au lieu de bien suivre les sillons en lignes droites. R. *Lira*, i. e. *sillon*. *Lirare* est un vieux mot latin qui signifie, labourer un champ par raies. Il vient de l'oriental *Nir*, i. e. silloner, labourer. *Delirare* se disoit des bœufs qui, en traçant le sillon, s'écartoient des raies déja tracées. On a depuis appliqué ce mot aux écarts de l'esprit.... *Faute*, de *faux* & de *falsitas*, venus eux-mêmes de *falsus* & de *fallere*. *Fall* est un ancien mot germanique qui signifie proprement *tomber*: nous en avons suivi l'idée dans notre idiotisme françois, *tomber en faute*. Le verbe germanique paroît sorti de la racine générique *FAL*, *BAL*, qu'on trouve appropriée à désigner, en quantité de langues, ce qui est en haut, en l'air, élevé, supérieur, soit physiquement, soit moralement, soit allégoriquement. Les Latins ont emprunté le verbe *Fall* dont la signification est physique pour exprimer une idée morale fort étendue, en disant *fallere* pour *tromper*, ne pas *tenir* comme on le croyoit : métaphore prise d'un appui peu solide qui *trompe* en *tombant* d'en-haut, lorsqu'on croyoit s'appuyer dessus. Les Germains s'en sont aussi servis en ce sens, en disant *fællen* pour *decipere*, d'où vient notre mot *félonie*. Les deux idées sont rassemblées dans le mot *fêlé* par lequel on exprime qu'un vase d'argile s'est fendu en *tombant* & ne *tient* pas l'eau. On a dit *falsus*, *faux* de tout ce qui *trompe* & ne se *soutient* pas. Ainsi le terme *faux* pris moralement pour tout ce qui n'est ni assuré ni vrai, signifie, pris physiquement, ce qui *tombe*, ne se soutient pas, & ne reste pas tel qu'on l'avoit placé.

Astuce, artifice de l'esprit, *astutia*, ne devroit littéralement signifier qu'*habitation dans une ville*, étant dérivé du grec Ἄστυ, i. e. *Urbs*, *Civitas*. Ainsi *astutus* dans ſon origine ne ſeroit qu'*urbanus* : comme ſi l'on eût dit *civilior & peritior quàm ſunt ruſtici*. Ἀστεῖος, i. e. *civilis*, *urbanus*, *pulcher*. Mais le même mot Ἄστυ ſignifie *manſiones*, venant de στάω, i. e. *ſto*, *maneo*, qui ſort immédiatement du caractere primitif ou clef organique *St* appropriée par la nature, ainſi que je l'ai fait voir (nº 78,) à déſigner l'immobilité & la fixité.....

Flaterie, eſt un *ſouffle adouciſſant*. *Flare*, *flatus*. Le flateur eſt celui qui ſouffle aux oreilles d'un autre des choſes fauſſes qui lui peuvent être agréables. *Flare* vient de la premiere clef ſimple & organique *FL*, caractériſtique & imitative du mouvement des choſes *fluides*, telles que l'air & l'eau. (Voyez nº 80)....

Doute, *dubium*, incertitude de l'eſprit ſe peint par la racine *duo* qui déſigne l'embarras entre *deux penſées* : *dubium à duobus incipit*, dit un ancien grammairien Latin.

Souci, peine de l'ame, n'eſt à la lettre qu'une bleſſure corporelle. Le françois ne s'en ſert qu'au ſens figuré : le latin l'emploie également au propre & au figuré ; *ſaucius* pour *vulneratus* & pour *mœſtus*.

VIRGIL.... *Fugit cùm ſaucius aram*
Taurus, & incertam excuſſit cervice ſecurim....
At regina gravi jam dudum ſaucia cura....
LUCRET.... *Unde eſt ſaucia amore ;*
Nam plerumque cadunt in vulnus....

Mais le grec n'emploie la R/. σκαω que pour *vulnero*. Et ces mots grecs σκαω, σκαζω ſont formés ſur la clef primitive & organique *SC* qui déſigne en général le creux, l'excavation, l'enfoncement, la diminution d'un corps en le creuſant ; ce qui eſt l'effet d'une bleſſure. (Voyez n° 80.) Voilà comment ſe forgent les termes intellectuels en paſſant de langues en langues, du primitif organique & néceſſaire au ſens propre, & du propre au figuré ; ſi bien qu'en quelques ſiécles on en perd tout-à-fait la vue & la connoiſſance dans leur ſens littéral.

Ange, *Angelus* Ἄγγελος ſignifie *miniſtre*, *envoyé*,

envoyé, *messager*. Il se dit également de tout messager de quelque espece qu'il soit, comme il se dit en particulier des substances incorporelles miraculeusement envoyées du ciel. Ce nom vient du verbe ἀγγέλλω, i. e. *nuntio*, dont le primitif est ἄγω, i. e. *duco*; & de même en oriental *agi*, i. e. *duxit*, le tout dérivé de la clef primitive *AC* qui désigne tout ce qui va en avant. (Voyez n° 225.) Les primitifs n'exprimoient qu'une idée purement humaine & corporelle : le dérivé Ἄγγελος embrasse à la fois le corporel & l'incorporel. On le trouve employé en parlant d'un ministre & d'un messager humain, comme en parlant d'un ministre & d'un messager céleste. Parmi nous le mot *ange* n'a jamais que cette derniere signification, & la plûpart des gens ignorent même qu'il en ait une autre. Combien de fois ne nous arrive-t-il pas de prendre dans le sens intellectuel, à présent seul usité, d'anciens faits, ou de vieilles expressions d'anciennes langues qui n'avoient d'abord eu qu'un sens purement physique?

213. *Maniere ſinguliere de forger les noms des choſes ſpirituelles par images comparatives.*

Les hommes ſont bien moins embarraſſés qu'on ne le croiroit pour impoſer des noms aux choſes ſpirituelles, invíſibles, en un mot, aux êtres qui peuvent le moins tomber ſous les ſens extérieurs. L'imagination les ſert au beſoin, ſans être toujours fort délicate ſur le choix. Comme elle eſt celui de tous les ſens intérieurs qui agit le plus fortement & le plus vîte, elle ſe hâte de revêtir d'une figure quelconque les choſes qui n'en peuvent avoir : ce qui lui donne des facilités pour en forger le nom ſur celui de la figure imaginée. Qu'on veuille peindre une inquiétude qu'on a dans l'ame, provenue d'une cauſe petite en apparence, mais par laquelle on ſent néanmoins à tout moment ſa conſcience gênée & bleſſée, on dit *ſcrupule;* c'eſt-à-dire qu'on va chercher l'image d'une petite pierre qui étant entrée dans le ſoulier, met en peine, & bleſſe le pied en marchant, pour la comparer à l'effet d'un embarras inquiétant qu'on a ſur la conſcience. Car c'eſt-là ce que ſignifie à la lettre le mot *ſcrupulus*. Il ne veut dire autre choſe dans ſon origine qu'un petit éclat de pierre, ou un gravier détaché d'un bloc en le creuſant & l'excavant avec force; & ce terme, comme on l'a vu, n° 80, a ſa racine & ſon onomatopée dans l'articulation organique *SCR*, par laquelle la voix a cherché à peindre l'excavation produite par un mouvement rude.

En langue grecque Ψύχη *Pſyché* eſt le nom du papillon. C'eſt auſſi celui de l'*ame* qui toujours en mouvement & en action ſe tranſporte ſans ceſſe çà & là par la penſée. Cette application du terme eſt auſſi une ſuite de la comparaiſon que les anciens faiſoient des *papillons* avec les *ames* ou *manes*, qui après leur ſéparation des corps erroient & voltigeoient ſans ceſſe aux environs de leurs anciennes demeures. Le papillon étoit chez les anciens une eſpece d'hiéroglyphe de l'ame. C'étoit probablement ainſi qu'au tems de l'écriture par images, les anciens,

& en particulier les Egyptiens, écrivoient le mot, *ame*, *penſée* ; & le nom de l'objet matériel eſt devenu celui de l'*ame* à qui il auroit été bien difficile d'en donner un qui ne vînt pas d'une pareille ſource. Les Latins ainſi que nous, l'appellent *anima*, c'eſt-à-dire, *ſouffle*, *reſpiration*, non-ſeulement comme un être inviſible & d'une ténuité infinie, mais parce que la *reſpiration* eſt le ſigne propre de l'*animation* & de la vie, & que l'*ame* eſt cenſée ſubſiſter dans le corps tant qu'il *reſpire*.

214. *Facilité de trouver des termes de comparaiſon pour exprimer les qualités ou les relations des objets.*

Que s'il s'agit de nommer, non les êtres même matériels ou ſpirituels, mais quelque qualité abſtraite de ces êtres ; ou d'exprimer quelque nuance délicate des idées relativement à ces êtres ; l'eſprit humain n'a pas beaucoup à travailler pour trouver des termes de comparaiſon, & donner aux choſes des noms figurés ſur l'image des objets ſenſibles. Quand l'eſprit eſt fortement rempli d'une penſée, l'objet s'en préſente à l'idée avec les acceſſoires & les approximations. Ainſi il a très-naturellement recours à une figure voiſine de l'objet, pour le peindre aux autres comme il le ſent lui-même. On dit: *Dans la* fleur *de la jeuneſſe, l'homme ſe laiſſe entraîner par* le flot des *paſſions; cependant le tems* s'envole *ſans qu'il s'en apperçoive*, &c. Ces images *fleur*, *flot*, *vol*, ſont employées pour rendre la peinture plus ſaillante, en préſentant à l'idée quelques objets réels & bien apparens. Ces façons de parler comparatives conſtituent le ſtyle figuré plus commun qu'on ne le croit, & peut-être plus que le ſtyle ſimple; plus commun à coup ſûr dans la bouche d'un Sauvage, que dans celle d'un philoſophe. (Voyez n°)

A plus forte raiſon l'image comparée reçoit une application plus facile quand il ne faut que la tranſporter du phyſique au phyſique, & non du phyſique au moral. On dit un *os exfolié*, *une feuille de papier*. Pourquoi? ſi ce n'eſt parce que ces corps très-minces ont promptement excité avec eux l'idée de *feuille* d'arbre ; objet très-mince aussi. Mais pourquoi ces mots *folium* φύλλον, *feuille*, *flot*, *fleur*? si ce n'est parce qu'on voit ces parties des plantes sans cesse agitées par le *fluide* de l'air. Et pourquoi ce mot *fluide*? si ce n'est parce que l'organe a peint, ou cru peindre une impression de ce genre par l'articulation organique & très-liquide *FL*. Vous voyez en effet que tous les mots cy-dessus, *fleur*, *flot*, *feuille*, *vol*, *fluide*, ne sont formés que par la lettre de levre *F*, modulée par la lettre de langue *L*, pour former le sifflé-coulé *FL*, *VL*, (Voyez n° 54,) qui est le coup d'organe le plus propre à peindre les choses fluides. (Voyez n° 80.) Or tous les mots cy-dessus, en quelque sens qu'on les employe se rapportent primitivement à cette classe d'impression sensible.

215. *La preuve connue d'un grand nombre de mots de cette espece doit établir un*

précepte général sur les autres mots de même espece, à l'origine desquels on ne peut plus remonter.

Il seroit aisé de multiplier ces exemples en très-grand nombre. Ceux-ci doivent suffire aux personnes intelligentes pour les mettre sur les voies de la maniere dont procède la formation de ces sortes de termes exprimant des idées relatives ou intellectuelles : pour leur démontrer qu'il n'y en a point de cette espece qui ne vienne d'une image, d'un son, d'une clef primitive, ou, en un mot, d'un objet extérieur & physique ; qu'il est possible d'en remonter quelquefois la chaîne jusqu'au premier germe organique, & de lier les termes intellectuels & abstraits même avec l'onomatopée ou imitation d'un bruit matériel qui les a réellement engendrés. Dès-lors que ce point est bien prouvé ; dès qu'il est mal-aisé sur-tout de démêler le fil de ces sortes de dérivations, où la racine n'est souvent plus connue, où l'opération de l'homme est toujours vague, arbitraire & fort compliquée, on doit en bonne logique juger des choſes que l'on ne peut connoître par celles de même eſpece qui ſont bien connues, en les ramenant à un principe dont l'évidence ſe fait appercevoir par-tout où la vue peut s'étendre. Quelque langue que l'on veuille parcourir, on y trouvera dans la formation de leurs mots les mêmes procédés dont je viens de donner ici des exemples.

216. *Inconvéniens qui réſultent de cette méthode imparfaite, dans les uſages, les opinions & les mœurs.*

Tout cela doit ſervir à nous faire voir combien nos termes moraux ſont incertains dans leur ſignification; combien même ſont incomplettes les idées de cette eſpece. Car les penſées des hommes ſur cet article étant ſi délicates & ſi peu circonſcrites, le moyen qu'un eſprit puiſſe les tranſmettre à un autre avec une entiere préciſion ſans plus ni moins, lorſqu'il n'en peut préſenter l'original à ſes ſens extérieurs ? Le moyen que des termes faits par une approximation ſi éloignée, par une comparaiſon ſi diſparate, dérivés d'un primitif qui a ſouvent ſi peu de rapport à la dérivation, puiſſent exprimer avec juſteſſe ou peindre avec reſſemblance les choſes ſignifiées ? Cependant cet inconvénient qui ſembleroit n'être que très-peu de choſe en ſoi-même, comme devroit être toute diſpute de mots ou toute idée incomplette, a quelquefois les plus graves conſequences, lorſque l'application de cette méthode imparfaite vient à ſe tourner du côté des mœurs, des uſages, des opinions, & du dogme. Sans ceſſe l'eſprit de l'homme travaille à ces choſes & en eſt travaillé : toujours on en parle. Faute de netteté dans les idées & dans les mots, plus on parle, moins on s'entend ; moins on eſt d'accord. La diſpute n'a de fin ni n'en peut avoir. Car, où eſt l'original à qui s'en rapporter pour qu'il décide par l'évidence ? (Voyez n° 10, 70, 41.) Le plus grand mal pour l'humanité eſt qu'on ne s'en tient pas là. La diſpute paſſe aiſément du moral au physique : c'est-à-dire de la dissension à la discorde. On se divise de moeurs comme d'opinions : on s'éloigne de coeur & d'esprit : on se hait, on se bat, on s'egorge très-réellement, en conséquence d'une contrariété d'avis sur la signification de certains mots qui peut-être ne signifient rien.

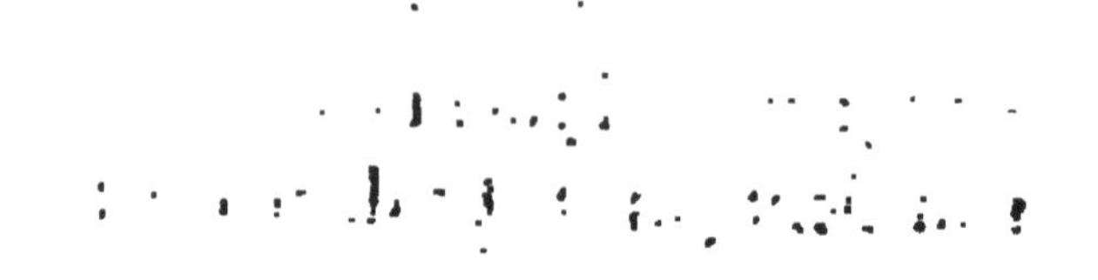

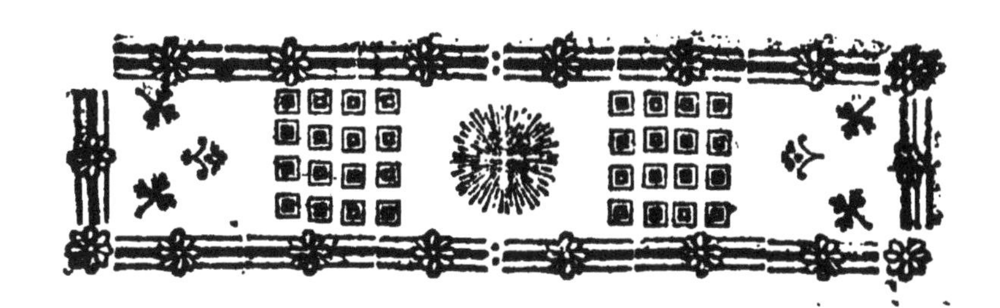

CHAPITRE XIII.

DES Noms propres.

217. *Les noms propres personnels ont une origine significative, & forment un sens dans le langage. Ils sont formés sur les mêmes principes que les autres mots d'une langue.*

218. *Les noms propres viennent en grande partie du jargon populaire & rustique. Méthode de les former. Causes qui en font aisément perdre la signification.*

219. *Des diverses manieres d'imposer les noms propres, usitées par les différentes nations. Introduction de l'usage des noms héréditaires. Effets de cet usage sur les mœurs & sur la façon de penser.*

220. *De la forme des noms propres chez les Orientaux & chez les Grecs.*

---

217. *Les noms propres personnels ont une origine significative, & forment un sens dans le langage. Ils sont formés sur les mêmes principes que les autres mots d'une langue.*

TOUS les mots formant les noms propres ou appellatifs des personnes, ont, en quelque langage que ce soit, ainsi que les mots formant les noms des choſes, une origine certaine, une ſignification déterminée, une étymologie véritable. Ils n'ont, pas plus que les autres mots, été impoſés ſans cauſe, ni fabriqués au hazard ſeulement pour produire un bruit vague. Cependant comme la plûpart de ces mots ne portent à l'oreille de ceux qui les entendent aucune autre ſignification que de déſigner les perſonnes nommées, c'eſt ſur-tout à leur égard que le vulgaire eſt porté à croire qu'ils ſont dénués de ſens & d'étymologie. Il eſt vrai que l'arbitraire du choix y a plus influé que nulle part ailleurs; & que très-ſouvent la ſignification, & par conſéquent la dérivation, en reſte inconnue par l'ignorance où l'on eſt des cauſes particulieres qui les ont fait impoſer; par la maniere dont la diverſité des prononciations les a défigurés à la longue; par la perte des primitifs dont ils ſont tirés & qui faiſoient partie de quelque langue ou de quelque jargon aboli. Mais aucun n'a été impoſé que ſur une ſignification antérieure & relative à quelque objet de la nature, que sur une considération particuliere qui a décidé du choix, qu'en conformité de l'usage habituel suivi là-dessus dans chaque pays. Si on faisoit attention à la foule des noms propres qui offrent à l'oreille un sens connu; (Exemple : Nerestan, *Nigrum Stagnum*, ou *Nero-Stagno*; Narmoutier, *Nigrum-Monasterium*; Rochechouart, *Rupes nigra*; (*Schwart* en tudesque *Niger.*) Mortemar en France; Mortimer en Angleterre, *Mortuum mare*. Pontailler en France, Ponfret en Angleterre, *Pons scissus*, *Pons fractus*. Pequillin ou Pui-Guillaume *Podium Willielmi*. Du-Chatel, Du-Four, Du-Chesne, La-Riviere, Maison-fort, Richelieu, Châteauneuf, Villeroi, &c.) Si on observoit qu'ils sont tirés de cent causes suffisantes & sensibles, on en concluroit bien vîte que leur formation a toujours été dirigée sur la même méthode générale, & qu'on n'a pas employé une autre maniere pour ceux dont mille causes dérobent aujourd'hui la dérivation que pour ceux où elle reste encore connue.

218. Les noms propres viennent en grande partie du jargon populaire & rustique. Méthode de les former. Causes qui en font aisément perdre la signification.

Il est très-aisé de la perdre, sur-tout dans ce cas-ci où le mot n'étant plus appliqué à l'objet qu'il étoit naturellement fait pour désigner, est transporté par une convention particuliere à servir comme signe distinctif d'une personne ou d'une famille. Or celle-ci ne peut manquer de perdre en fort peu de tems le rapport de convenance en vertu duquel on avoit adopté ce nom pour elle. De plus on sçait avec quelle facilité les noms propres s'alterent, ou même changent en entier, sur-tout parmi les gens de village. Tous ceux qui possedent de grandes terres & d'anciens terriers n'ignorent pas que les familles des paysans changent de nom presque à chaque siécle, par l'habitude où ils sont entr'eux de se donner des sobriquets qui leur restent. La moindre circonstance personnelle à un homme suffit parmi les gens rustiques pour lui faire imposer un sobriquet qu'on joint d'abord à son nom actuel, mais qui dès la génération suivante reste seul à ses enfans, quoiqu'ils n'ayent plus en eux la convenance qui l'a fait donner. Leur usage, à cet égard, n'est pas nouveau : il ne diffère en rien de celui des anciens Romains, chez qui les familles, même les plus relevées, n'étoient ordinairement désignées que par un surnom tiré de quelque cause personnelle, commune, & quelquefois même ridicule ; en un mot, par un véritable sobriquet. (*Sobriquet*, dit Ménage, de *Subridiculetum*.) Ceux que nos gens de village imposent en leur jargon fort intelligible pour eux, ne le sont guères pour nous. Cependant parmi les noms propres il y en a une infinité de ceux-ci. Car ce sont les campagnes qui peuplent les villes, & non les villes qui peuplent les campagnes. Autrefois dans toute l'Europe, si on en excepte la Grèce & l'Italie, les villes étoient bien moins nombreuses, moins étendues, moins habitées qu'elles ne sont aujourd'hui. Presque tout le monde, nobles ou roturiers, conquérans ou conquis, libres ou serfs, seigneurs ou vassaux, habitoient les campagnes. Les uns, Barbares d'origine, étoient nobles; parce qu'ils étoient les vainqueurs; parce qu'ils avoient la force & les armes à la main; parce qu'il leur paroissoit honteux de travailler eux-mêmes aux choses nécessaires qu'ils pouvoient ravir aux autres; parce que la profession militaire, si estimée chez nous par de meilleures raisons, étoit la seule prisée parmi eux. Les autres étoient ignobles par la loi du plus fort, & par la régle *Malheur aux vaincus;* quoique leur origine Gauloise ou Romaine valût au moins celle des Francs de Germanie. Mais en tout tems & en tout pays ces considérations sont surtout réglées par l'état des personnes. Celui du peuple conquérant & celui de la nation vaincue ont été confondus dans la suite des siécles par les vicissitudes des choses. On peut hardiment affirmer qu'il n'existe plus guères de familles sorties du peuple conquérant, lesquelles ayent conservé sans interruption dans ce long intervalle l'état de leur ancienne origine. Sans parler du plus grand nombre, qui sont éteintes; la pauvreté réduisant la plûpart des autres aux professions regardées comme ignobles, les a remis au niveau des conditions communes, dont plusieurs d'entr'elles ont pu sortir de nouveau par les mêmes voies dont celles qui étoient restées dans l'état d'abbaissement, se servoient pour s'élever. On ne peut douter que presque toutes les familles aujourd'hui subsistantes ne viennent originairement de gens de village. Le petit nombre est de ceux qui les habitoient comme anciens possesseurs de fiefs & de biens nobles. Le grand nombre est de paysans qui ayant acquis une fortune plus aisée, sont devenus bourgeois habitans des villes. Parmi ceux-ci plusieurs se sont autrefois, & successivement annoblis, soit par les armes, soit par les emplois, soit par une possession non contestée. Ainsi c'est dans le langage des campagnes & dans les mœurs rustiques qu'il faudroit principalement chercher l'origine des noms propres, leur valeur significative, & la cause de leur imposition. Mais pour pouvoir rendre raison de chacun, il faudroit sçavoir de quelle province une famille est originaire; entendre le jargon populaire de cette province, & connoître la cause qui a fait imposer le nom : ce qui est impossible.

219. *Des diverses manieres d'imposer les noms propres, usitées par les différentes nations. Introduction de l'usage des noms héréditaires. Effets de cet usage sur les mœurs & sur la façon de penser.*

Chaque nation a là-dessus des usages particuliers : autant de peuples, autant de manieres d'imposer les noms personnels. Les Occidentaux modernes suivent presque par toute l'Europe l'habitude venue des Romains, d'en donner un propre & distinctif à chaque famille, & de les rendre héréditaires des peres aux enfans dans chaque race. Au contraire les Orientaux, tant anciens que modernes, sont dans l'usage de donner un nom particulier à chaque perſonne de la même race, quoiqu'ils diſtinguent la race elle-même par une dénomination propre & commune à tous ceux qui en deſcendent : *Les Mermnades*, *les Macchabées*, *les Barmécides*, *les Ottomans*. Chez eux le nom propre de la perſonne eſt ordinairement quelque titre ou épithete arbitraire qu'un pere, ſelon ſa fantaiſie, donne à ſon enfant; quelque aſſemblage de mots formant une courte phraſe dont le ſens eſt agréable ou de bon augure. La Gréce preſque par-tout peuplée de colonies orientales ſuivoit le même uſage. Les Grecs employoient ſouvent auſſi la forme patronimique : c'eſt-à-dire qu'ils appelloient une perſonne *fils d'un tel* en y joignant le nom de ſon pere : *Æacides*, *Pelides*, *Atrides*, *Heraclides*; coutume ſuivie par les Ruſſes [*Alexiowits* fils d'Alexis, *Fœdorwits*, fils de Fœdor, *Petrowna* fille de Pierre; *Iwanowna*, fille de Jean :] par les Hollandois [*Janſſon* Johannis filius, *Ariſclaſz* Adrianus Nicolai filius, *Diricz* Theodorici filius,] & fréquemment auſſi par les Anglois [*Richardſon*, *Thomſon*,

Filz-james, *Filz-Moris :*] & par les Juifs, [*Maimonides. Ben Ezra, Ben Israël.*]

On ne voit pas au juste en quel tems les Romains ont commencé d'avoir des noms héréditaires, contre la coutume de la plûpart des autres nations antérieures à eux. Les premieres familles où je trouve un nom constamment héréditaire sont celles de *Marcius* & des *Tarquins*. Le pere, l'aïeul & les deux fils du roi *Marcius*, Sabins d'origine, portoient le même nom. *Tarquin* l'ancien étoit d'Etrurie, & d'une famille originaire de Corinthe. Son pere s'appelloit *Démarate* ; mais sa postérité retint constamment le nom de *Tarquin*. *Tarquinia*, femme du roi *Servius*, étoit sa fille : *Tarquin* le Superbe étoit son petit-fils : *Sextus Tarquinius* fils de celui-ci, *Tarquinius Aruns*, *Tarquinius Collatinus* mari de Lucrece, & plusieurs autres contemporains de même nom, étoient de la même famille. Ainsi, soit que l'origine de cette coutume vînt des Sabins, soit que ce fût un des usages étrusques que *Tarquin* l'ancien eût apportés à Rome avec beaucoup d'autres que nous ſçavons être venus de-là; ſoit qu'il ait commencé par quelqu'autre cauſe à s'introduire alors à Rome, c'eſt à-peu-près vers ce tems qu'on voit naître un uſage qui pour lors parut peut-être indifférent & ſans conſéquence, & qui depuis a ſi prodigieuſement influé ſur les mœurs & ſur la façon de penſer des hommes.

Au rapport de Varron, les Romains dans les commencemens, ainſi que les Latins leurs ancêtres, ne portoient qu'un ſeul nom; comme les noms de *Remus*, *Romulus*, *Fauſtulus*, *Amulius*, *Numitor* en font foi. Ce fut des Sabins & des Albains qu'ils emprunterent, après le mêlange des nations, la coutume d'en prendre pluſieurs. *Numa Pompilius* leur ſecond roi, Sabin de naiſſance, paroît en avoir apporté l'uſage. On ſçait que *Pompilius* étoit ſon nom véritable. *Numa* eſt un ſurnom qui ſignifie *légiſlateur*. Il fut en effet celui des Romains. Le ſurnom précede ici le nom propre, contre l'uſage que les Romains ſuivirent conſtamment depuis de ne le placer que le dernier.

Selon cet uſage chaque perſonne portoit trois noms, un perſonnel [*prænomen*,] un de famille, ſucceſſif du pere aux enfans & qui ne changeoit pas; c'étoit le nom véritable [*Nomen;*] un d'épithete ou de ſobriquet par lequel on diſtinguoit les branches d'une même race [*cognomen.*] Nous en uſons à-peu-près de même en France. Nous avons trois noms, celui du baptême qui eſt perſonnel, quoique commun à une infinité de gens de races différentes, comme le prénom des Romains; celui de la famille, qui eſt le véritable nom héréditaire; & celui d'une terre que l'on prend pour diſtinguer les différentes branches d'une même ſouche. L'uſage des noms héréditaires eſt très-ſagement établi. Il a, comme je l'ai remarqué, prodigieuſement influé ſur la façon de penſer & ſur les mœurs. Il fixe & perpétue la gloire des gens illuſtres & des bons citoyens: il eſt fait pour inſpirer à leurs deſcendans une noble émulation. On ſçait quel admirable effet il a produit chez les Romains. Rien n'a peut-être contribué davantage à la grandeur de la république que cette méthode de succession nominale, qui incorporant, pour ainsi dire, la gloire de l'Etat à la gloire des noms héréditaires, joignoit le patriotisme de race au patriotisme national. On se récrie souvent sur la folie que chacun a pour son nom, mais très-mal-à-propos, ce me semble, puisqu'il n'y a rien de plus naturel; j'ose même le dire, de plus raisonnable. Tous les hommes ont l'amour de la propriété, & n'ont pas tort de l'avoir; car il est juste & même fort heureux d'aimer ce qui est à soi par préférence. Mais qu'avons-nous qui soit plus à nous, & qui nous appartienne d'une maniere plus incommutable, plus inaliénable que notre nom? La possession de tous les autres biens est précaire dans une famille. Titres, terres, fortune, honneurs, tout varie & change de mains. Il n'y a au monde que cette petite propriété syllabique qui soit tellement à une race, que rien ne peut la lui enlever, si elle veut la conserver. Personne n'est n'est certain qu'une possession quelconque, autre que celle-ci, restera dans sa descendance, tant qu'elle durera. Pourquoi l'amour de la propriété ne se fixeroit-il donc pas par préférence sur la seule chose qu'il n'est pas possible de perdre?

220. *De la forme des noms propres chez les Orientaux, & chez les Grecs.*

On peut encore aujourd'hui démêler la signification d'une partie des noms qui nous restent des langues hébraique, phœnicienne, assyrienne, égyptienne; parce que ces noms sont en petit nombre; qu'ils ne sont qu'un assemblage de plusieurs mots signifiant pour la plûpart des titres d'honneur; & que ces mots se trouvant souvent répétés sont aisés à reconnoître dans les mots qu'ils composent. Ab-ram, *Pater excelsus.* Sara, *Domina, Regina.* Melchi-sedech, *Rex justus.* Adad *unicus.* Abibal, *Pater Deus.* Melicerte, ou Melech-Carth, *Rex urbis.* Esther, ou Astart, *Astrum, ignis potens.* Chinaladan, ou Khan-el-adon *Princeps-fortis-dominus*: Sennacherib, ou Senny-cherif *Presbyter nobilis*. Benjamin, *filius doloris*. Mer-cheretz *herus terræ*. Bacchus, ou Bar-chush Dio-Nyſius *filius Arabiæ*, *Deus Nyſſæ*. Sapor, ou Schah-Pour *Rex Deus*, ou ſelon d'autres *Regis filius*. Les noms des anciens Rois d'Aſſyrie ne ſont qu'un amas de titres honorifiques : Sardanapale, ou Aſar-adon-Baal (*Rex Dominus-Deus*.) Nabuchodonoſor, ou Nabo-Chadon-Aſar (*Propheta* vel *divinus Dominus Rex*.) Ces titres chez les peuples Sabéites ont un rappport aux aſtres qu'on appelloit ainſi, & dont les Souverains prenoient les noms. Le docteur Hyde explique le nom de Pileſer, ou Belaſſar, par *Jovi-Martius* : Baal ou Bel étoit la planette *Jupiter*, & Azer ou Ader la planette *Mars*. La méthode de compoſer les noms propres d'un aſſemblage d'ex-preſſions uſitées & ſignificatives ſubſiſte aujourd'hui dans toutes les langues orien-tales modernes qui ont parfaitement conservé le génie des anciennes à cet égard. Exemples : Mahomed, *Louable* : Morad, Amurat, *Desir* : Mustapha, *Elu*, *Choisi par Dieu* : Soliman, *Pacifique* : Nour, *Lumiere* : Tamerlan, *Fer boiteux* : Darius, Dara, *Souverain* : Chandersaheb, *Compagnon d'Alexandre.* Parisatis, ou Perizadeh, *Fille d'une fée* : Roxane, *Lumineuse* : Schemselnihar, *Soleil du jour* : Gulhindi, *Rose muscade* : Gulnare, *Rose-Grenade* : Giauhare, *Pierre précieuse* : Chemame, *Pomme de senteur.*

Quoique les Grecs en ayent usé de même, il ne paroît pas que ce soit dans le même esprit. Leurs noms propres signifient à la vérité quelque chose (Philippe, *amans equos.* Alexandre *præservans vir.* Demochares, *populo gratus.* Nicomaque, *victor pugnans.* Amphitryon, *duplex bos.* Alcmene, *fortis fœmina*,) mais sans qu'on voie aucun rapport de convenance entre le nom & la personne nommée. Chez eux il paroît purement arbitraire & sans autre cause que la fantaisie de l'impositeur.

221. *Usages des Romains dans l'imposition des noms propres.*

Les Romains nous ont indiqué eux-mêmes de quelle ſource ils tiroient leurs prénoms ; quelles cauſes en déterminoient ordinairement le choix. *Lucius*, celui qui étoit né à la pointe du jour (*Lucis.*) *Manius* celui qui étoit né le matin (*Manè.*) *Gayus* ou *Caïus*, à cauſe de la joie que ſa naiſſance donnoit à ſes parens (*Gaudium.*) *Cnæus*, celui qui naiſſoit avec des marques ſur le corps [*Nævus.*] *Aulus*, celui qu'on n'avoit élevé & nourri qu'avec beaucoup de peines & de ſoins [*alere*]. *Marcus*, *Quintus*, *Sextus*, ceux qui étoient nés aux mois de Mars, de Juillet [*Quintilis*,] ou d'Août [*Sextilis.*] On appelloit auſſi *Quintus* & *Sextus* le 5ᵉ & le 6ᵉ enfant. *Publius* celui dont la mere étoit accouchée en plein air hors de chez elle & dans un lieu public ; choſe qui pouvoit ſouvent arriver aux femmes de ce peuple long-tems ruſtique. On appelloit auſſi *Publius*, celui qui étoit reſté orphelin avant l'âge de puberté [*Pupillus* ou *Pubis*] : car ce n'étoit qu'à cet âge qu'on commençoit à porter les prénoms. *Tiberius* celui qui étoit venu au monde dans une maiſon voiſine du Tibre. *Spurius* celui dont l'origine tenoit de la bâtardiſe. *Servius* l'enfant qu'on avoit conſervé en perdant la mere [*ſervare*], &c. (Voyez VALERE-MAX. *l. x.*) On avoit ordinairement l'attention de ne pas donner le même prénom à deux freres : car c'étoient les prénoms qui marquoient la diſtinction individuelle des perſonnes de même nom. Les filles n'avoient ni prénom ni ſurnom. Elles ne portoient que le nom de la famille. La fille de Scipion s'appelloit *Cornelia*, celle de Métellus *Cæcilia*, celle de Ciceron *Tullia*, &c.

Quelquefois les Romains nous apprennent auſſi la valeur ſignificative des noms de famille. *Æmilius* [agréable], &c. Souvent elle ſe préſente d'elle-même, comme *Porcius* celui qui nourrit ou fait commerce de porcs, *Fulvius* le Roux; *Flavius*, le Blond, &c. Ils tiroient les ſurnoms de mille cauſes ou circonſtances différentes. Du lieu de l'origine, *Collatinus*, *Maluginensis*. Du métier qu'on faisoit; *Metellus*, ouvrier à gages, *metallo conductus*. *Aurifex* orfevre. De la culture des légumes, *Cicero*, *Piso*, *Lentulus*. De l'habitude du corps, *Cossus*, front ridé; *Scaurus*, boiteux; *Plautus*, pied large; *Sura*, gras de jambe; *Strabo*, louche; *Cocles*, borgne; *Scævola*, gaucher; *Capito*, grosse tête. De la couleur du teint, *Rufus*, *Niger*, *Albinus*, *Ænobarbus* [Barberousse;] *Aquilius* [bazané.] Des qualités de l'ame & du corps: *Cato*, prudent; *Nero*, vaillant; *Drusus*, fort, robuste; *Brutus*, stupide; *Pulcher*, beau. Des penchans, inclinations & goûts; *Catilina*, gourmand, friand, *Catillos-lingens*. *Muræna*, Lamproie; *Orata*, Dorade. De quelques circonstances de la naissance; *Posthumus*, né après la mort de son pere; *Cæsar*, né avec des cheveux; *Agrippa*, né d'un accouchement difficile, *ægrè partus*. De la ressemblance avec quelque animal, *Vacca*, *Gracchus*, *Asellio*. De quelques modes introduites, *Fim-*

bria porte-frange ; *Torquatus* porte-collier. Souvent ces ſurnoms étoient acquis d'une maniere très-honorable ; par la faveur du peuple, *Publicola*, *Magnus* : par la conquête de quelques nouvelles provinces acquiſes à l'Empire Romain, *Africanus*, *Dalmaticus*, *Numidicus*, *Iſauricus*. Remarquons ſur les noms propres des familles Romaines, qu'il n'y en a pas un ſeul chez eux qui ne ſoit terminé en *ius* ; déſinence fort ſemblable à l'ὕιος des Grecs, c'eſt-à-dire, *filius* : en effet nous ſçavons que *Cæcilius* ſignifie fils de *Cæcula* : *Julius* fils d'Iule : *Æmilius*, fils d'*Æmilos*, &c. par où on pourroit conjecturer que les noms de familles, du moins ceux des anciennes maiſons, ſeroient du genre patronimique, & que c'eſt en cette forme qu'ils furent établis, lorſque les Romains les rendirent héréditaires aux deſcendans, contre l'uſage des autres nations. Peut-être les Romains n'ont-ils pas toujours eu cet uſage eux-mêmes, quoique nous n'en voyions pas nettement le commencement parmi eux.

222. *Indication des différentes sources d'où sont sortis les noms héréditaires usités parmi nous.*

Parmi nous les noms propres héréditaires ne sont usités que depuis peu de siécles. Lorsqu'on commença d'en introduire l'usage, chacun n'avoit de nom propre que son nom de baptême, & y ajoûtoit, pour se distinguer, soit le nom du lieu dont il étoit natif, ou qu'il possédoit, ou dans lequel il faisoit sa résidence ; soit le nom de sa profession; soit celui de quelque marque corporelle propre à lui servir de signalement. On voit par-là que chez nous la méthode de fabriquer les noms est fort semblable à celle que les Romains employoient pour leurs surnoms, & que ces deux peuples les ont tiré des mêmes espéces de circonstances & de considérations.

Une coutume religieuse a dès long-tems porté les Chrétiens à prendre à la cérémonie du baptême le nom de quelque ancien personnage béatifié par l'Eglise, pour la ſainteté de ſa vie, & à ſe mettre ſous ſon patronage & ſa protection. Mais pluſieurs de ceux dont on prend le nom, portoient eux-mêmes durant leur vie ces noms qui n'ont été ſanctifiés qu'après leur mort. Ainſi l'uſage de prendre des noms de Saints n'étoit pas ſi général autrefois qu'il l'eſt aujourd'hui. Il paroît qu'à cet égard la méthode des peuples Chrétiens étoit ſouvent la même qu'ils avoient ſuivie avant leur converſion. On auroit peine à dire quels étoient les patrons de S. Louis, roi de France, de S. François, de S. Charles Borromée. Ceux-ci portoient ces noms par d'autres cauſes; & il en faut rechercher plus loin la premiere origine. Ceux des François étoient Tudeſques. Wachter & M. Jault en ont fort bien expliqué pluſieurs dans leurs dictionnaires. Ceux des Gaulois étoient les uns Celtiques, les autres Romains vû le mêlange des deux nations, depuis pluſieurs ſiécles. Le détail des noms Celtiques ſe trouvent dans les lexiques de cette langue & de ſes dialectes. Ils ont ſouvent de l'affinité avec les noms Tudeſques ; le langage & la nation des Celtes ayant été fort répandus dans la Germanie ; & même beaucoup plus avant, à l'orient & au midi, par un grand nombre de peuplades. De plus, les divers langages des Barbares Européens avoient entr'eux une analogie qu'on y remarque encore d'une maniere ſenſible dans ce qui nous en reſte. Les hiſtoriens de l'antiquité les comprennent ſouvent ſous le nom de *Celtes*, & leur langue ſous celui de *Celtique* : comme dans le Levant on les appelle tous du nom de *Francs*, quoiqu'il n'appartienne proprement qu'aux François, & que la Celtique proprement dite, ne fût que le pays compris entre la Seine & la Garonne.

Les origines connues des noms perſonnels de famille ſont dérivées

1° Des noms de lieux, *Rochefort*, *Neuville*, *Dupré*, *La Fontaine*, *Dugué*, *Champier*, *Deſchamps*, *la Roche*, *la Baume* [i. e. Précipice, lieu eſcarpé.] *Villete*, *Semur*, [i. e. *Sine muro* :] *La*

Ferté [de *Firmitas*, une ferme, & de *feritas*, un parc de bêtes fauves.] *Duvivier*, *Dubois*, *Vergier*, *la Chesnaye*, *Châtillon*, *Beaufremont* [i. e. Montagne de Befroy ou de la Cloche ;] *Montbrun*, *Châteauvert*, &c. Cette origine est la plus ordinaire de toutes. La signification de tous ceux qu'on vient de lire se présente d'elle-même ; mais il y en a de si défigurés qu'on ne peut les reconnoître, si on n'est d'ailleurs remis sur la voie. *Briquemaut*, nom d'une famille ancienne, c'est *de Pré Grimault*, [*de prato Grimaldi.*]

Les noms de lieux sont eux-mêmes, comme il est aisé de le remarquer, en tous les pays & en toutes les langues, dérivés de leur position physique, des productions du terroir, de quelque qualité naturelle ou accidentelle à l'endroit. Les seigneurs prenoient les noms des lieux qu'ils possédoient. Mais les gens natifs ou habitans du lieu le prenoient aussi pour se faire reconnoître. C'est encore a coutume parmi les moines qui ont retenu les usages ainsi que les habillemens des siécles de leur institution. Il y a des ordres religieux dont les membres n'ont d'autre nom que celui du baptême, joint à celui de leur lieu natal. Une marque infaillible d'ancienne noblesse est d'avoir pour nom de famille celui de la terre qu'on possede; pourvû qu'on ait, de tout tems connu, porté le nom & possédé la terre; ou du moins qu'on soit évidemment connu pour descendant de ceux qui réunissoient les deux circonstances. C'est un article sur lequel on commet bien des supercheries & de bien des manieres. En général il n'y a point de titre de noblesse plus clair, moins contestable, moins sujet à la fraude que la possession de la même terre, continuée de pere en fils pendant plusieurs siecles; soit qu'on n'en porte pas le nom soit qu'on l'ait toujours joint à la possession de cette terre; ce qui est encore mieux.

Comme les lieux ont donné le nom aux personnes, il est souvent arrivé que les personnes ont donné leur nom aux lieux où elles ont fait de nouveaux établissemens, soit en bâtissant, soit en défrichant. C'est ce qu'on remarque très-souvent dans les campagnes, sur-tout dans celles où les villages sont divisés par hameaux, chacun desquels porte le nom d'un ancien chef de famille. Les Romains ont autrefois laissé leurs noms dans une infinité de lieux, où ils ont eu des habitations, comme *Luzi*, *Germanci*, *Pompone*, c'est-à-dire, *Lucii*, *Germanici*, *Pomponii* subaud. *Villa*. Coquille en son Histoire de Nivernois, en cite grand nombre d'exemples.

2° Des noms de nations, *Allemand*, *le Normand*, *Sarrazin*, *Bretonnier*, *Picart*, *l'Anglois*.

3° Des noms de baptême. Quand l'usage de porter le nom héréditaire, inconnu aux Barbares & aux Orientaux, mais constamment pratiqué par les Romains, a commencé de s'introduire en France, les noms de baptême sont devenus héréditaires à ceux qui n'en voulurent pas prendre, ou qui n'en avoient pas d'autres à porter.

Plusieurs maisons nobles sont dans ce cas; mais ils sont sur-tout aujourd'hui fort communs parmi les familles bourgeoises.

Le christianisme répandu dans un si grand nombre de climats, a produit partout de saints personnages. De plus, j'ai déja remarqué que les noms adoptés au baptême ne sont pas toujours des noms de Saints, mais souvent des noms habituels & anciens chez chaque nation. Ainsi les noms de baptême viennent de toutes sortes de langues. Il y en de celtiques comme *Richard*; de barbares, comme *Albert*; de gothiques, comme Geoffroy (*Gothofridus*) de grecs, comme *Nicolai*; de latins, comme *Julienne*; d'hébreux, comme *Jeannin*, &c. Au village, pour peu qu'un homme ait un nom de baptême singulier, les gens du lieu lui laissent ce nom & le continuent à ses descendans, en leur faisant perdre celui qu'ils avoient auparavant. Mais ils le défigurent étrangement par leur mauvaise prononciation. J'en ai sous les yeux quantité d'exemples, comme *Dauvet* pour *David*, *Safurin* pour *Sym-*

phorianus. Les altérations nées d'une prononciation vicieuſe qui n'eſt plus aujourd'hui que chez les peuples ruſtiques, étoient communes par-tout, avant que la nation fût inſtruite & lettrée. *Senneterre* ancien ſeigneur de la Ferté, c'eſt *Neotaire*, *Sanctus Nectarius* dérivé du latin *nictare*, i. e. *clignoter* comme font les gens qui ont la vue foible. Ce nom eſt du genre de ceux qu'on a tiré d'une habitude corporelle.

4° Des titres, emplois, arts & profeſſions, ſoit qu'on les exerçât réellement, ou par quelque alluſion en forme de ſobriquet qui y avoit rapport. *Le Prince*, *le Roi*, *l'Empereur*, *l'Evêque*, *le Duc*, *Comte*, *Bailli*, *Doyen*, *Lemoine*, *Prieur*, *Leclerc*, *le Maître*, *Medicis*, *le Tonnelier*, *Chevalier*, *le Veneur*, *Marchand*, *Maſſon*, *Charpentier*, *Marin*, *Forgeron*, *le Fevre*, *ou Fabri*, &c.

Parmi les noms de cette eſpece-ci, il y en a beaucoup dont la ſignification eſt perdue, parce qu'ils font alluſion à des fonctions autrefois uſitées, & dont le non-uſage a fait abolir le nom. Ceux dont le hazard nous a conservé le sens comme *Macheco*, *Colbert*, &c. sont une preuve de l'impossibilité où l'on est d'en expliquer beaucoup d'autres, malgré la certitude où l'on doit être qu'ils signifient quelque chose en effet. (Voyez le Dictionnaire de MENAGE sur ces deux mots).

5° De la forme ou des habitudes du corps. *Petit*, *le Gros*, *le Bossu*, *le Mingre*, *le Blanc*, *le Noir*, *Brunet*, *Moreau*, *Bureau*, *Testard*, *le Beau*, *Joly*, *Tondu*, &c.

6° Des qualités de l'ame & de l'esprit. *Le Sage*, *Doucin*, *Hardy*, *Martel*, *Prudhomme*.

7° De la ressemblance vraie ou prétendue avec certains animaux. *Le Belin*, *Mouton*, *Berbis*, *Chevreau*, *Taureau*, *le Bœuf*, *Renard*, *Rossignol*, *le Coq*, &c.

Ces trois ou quatre dernieres especes ont introduit des noms fort bizarres sur lesquels Falconet a fait diverses remarques en parlant de l'établissement des noms propres. (Mem. de l'Acad. t. xx, p. 444.) Tels sont *Huche-chien*, *Eveille-chien*,

Egorge-cochon, Horloge, Taillefer. Quatre-barbes, Quatre-sols, Aux-épaules, le Bufle, la Buflesse, &c.

8° De quelques circonstances de la naissance, de l'âge, de la parenté. *Besson*, (gemeau) *Vieux, Lejeune, Frere, Cousin*, &c.

9° Enfin de mille circonstances singulieres; événemens de la vie d'un homme, faits & personnalités, la plûpart du tems, inconnus, propres à lui avoir fait imposer un titre, une épithete, un sobriquet, en un mot, une dénomination quelconque.

223. *Causes de l'imposition des noms de lieux.*

Dès qu'il est démontré que les noms appellatifs des personnes ont leurs significations provenues de cent causes variées, il devient inutile de prouver que les noms appellatifs des lieux ont tous aussi la leur. Dans ceux-ci les causes de l'imposition sont plus restreintes & plus faciles à connoître. Elles ſont géographiques ; morales, ou perſonnelles ; c'eſt-à-dire, provenues, ſoit de la nature & de la ſituation des lieux ou des productions du terroir; comme *Hollande* : terre creuſe, pays-bas ; *Heſperie*, pays occidental ; *Biledulgerid*, pays des dattes ; ſoit du caractere, des mœurs & des uſages de la nation qui l'habite ; comme *Belges*, peuple féroce, querelleur ; *François*, peuple libre ; *Bourguignons*, peuple habitant des lieux clos & murés ; ſoit du nom du fondateur ou de celui d'une colonie ſurvenue : comme *Peloponneſe*, iſle de Pelops ; *Andalouſie*, pays des Vandales. De ces trois cauſes, la premiere étant la plus ſenſible, eſt auſſi la plus ordinaire. La dérivation par le nom du fondateur ne doit être admiſe qu'autant qu'on l'a trouvé fondée ſur un fait hiſtorique bien prouvé. Dans les ſiécles d'ignorance où l'on écrivoit l'hiſtoire ſans critique, on faiſoit venir les François de Francus, petit-fils d'Hector; les Bretons, de Brutus ; les Medes, de

Medus, fils de Medée; les Turcs, de Turk, fils de Japhet. On avoit toujours tout prêt quelque Prince imaginaire, d'un nom identique à celui de chaque peuple dont on le disoit auteur. Malgré le silence des monumens historiques, son nom forgé sur celui de la nation suffisoit pour admettre son existence. Je ne sçais si l'histoire, sur-tout l'histoire ancienne, est suffisamment dégagée de ces noms, de ces faits, de ces étymologies inventées à plaisir. Le plus sûr est de les regarder comme fabuleux, à moins que le récit ne soit accompagné de particularités vraisemblables & bien liées avec l'histoire du tems; & de chercher ailleurs l'origine du nom des villes & des nations. S'il est plus que douteux, malgré l'opinion commune & presque généralement reçue, que la plus célebre des villes & des nations, Rome & les Romains, tirent leurs noms de Romulus son prétendu fondateur, (Voyez n° 260) que peut-on penser de la plûpart des autres étymologies du même genre?

224. *Les noms personnels & les noms de lieux ont conservé les restes de l'ancien langage de chaque pays. Utilités historiques, critiques & grammaticales qu'on peut retirer de la recherche & de l'examen de ces noms.*

Je ne m'arrêterai pas à montrer par un plus grand nombre d'exemples, que les noms géograghiques, soit de lieux, soit de peuples, dérivent des trois sources que je viens d'indiquer. La foule de ceux qu'on peut apporter en preuve sur chaque espece est si grande, que d'eux-mêmes ils s'offrent à l'esprit par milliers. On feroit un assez gros livre en se bornant à rassembler en forme de Dictionnaire géographique les noms des lieux, avec l'explication de ce que chacun d'eux signifie. Ce seroit un ouvrage fort curieux que de recueillir en un même volume tout ce que la connoissance de l'histoire & des langues anciennes offre sur cette matiere dans un grand nombre de sçavans écrits où le détail en est répandu. Il n'y auroit guères de nomenclature plus utile. On y démêleroit d'un coup d'œil le vrai ou le faux de quantité de faits & d'opinions historiques. On y reconnoîtroit la véritable position des villes anciennes, dont le nom décrit souvent l'assiette & la nature du terroir. Le nom moderne n'est quelquefois qu'une pure traduction, qu'un renversement, presque toujours qu'une altération de l'ancien nom. On a beau chercher le *Portus Iccius*, où César s'embarqua pour l'Angleterre, ailleurs qu'à *Calais*; l'identité du nom, plus forte que toutes les dissertations conjecturales tirées de quelque argument en faveur d'un autre lieu voisin, nous ramenera toujours à celui-ci, en voyant que *Cala* signifie *Portus*, & qu'*Is* est le même mot qu'*Iccius*. On dit que *Samarobriva* est le même lieu qu'*Amiens*. Mais on peut aussi-bien présumer sur l'inspection du mot que c'est *Bray-sur-Somme*, *Briva ad Samaram*, ainsi nommée à cause de son pont sur la Somme car c'est ce que le mot *Briv* * signifie en langue celtique. *Ispahan*, selon quelques auteurs, est l'ancienne *Hecatompile*; mais le nom montre au contraire que c'est l'ancienne *Aspadana* c'est-à-dire la *Cité des cavaliers*. La cause du nom s'y est conservée comme le nom même : car les habitans de cette ville sont encore aujourd'hui les plus adroits cavaliers de l'univers.

On remarqueroit encore dans ce recueil que des noms tout-à-fait différens par leur son & par leur forme sont absolument

---

(*) Bray, *Braium*, i. e. *Lutum*. M. de Valois, dans sa notice, a très-bien expliqué ce mot qui entre dans la composition d'un assez grand nombre de lieux géographiques en France; mais le mot *Briv*, *Brik*, *Brig*, qui signifie *Pont*, y est encore plus commun. Le latin *Briva* & le pont sur la Somme, qui n'est pas à Amiens, mais près d'Amiens à Bray sur la Somme, sont autant de preuves de la véritable position du lieu, de la correspondance du nom ancien *Briva* avec le nom moderne *Bray*, & de la vraie signification en cet endroit-ci.

les mêmes par le ſens & par l'idée qu'on a voulu exprimer. Qu'il y a beaucoup de ſynonymes qui ne s'offrent pas pour tels à la vue ni à l'ouïe : comme *Rome* & *Valence ;* (Fortereſſe) *France* & *Phrygie* (pays libre;) *Tyrrheniens* & *Bourguignons* [habitans des enceintes murées] ; *Pelaſges* & *Numides* [peuple diſperſé , vagabond ,] ſans que ces peuples ayent entr'eux rien de commun que l'habitude d'un certain uſage qui leur a fait impoſer le même nom en divers langages. Que les racines des noms géographiques, tirés de la nature & de l'aſſiette des lieux, ſont en très-petit nombre, & reviennent à tout moment dans la fabrique de ces noms. Que celles même qui paroiſſent différentes à l'œil ou à l'ouïe, ne ſont que des ſynonymes exprimant le même ſens en différens langages. Dans un des chapitres précedens, j'ai indiqué par quelle méthode on pourroit retrouver en partie les langues perdues. Mais rien ne fourniroit tant de mots que le recueil des noms géographiques d'un pays, ſi on parvenoit à démêler leur ſignification. C'eſt là sur-tout qu'ils se sont matériellement conservés comme en dépôt, en même tems que leur force significative est tombée dans l'oubli. Le principal vocabulaire actuel d'une ancienne langue abolie, c'est la table géographique des noms de lieux. Il est certain en effet qu'il n'y a pas un nom de lieu, considérable ou non (car aux champs les moindres piéces de terre ont leur nom particulier) qui n'ait eu sa signification propre en la langue du pays. Plusieurs sont encore intelligibles. Un plus grand nombre ne le sont plus. Leibnitz a dit avec vérité [*Miscellan. Berol. j.* 1.] qu'autant nous voyons de noms de contrées, peuples, villes, rivieres, champs, prés, bois, montagnes, &c. [*ajoûtons*, & de personnes] dont la signification ne nous est pas connue, autant nous pouvons assurer que nous avons perdu de mots dans l'ancienne langue du pays.

CHAPITRE XIV.

Des Racines.

racines en les employant à exprimer des choses qu'elles ne sont nullement propres à dépeindre.

231. *Exemple de ce qu'une racine peut produire en ordre naturel & progressif, & de ce qu'elle ne produit qu'en sous-ordre par une fausse application de l'image primitive.*

232. *Une même racine pousse des branches de dérivés qui n'ont en apparence rien de commun pour le sens, le son & la figure.*

233. *Premier exemple.*

234. *La nécessité de combiner le nombre prodigieux des objets & des sentimens, par le petit nombre des inflexions vocales, a contraint de fabriquer les mots par une méthode de synthèse & d'approximation.*

235. *Autre Exemple.*

236. *Les dérivations équivoques, qui paroissent prendre des routes opposées, aboutissent pourtant presque toujours à la même racine : nombre infiniment petit des racines.*

237. *Les écarts de l'esprit sont plus fréquens & plus difficiles à reconnoître, que ceux de la figure ou du son.*

238. *On s'écarte quelquefois jusqu'à arriver au point opposé, & à exprimer précisément le contraire de ce qu'on veut dire.*

239. *Source des anomalies dans la fabrique des mots.*

240. *On forme sur une racine nécessaire les substantifs physiques par imitation ou par organisation ; & l'on dérive de ceux-ci, par la même méthode, tous les autres mots d'une langue.*

241. *Les racines sont, pour la plûpart, des mots inusités dans les langues, où ils ne servent qu'à former les mots d'usage, par une méthode de synthèse.*

242. *Cette méthode de synthèse est facile à reconnoître dans tous les langages où l'on fait quelqu'exercice de l'esprit.*

243. *Comparaison des signes radicaux avec les conceptions abstraites.*

244. *Les primitifs sont souvent inusités aussi.*

245. *Exemple des occasions où les primitifs*

255. Remarques sur les racines des terminaisons.

---

225. *Difficulté de remonter une grande partie des mots jusqu'à leur racine organique ou clef primordiale.*

TOUT ce que j'ai dit jusqu'à présent des opérations naturelles & nécessaires de l'organe vocal tendoit à établir l'existence d'un petit nombre de sons radicaux, dont tous les mots des langages ont tiré leur premiere origine par une grande variété de dévelopemens. Il s'en faut peu que je n'aye suffisamment traité cette matiere, quand j'ai parlé des six ordres des mots primitifs, nécessairement, ou presque nécessairement fabriqués par la nature, & résultans de la construction physique des organes vocaux: (*Vid.* Chap. VI.) c'est de-là qu'est sortie, immédiatement ou médiatement, la fabrique entiere des mots usités dans les langages quelconques. Il ne reste plus qu'à faire sur les racines quelques remarques particulieres ; qu'à indiquer, par l'exemple de quelques sons radicaux, par l'analyse de leurs développemens, comment on doit s'y prendre pour chercher & retrouver les racines; pour observer leur propagation, & les rapports bien ou mal établis entr'elles & leurs dérivés : qu'à montrer comment on peut les reconnoître, quoique les mots où on les trouve n'ayent plus aucun rapport de signification avec le signe radical. On verra ici quelles sont les causes de ces altérations prodigieuses du sens primitif : on sentira que, puisqu'il est rarement possible de pouvoir les suivre & les reconnoître, il ne faut ni s'étonner qu'on ne puisse pas toujours rendre raison du procédé, ni exiger qu'on ramene tous les dérivés à leur racine primitive & organique, dont ils se sont si prodigieusement & si irréguliérement écartés.

226. *Des racines improprement dites, & des racines absolues.*

Les racines sont de deux especes : les

tives sont improprement dites ainsi, pour indiquer la simple descendance d'un mot, sans qu'il soit question de remonter à sa premiere source. (Voy. n°. 76.) Comme lorsque je dis que le verbe latin *Cendo*, i. e. *brûler*, *luire*, ou, (ce qui est la même chose) que le mot *Canus*, i. e. *blanc*, *éclatant*, *blanc de lumiere*, est la R. du françois *Chandelier*, par les intermédiaires *Candens*, *Candela*, *Candelabrum*. De même du françois *Candidat*, par les intermédiaires *candeo*, *canus*, *candidus*, *candidatus*, i. e. vêtu de blanc. De même du françois *incendie*, par les intermédiaires *cendo*, *incendo*, *incendium*. De même du françois *cendres*, par les intermédiaires *cendo*, *cinis*, *cineres*. Tous ces mots françois tirent leur origine du mot *cendo*, que je puis appeller leur primitif, parce que je le trouve dans le latin, dont la langue françoise est la fille immédiate. Mais je sçais bien que ce mot n'est nullement primitif : ce n'est que par usage & par maniere de parler, que je l'appelle ainsi. Si je remontois de la langue latine à la grecque, ſa mere, j'y trouverois le vieux mot κάω *uro, accendo;* & de-là, en remontant à l'oriental, le mot קדה *cadah*, i. e. *incendit.* Avec tout cela, je n'aurois pas encore le véritable primitif, qu'il faudroit chercher plus avant; car je ſens bien que je ne ſuis pas arrivé à la pure racine organique & primordiale. Mais, faute de connoiſſances ultérieures, le mot *cadah* m'en tiendra lieu; & je l'appellerai *racine*, quoique les racines de cette eſpece ne méritent ce nom qu'improprement.

On ne devroit proprement le donner qu'à l'autre eſpece de racines, comprenant les ſons vocaux, nés de la conformation de l'organe indépendamment de toute convention arbitraire, propres à peindre par imitation l'exiſtence phyſique de l'objet exprimé, ou à montrer les rapports généraux, qui ſe trouvent entre certaines impreſſions & certains organes. (Voyez n° 68—80.) Celles-ci ſont véritablement des racines abſolues & primordiales; telles enfin, qu'elles ſemblent données par la nature qui paroît les avoir appropriées à désigner tout un genre d'idées, toute une espece de modification des êtres. C'est ainsi que nous avons reconnu ci-dessus, par une analyse soutenue, que ST peignoit la fixité; SC l'excavation; FL le liquide & la fluidité, &c. (Voyez n° 79.)

227 *Les racines absolues peuvent éprouver, par la prononciation, des changements qui rendent leur identité méconnoissable.*

Les véritables racines de cette espece subissent quelquefois de notables changemens jusques dans leurs germes, par la seule diversité que deux peuples, qui emploient egalement cette racine, auront mise dans la maniere foible ou appuyée d'en articuler les élémens, quoiqu'ils y employent exactement les mêmes organes, & dans le même ordre. On auroit peine alors, sans quelque attention, à reconnoître les deux mots si diversement prononcés par deux peuples, pour n'être identiquement qu'une ſeule & même racine : mais dans les dérivés, où l'altération & la diſſemblance ne font que s'accroître, on n'y reconnoît plus rien du tout. Par exemple, les dialectes latins diſent FoRT : les dialectes tudeſques, pour exprimer la même idée, diſent VaLD. Voilà deux primitifs radicaux, qui diffèrent beaucoup à l'oreille, & même à la vûe, d'ailleurs identiques pour le ſens. Analyſons leurs élémens : nous verrons que chacun de ces mots eſt composé de trois corps d'organes, donnés par les mêmes organes, & dans le même ordre, ſans autre différence, ſinon qu'ils ſont rudes dans l'un des mots, & plus foibles dans l'autre. Que pourroit-on exiger de plus pour l'identité, lorſqu'on y trouve auſſi celle de la ſignification, ſans laquelle les autres ne prouveroient rien, & ne ſeroient qu'un effet du hazard ? Nous trouverons dans ces deux mots,

1° La lettre labiale ſifflée, rudement ſifflée . . . . F

La lettre labiale sifflée, doucement sifflée . . . . *V*

2° La lettre de langue rude . . . . R
La lettre de langue moyenne. . . *L*

3° La lettre dentale forte . . . . . T
La lettre dentale moyenne. . . *D*

On reconnoît donc, par l'analyse, que ces deux mots, déja les mêmes quant à la signification, sont matériellement aussi les mêmes, quelque dissemblables qu'ils eussent paru d'abord. La différence est encore plus marquée dans les dérivés *Fortetesse* & *Validité*. Qui se douteroit qu'ils sont sortis de la même racine ? Ne poussons pas plus loin cette minutieuse anatomie, qui ne feroit qu'ennuyer & fatiguer le lecteur. Il sentira, sans peine, par ce seul exemple, combien dans le parallele des langues on trouveroit de mots, disparates en apparence, qui néanmoins se trouvent tenir à la même racine, lorsqu'on a la patience de la déterrer à fond, & de la disséquer dans le plus exact détail.

228 *Les vraies racines doivent être considérées en bloc comme des clefs. Exemples des clefs syllabiques. Il y en a même qui ne sont composées que d'un seul caractere.*

Il seroit peut-être plus juste & plus à propos de considérer chaque racine véritable de ce dernier genre, non par sa voyelle ni par ses consonnes, mais en bloc comme une figure hiéroglyphique, comme un caractéristique (ou clef à la chinoise) représentant d'une maniere nécessaire (à ce que je crois, mais si l'on veut conventionnelle ou habituelle) l'objet extérieur d'un certain genre qui a frapé l'oreille ou la vue. J'ai déja donné des exemples très-sensibles de ceci, (Voyez *ibid.*) En voici un autre qui n'est pas moins frapant; & j'en rassemblerois un grand nombre, au besoin, si j'avois dessein d'épuiser la matiere. Le caractere *AC* doit être considéré en lui-même comme désignant dans le sens propre ou figuré tout ce qui est pointu, perçant, pénétrant, allant en avant, ou qui agit de cette maniere. C'est sous cette clef *AC* que la multiplicité des noms de choses qui désignent de telles actions ou de tels effets viennent se réunir.

Ἀκὴ. pointe.
Ἀκάζω. aiguiser.
Ἀκαλήφη. ortie.
Ἄκανθα. épine.
Ἄκατος. barque legere à prouë pointue.
Ἀκινάκης. cimeterre.
Ἀκμὴ. dard, point, vigueur pénétrante.
Ἄκων. trait, javelot.
Ἀκόνη. pierre à aiguiser.
Ἀκονίτον. herbe qui tue.
Ἀκοστὴ. orge piquant, bled barbu.
Ἄκρα. sommet, sommité, pic, pointe
    qui s'avance.
Ἀκτὶν. rayon.
Ἀκούειν. écouter attentivement, prêter,
    dresser, pointer l'oreille.
Αἰκία. blessure.
Ἀγκών. coude, angle.
Ἄγκιστρον. hameçon.

Ἀγκύλος. courbé en pointe.

Ἀγλαὸς. brillant, rayonnant.

Ἀκρίαμα. pointe, jeu de mots.

Ἄχος. douleur aiguë.

Ἄχυρον. paille, tige, baguette, barbe d'épi.

Αἰγυπιός. oiseau de proie, oiseau à serre pointuë, &c.

Acus.		Acre.
Acuo.		Aigre.
Alacer.		Aigu.
Acies.		Aiguille.
Acinus.		Acide.
Acumen.		Acier.
Acetum.		Agacer.
Aculeus.		Aigrette.
Acerra.	Navette pointue par les deux bouts.	Aigle. Aquilin.
Acervus.	Monceau en pointe.	Ancre.
Accipiter.		Angle.
Accipio.		Anguille.
Angor.		Angoisse.
Anxietas.		Agonie, &c.
Angulus.		
Angustia.		
Anchora, &c.		

Et de même en d'autres langues, sans parler de divers autres dérivés dont le sens n'a plus de rapport au caractere radical, comme *ancilla*, servante qui donne le bras à sa maîtresse d'ἀγκών. *cubitus*. De même d'ἀγκών (*cubitus*) les Grecs ont donné au concombre le nom d'ὀγγυρίον parce qu'il est long & *coudé*. Mais sur ce dernier mot grec, les Vénitiens apellent *Angouri* une grosse pasteque verte, ou melon d'eau tout rond, qui n'est ni oblong ni *coudé*.

Tous ces mots paroissent venir originairement de l'oriental עקם *pungere* dont *AC* est le caractere radical. Je n'ai pas besoin d'avertir que le mot latin *ago*, agir, aller en avant, vient de la même ℞. ainsi que ses composés & ses dérivés sans nombre en tant de langues.

L'articulation rude R par laquelle l'organe frôle l'air, c'est-à-dire le pousse d'un mouvement suivi, mais par soubresaults, forme seule une clef ou germe radical servant à nommer la classe des choses rapides, roides, rudes, ruineuses, rompues, qui ont des inégalités ou des rugoſités, &c; un mot ſuſceptible de maniere ou d'autre, ſoit activement, ſoit paſſivement, d'un mouvement vif & réitéré par ſoubreſaults, tel que l'organe le peint en l'effectuant ſur l'inſtrument vocal; en cherchant à rendre l'image de la choſe même par l'image du mouvement qu'elle opere ou qu'elle a reçu. Ces termes imitatifs, par rudeſſe ou râlement, ſont nombreux en chaque langue, parce qu'ils ont à peindre un effet très-commun dans la nature; effet dont la peinture peut d'ailleurs être aiſement appliquée par métaphore aux choſes intellectuelles & morales. Je ne citerai que quelques-uns de ceux qui peignent l'action phyſique, laiſſant à part le nombre prodigieux de leurs dérivés où cette action eſt allégoriquement exprimée.

Ῥάθαγος.	*Strepitus.*
Ῥάρα.	*Irroro.*
Ῥάκτης.	*Præcipitium.*
Συῤῥάσσω.	*Confligo.*
Ῥόγχος.	*Fremitus narium.*

Ῥόμβος.	*Rota.*
Ῥεῦμα.	*Fluentum, fluxio.*
Ῥύμη.	*Impetus.*
Διαῤῥέω.	*Interfluo.*
Ῥῆξις.	*Fractura.*
Ῥιγέω.	*Horreo, rigeo.*
Ῥίνη.	*Lima.*
Ῥίπτομαι.	*Præcipitor.*
Ῥόθος.	*Fremitus aquarum.*
Ῥοῖζος.	*Stridor.*
Ῥύω.	*Traho.*
Ῥώμη.	*Robur, &c.*

Rado.
Rastrum.
Rapio.
Rabies.
Ramentum.
Rarus.
Raucus.
Remex.
Retro.
Rheda.
Rhenus.

Irrito.
Rigor.
Rima.
Ringo.
Ripa.
Rivus.
Rixa.
Robur.
Rodo.
Rota.

Irrigo.	*Rostrum.*
Rubus.	*Ruo.*
Ructus.	*Ruptura.*
Rudera.	*Rupes.*
Rudis.	*Ruscus.*
Rumor.	*Rutilus.*
Rumpo.	*Rutrum.*
Ruga.	*Rursus*, &c.

Racler.	Rainure.
Rage.	Râler.
Rape.	Ronce.
Ravir.	Rapt.
Rauque.	Rasoir.
Rame.	Rateau.
Rapide.	Raie.
Ruer.	Rive.
Ruine.	Riviere.
Rot.	Rogue.
Ronfler.	Rompre.
Rabot.	Rouë.
Roide.	Rouler.
Rigoureux	Ruisseau.
Rugir.	Rumeur, &c.

Sans parler de tant d'autres mots où le frôlement de langue, se joignant à d'autres articulations des organes voisins, sert de base & de principe d'énonciation, tels que *FR*, *SCR*, *STR*, &c. sans parler aussi de la préposition *re*, qui en tant de langages est consacrée à exprimer le mouvement de l'action répétée & continuée par itération.

129. *Exemple de la manière dont les dérivés s'écartent de la forme & du sens primordial de leur racine.*

Je viens de citer le mot *ancilla* (servante) venu d'ἀγκών (coude;) & le coude a été ainsi nommé à cause de sa figure en *angle*. Ce mot *ancilla*, lorsqu'il est isolé, ne tient plus rien à l'idée générale d'aigu, de perçant, d'anguleux. Il offre un exemple de la prodigieuse extension que prennent les racines organiques & absolues, telles que la ℞. *AC*, à force de diverger & de se propager de branches en branches. On y voit comment les idées en s'écartant de près en près par de petites routes détournées, parviennent en peu de marches à se trouver fort loin du point du départ ; & comment elles forcent les racines simples & originales à dériver avec elles, à varier de son & de figure, en second, troisieme & quatrieme ordres, correspondans aux ordres & aux nombres d'idées successivement entées les unes sur les autres. *AC* est l'expression générale de ce qui est aigu. Ἀγκύλος signifie en particulier une ligne courbée, pliée en pointe, un angle, un crochet. Ἀγκών est plus particuliérement le pli des os du bras, le coude. De-là vient qu'à Rome on a nommé *ancilla* une servante dont la fonction propre, semblable à celle de nos écuyers, étoit de donner le bras, le coude à sa maîtresse, lorsqu'elle marchoit par les rues : comme on y nommoit *ancile* le bouclier qu'on portoit sur le coude. Mais comme *ancilla* étoit une espece de servante, on y a bientôt appellé de ce nom toutes les servantes domestiques d'une maison, quel que fût leur emploi. Le vieux verbe *anculo* dérivé d'*ancon* y est

venu synonyme du verbe *ministro* dérivé
manus, & a signifié toute sorte de ser-
ce quelconque. Après être descendu du
néral au particulier, on a remonté du
rticulier à une autre espece de générali-
ion qui n'a plus rien de la précé-
nte.

30. *Exemple des écarts prodigieux de l'esprit, & de l'abus qu'il fait des racines, en les employant à exprimer des choses qu'elles ne sont nullement propres à dépeindre.*

On a pu remarquer dans l'exemple pré-
édent qu'en même tems que l'esprit vague
dérive d'idées en idées, il se tient
oujours attaché au son radical par lequel
nature lui avoit indiqué d'exprimer sa
remiére idée; & qu'il s'y tient, malgré le
hangement qu'il apporte en sa maniere de
onsidérer les objets. En usant de cette
néthode, il s'écarte de son point fixe fort
ite & fort loin. Telle une corde atta-
hée par un bout en se déployant de plus

en plus par l'autre bout, parcourt des terreins de diverſes natures.

Donnons un autre exemple où l'on verra comment l'eſprit, ſans perdre de vue la clef radicale, la figure primordiale & caractériſtique qu'il avoit ſaiſie, va cheminant & s'égarant d'idées en idées, d'objets en objets, parce que dans le nombre des perceptions qu'offroit un objet, l'eſprit s'eſt particuliérement attaché à l'une d'entr'elles, & tournant là ſa conſidération, a ſenti réveiller en lui l'idée d'un autre objet lié au précédent par cette modalité d'exiſtence. Mais ce nouvel objet entrant dans l'idée avec tous les acceſſoires qui lui ſont propres, l'eſprit en prend occaſion de ſe jetter ſur une nouvelle conſidération qui lui amene un troiſieme objet auſſi revêtu de ſes acceſſoires propres, & ainſi de ſuite en ſuite, de ſous-ordre en ſous-ordre. Cependant l'eſprit, en s'écartant ainſi, ſe tient toujours attaché au ſon ou à la figure radicale ſur laquelle étoit formé le nom du premier objet; ſi bien qu'il ne manque pas de former ſur ce ſigne primitif les noms des objets secondaires ; quoiqu'il n'y ait plus aucun rapport entre ses considérations subordonnées, & la premiere considération qui avoit décidé le nom par un signe primitif. En effet la modalité d'existence qui rangeant le premier objet dans une certaine classe d'êtres, avoit déterminé l'organe vocal à lui donner un tel nom propre & convenable, ne se trouve plus dans les objets secondaires ; ceux-ci ayant au contraire d'autres modalités qui auroient dû les faire comprendre dans d'autres classes. Il arrive néantmoins que le mot reste établi, quoique ce que l'on a voulu exprimer par le mot n'y soit plus.

L'exemple va rendre ce raisonnement plus clair. *ST* est le signe radical, l'expression organique & primitive qui désigne la fixité, l'immobilité des objets : on comprend sous cette clef générale toute cette modalité d'existence, presque par-tout exprimée par l'articulation dentale *ST*. (Voyez n° 79.) Voilà le premier ordre générique & absolu. Passons au second. On a vû que dans le nombre prodigieux des aſtres de la nuit, tous (à l'exception de cinq ou ſix) reſtoient fixes & immobiles dans les mêmes parties du ciel; là-deſſus on a nommé les aſtres *Stellæ*, i. e. les fixes, à la différence des cinq non-fixes qu'on a nommées *Planetæ*, i. e. errantes. *Stellæ dictæ à ſtando quia ſemper fixæ ſtant in cœlo.* (ISIDOR. iij, 70.) Voilà un ſecond ordre né de la conſidération particuliere de fixité que l'eſprit a choiſie par préférence, au lieu de tout autre qu'il auroit pu choiſir, en nommant les étoiles, les *Lumineuſes*, les *Nocturnes*, &c. En un mot, en les apellant *Stellæ*, il a peint leur état d'immobilité; il a déſigné qu'il les diſtinguoit des planettes errantes, & qu'il les rangeoit dans la claſſe des objets fixes. Juſques-là il ne s'eſt guères écarté de ſon premier ordre: le mot & l'idée ſe conviennent: l'expreſſion vocale & la conſidération de l'eſprit marchent encore enſemble. Mais elles vont incontinent s'écarter. On a vu que les étoiles parſemoient le fond du ciel de points brillans: autre effet qui n'a nul rapport à la fixité. On a ſaiſi cet autre effet & abandonné le premier; & voyant

voyant que la peau du lézard marqueté étoit de même parſemée de points plus colorés, on a nommé cet animal *ſtellio* par comparaiſon d'un objet à l'autre. Voilà un troiſieme ordre où il n'eſt plus queſtion de conſidérer la claſſe des objets fixes, mais celle des objets marquetés. Cependant pour former le nom du nouvel objet on a continué de ſe ſervir du ſigne radical de fixité qui ne lui convient plus, mais ſeulement à l'objet précédent. Ce n'eſt pas tout, on s'eſt figuré que le lézard ſtellion, en quittant, comme d'autres reptiles, ſa peau qui ſeroit un excellent remede en medécine, la dévoroit pour empêcher l'homme d'en profiter, *devorare eam; quoniam nullum animal fraudulentiùs invidere homini tradunt: indè ſtellionis nomen aiunt in maledictum tranſlatum.* (PLIN. XXX, 10.) Sur cette imagination que le lézard ſtellion étoit enclin à frauder l'homme, on s'eſt aviſé de nommer *ſtellionat* l'eſpece de contrat de vente frauduleuſe qu'on fait d'une choſe qu'on ne poſſede déja plus. C'eſt un quatrieme ordre de mots où le signe radical de fixité reste toujours, quoiqu'il ne soit plus question de la classe des objets fixes, ni même de celle des objets marquetés, mais seulement d'une nouvelle classe d'objets trompeurs. Ainsi l'opération de l'esprit pervertissant l'opération de la nature qui avoit réservé une certaine espece d'analogie à dépeindre la fixité, s'avise de l'employer encore pour dépeindre la maculature, & la tromperie que l'articulation dentale ST ne figure point du tout à l'oreille.

231. *Exemple de ce qu'une racine peut produire en ordre naturel & progressif, & de ce qu'elle ne produit qu'en sous-ordre par une fausse application de l'image primitive.*

Voyons encore, sur une autre racine, les divers ordres de dérivations successives se développer de branches en branches, sur une même racine à laquelle elles n'ont plus qu'un rapport matériel de figure sans aucun rapport intellectuel de signification.

Développons dans cet exemple avec quelque détail ce qu'une racine peut & doit naturellement produire, en le distinguant de ce que les hommes y ont (pour ainsi dire) enté par un continuel abus de la dérivation. L'organe se sert de *l'articulation labiale* jointe au *frôlement de langue FR*, lorsqu'il veut peindre l'action de briser, de mettre en morceaux; ce son *poussé* & *rude* lui paroissant propre à peindre une telle action. Voilà le germe d'où sort le premier ordre; *PHouR* (en hébreu) *FRegit*, *FRango*, *FRio*, *FRico*, *FRagor*, *FRustum*, &c. (en latin.) BRiser, *BRoyer*, &c. (en françois:) & si le mouvement est très-vif, & la chose brisée fort menu, l'oriental redouble la syllabe, pour marquer cette action poussée à l'excès: il dit PHaRPHaR, *frustulatim diffringere*.

Le latin applique cette peinture au bled moulu & entiérement brisé: il dit *FaR*, *FuRFuR*, *FaRina*; c'est un second ordre, où l'image générale est appliquée à caractériser un objet particulier. L'usage qu'on fait de la *farine* est de la cuire pour la manger. Le latin qui veut nommer le lieu où on la fait cuire, tire du mot *FaRiNa* tous les élémens du nouveau nom qu'il veut fabriquer; & dit *FuRNus*. Voilà un troisieme ordre. Le françois dit aussi *FouR*, & appelle *FouRNeau* tous les lieux fermés, tous les vaisseaux où l'on fait du feu; sans égard à l'usage auquel on les emploie; ce qui est encore en sous-ordre.

Après que la farine est cuite au *FouR*, le pain, aliment nécessaire, est la principale provision dont on a soin de *FouRNir* sa maison. Mais on généralise cette expression *fournir*. On l'emploie pour, *apporter des provisions quelconques*, *se pourvoir de quelque chose que ce soit*: c'est un quatrieme ordre. De plus on emploie ce mot en des significations impropres: on va jusqu'à dire qu'un cheval a bien *fourni* sa carriere, pour exprimer qu'il a bien fini sa course: on le dit aussi d'un homme qui a vécu avec honneur, lorsqu'il a bien fini sa vie. Autre sous-ordre.

L'italien fait pis; car il dit tout simplement

fornire pour *finire : e fornito ; c'eſt fait, c'eſt fini :* comme s'il diſoit *voilà tout ; on vous a tout livré, tout fourni.*

Ce cinquieme ordre eſt ſi éloigné du premier germe, qu'à la vue d'un tel exemple, on ne doit pas s'étonner qu'il ſoit difficile d'aſſigner la cauſe de tant de termes uſités dans le langage, lorſqu'ils y ſont arrivés par des routes ſi extraordinaires, & ſi peu analogues aux images que le premier germe cherchoit à peindre. C'eſt néanmoins ce qui arrive continuellement dans les langues par l'exceſſif abus que les hommes font des mots.

Que ſi nous prenons à préſent quelques autres des premieres branches immédiatement ſorties de la racine FR, nous verrons ſortir de *FRuſtum*, *FRuſtro FRuſtra FRaus*, &c. De *FRango*, *FRagilis* (*FRêle :*) *amFRactus* (détour, route en ligne courbe ou briſée :) *FRaces*, (marc des fruits preſſurés,) d'où on a tiré *FRacidus* (odeur de pourri ou de moiſi :) *FRagment ; FRanges : FRaiſes*, (paliſſades :) *inFRaction : réFRactaire*, &c. De

FRio, (BRoyer) *FRivolus*, qui à la lettre signifie *réduit en miettes*, & qui en notre langue ne s'emploie qu'au figuré: *FRetin*, &c. De *FRico*, *FRotter*: *FRetiller*; *FRitillus* (cornet à remuer les dés:) *FRinguer*: *FRingilla* (FRiquet sorte d'oiseau:) *FRinguant*; *FRipper*: *FRippon*: *FRoisser*: *FRayer* un chemin: *FRayer*, parlant du poisson qui *FRotte* en passant la femelle ou ses œufs, &c. De *FRagro*, qui signifie à la lettre *BRoyer des fleurs* dans la main pour en extraire la senteur, *quoniam odor, FRactâ specie, major est*, ainsi que l'explique Servius, *FRagrantia* (bonne odeur:) *FRaga*, *FRaisè*, fruit d'une odeur admirable, &c. De *FRumen* qui signifie la partie de la bouche & de la langue qui broye les alimens, rumine & avale; *FRumentum* (bled) *FRuctus* (*FRuit*) *FRuor* (jouir. *Frui est vesci*, à *frumine, quæ est summa pars gulæ*, dit Donat.) *FRuges*, *FRugi* (homme FRugal, homme sobre, & figurément, homme de bien, &c.) On a dit *FRui* pour *jouir* en général, de quelque maniere que ce fût ; parce que la chose dont on jouit le plus, c'est du produit des fonds de la terre.

Si nous reprenons la racine simple *FR*, comme destinée par son inflexion rude & poussée à dépeindre un mouvement violent capable de rompre & de briser, nous verrons que par-là même, elle produit immédiatement *FuRo* : *FuRor* ; *FuRia* : *FeRa* (d'où viennent *FieR*, *FéRocité*, *eFFaRé* :) *FRemo* (*FRémir* de colère ; & si l'action vient d'un sentiment plus foible, la voix recule son inflexion au dedans en le portant de l'organe labial à l'organe *dental* ; au lieu de *FRemo* elle dit *TRemo*, *TRembler* ; comme *FRacas*, si l'action est moins forte, c'est *TRacas* :) *FRendeo* (grincer des dents, serrer avec les dents,) d'où vient *FRenum* : *FRagor*, d'où viennent *FRayeur*, *eFFRroy*, *eFFRroyable* : *FeRio* (FRaper :) *FeRveo*, d'où viennent *FRetum*, *FeRveur*, *FReTer*, &c.

La même inflexion rude & poussée qui la rend propre à dépeindre un mouvement violent, une action puissante, paroît avoir fait éclore le primitif *FoRt*, *FoRtis*, *FoRce*, & les nombreux dérivés de ce primitif.

Si nous reprenons de nouveau cette même racine *FR* d'une maniere encore plus simple, & purement physique, comme lorsqu'elle ne veut qu'imiter au naturel les choses qui sont le même bruit, telle qu'est, par exemple, la viande qu'on jette dans l'huile bouillante, elle produit *FRigo*, *FRire*, *FRiller*, *FRiand*, *FRricassée*, *FRicandeau* : & en sous-ordre *Friser*, (tourner les cheveux avec un fer chaud) *Frisure*, &c.

Par une autre imitation naturelle de son propre bruit elle produit *FRôler*, *FRedonner*, *FRitinnire*, *FRoncer*, *BRuire*, *BRailler*, *BRaire*, &c. On voit assez que les mots françois *BRiser*, *BRoyer*, *BRéche*, &c. n'ont pas d'autre racine primitive que cette simple inflexion de l'organe.

Je citerois mille exemples ainsi détaillés; s'il est vrai toutefois que j'en puisse citer mille, & que ce ne soit pas d'un bien plus petit nombre de racines organiques que ſont ſortis de ſiécles en ſiécles tous les mots de toutes les langues d'Orient & d'Europe.

232. *Une même racine pouſſe des branches de dérivés qui n'ont en apparence rien de commun pour le ſens, le ſon & la figure.*

Les choſes par cent lignes variées, quelquefois même croiſées, s'éloignent de leur deſcendance de degrés en degrés, à tel point qu'on ne ſe doute plus qu'il y ait de parenté réelle (pour me ſervir de ce terme) entre certaines expreſſions, qui ſe trouvent cependant être de la même famille, lorſqu'on en ſuit la filiation juſqu'à la premiere ſource d'une nombreuſe poſtérité diſperſée. Tout ſe rallie en repliant la troupe ſur le centre commun dont elle s'étoit écartée. Il ſuffit, dit judicieuſement Johnſon, pour conſtater l'identité d'étymologie entre deux mots, malgré leur diverſité de ſignification, qu'on puiſſe conjecturer ſur certains veſtiges qui ne diſparoiſſent jamais entiérement, que le paſſage de l'un des ſons à l'autre n'étoit pas impoſſible; & l'on aura toujours ce degré de certitude, ſi les deux ſons peuvent être compris ſous une même idée générale.

233. *Premier exemple.*

On ſent combien ce procédé ordinaire à l'eſprit humain peut produire de filiations dérivées. Les hommes ont tant de manieres d'enviſager les choſes, de les rapprocher les unes des autres ſous un certain aſpect, de les unir par des rapports ſouvent imaginaires qui ſont plutôt dans la tête de l'homme que dans l'objet, qu'on ne finiroit pas ſi l'on vouloit détailler la variété de procédés par leſquels l'homme parvient à dériver de la même racine une quantité d'objets fort diſſemblables. Bornons-nous à quelques exemples.

Le nom de *Verſailles*, ce village aujourd'hui ſi ſuperbe, paroît déſigner qu'on l'avoit bâti dans une terre défrichée, ou nouvellement labourée : *Verſaliæ, terræ*

Verſatæ, comme *Eſſarts* d'eſſarter, & *Noailles* de *Novalia* terres novales. Il vient donc de *Verſus* ou *Vertere*. D'autre part le mot *Verſus* dérivé de *Vertere terram* ou de *Vertere boves* ſignifie à la lettre *un ſillon*, une *ligne de labourage*. Il a depuis ſignifié en cette langue un *vers*, c'eſt-à-dire une ligne d'écriture quelconque, ſoit proſe ou poëſie ; parce qu'on a comparé la ſuite des lignes ſur le papier à la ſuite des ſillons dans un champ. Pour nous, au lieu d'appeller ainſi toutes ſortes de lignes écrites, nous avons reſtreint dans notre langue la ſignification du mot *vers* aux lignes de poëſie ſeulement. Qui pourroit ſe figurer que trois choſes auſſi différentes entr'elles qu'un ſillon, une ligne de poëſie & le château de Verſailles, euſſent leurs noms tirés de la même racine ? Que la racine qui ſignifie *retourner* n'eût elle-même aucun rapport apparent à aucune de ces trois choſes ? Ainſi naiſſent les noms des choſes. La moindre petite circonſtance relative ſuffit pour les déterminer. Le bœuf trace une ligne ſur la terre avec la charrue ;

la main trace une ligne ſur le papier avec la plume. Il n'en a pas fallu davantage : d'autant mieux qu'il y a eu un tems où la direction des lignes d'écriture étoit la même que celle des ſillons, la ſuivante recommençant du même côté où finiſſoit la précédente ; ce que l'on appelloit écriture *bouſtrophée*, c'eſt-à-dire, comme les *bœufs ſe retournent* en labourant. Il reſte encore quelques inſcriptions tracées de cette maniere. *Verſus vulgò vocati ſunt quia ſic ſcribebant antiqui, ſicut aratur terra : à ſiniſtrâ enim ad dextram primùm deducebant ſtylum : deinde convertebantur ab inferiore & rurſum ad dextram Verſus : quod & hodie ruſtici* Verſus *vocant.* (ISIDOR. vj, 13.) *Apud nos hodie* Verſus *dictus eſt à* Verſuris, *id eſt, à repetitâ ſcripturâ eâ ex parte in quam deſinit. Primis enim temporibus, ſicut quidam aſſerunt, ſic ſoliti erant ſcribere. Ut enim à ſiniſtrâ parte initium facere cœpiſſent & duxiſſent ad dextram, ſequentem cuſtodire adhuc in ſuis liris ruſtici : hoc genus ſcripturæ dicebant* Bouſtrophem *à boum verſatione. Unde adhuc in arando ubi desinit sulcus & undè alter inchoatur*, Versura *proprio verbo nuncupatur.* (MARIUS VICTORIN. lib. j.)

234. *La nécessité de combiner le nombre prodigieux des objets & des sentimens, par le petit nombre des inflexions vocales, a contraint de fabriquer les mots par une méthode de synthèse & d'approximation.*

Les hommes en prenant l'habitude de réunir ainsi une multitude d'expressions sous une même idée générale, & abstraite, rendue par une seule & même inflexion de la voix humaine, n'ont eu besoin pour dénommer toutes sortes d'objets que d'un petit nombre de primitifs, & que d'un nombre de racines beaucoup moindre encore. C'est une méthode naturelle de synthèse qu'ils emploient par instinct, par un premier mouvement, sans s'en appercevoir, sans raisonner là-dessus. Elle est prompte & commode, mais peu réguliere, (Voy. n° 173;) car elle les conduit à tout moment à de prodigieux écarts. Elle a ſa ſource dans le nombre infini des objets extérieurs & des idées intérieures que l'homme eſt obligé de rendre par le nombre très-borné des inflexions poſſibles à la voix humaine : ce qui entraîne la néceſſité de combiner une quantité d'idées ſur la même articulation, puiſqu'on n'a que peu de moyens pour produire une infinité d'effets.

Si nous diſons, *vague* de la mer, *voiturier*, *vagiſſement*, nous nommons trois choſes fort différentes, dont nous allons voir les expreſſions ſe replier ſans peine ſur le même primitif employé dans les langages divers à rendre la même idée générale. *Vague* eſt un adjectif dont on ſe ſert tant au propre qu'au figuré; *une démarche vague*, *un diſcours vague* ; c'eſt un mot commun à pluſieurs langues pour un branlement, un mouvement continuel, ſoit incertain, ſoit d'oſcillation. On croit que la R/. eſt le teuton *Wagan*, i. e. *motitare*. *Waage* en hollandois, *Wage* en bas ſaxon, *Woge* en haut allemand, *Vague* en françois, i. e. *Unda*, *fluctus*; d'où vient le françois *voguer*, de même le latin *Vagus*, *Vagari*, pour désigner une démarche incertaine & sans arrêt, & peut-être aussi, *Veho*, *Vectus*, *Via*, *Viator*, & les dérivés de ces dernier termes, comme le françois *Voiture*; ce qui peut être confirmé par les termes allemands *Wag*, i. e. Chariot, *Wag-mestre*, i. e. Chef des équipages. Dans les langues tudesque *Wago*, i. e. *abyssus*: *Wag*, i. e. *lacus*; en gothique *Wagid*, i. e. *Commotus est*. *Wage* en allemand, i. e. balance, bras de balance qui oscille. *Vectis* en latin, i. e. Levier, bras de statere. *Waga*, i. e. Lit à bercer, berceau, d'où vient, à ce que je crois, le latin *Vagitus*, & le françois *Vagissement*, pour signifier les cris d'un petit enfant qui veut être bercé.

Du mot latin *firmus* nous avons fait l'adjectif *ferme*, pour désigner une position solide & non vacillante. Nous avons aussi appliqué l'épithete aux qualités du cœur & de l'esprit. *Affirmer*, *confirmer*, c'est assurer solidement ou de nouveau l'existence d'une chose ou d'un fait. *Confirmation* est le sacrement où les Chrétiens renouvellent à l'Eglise leurs vœux faits au baptême. *Fermes*, sont les piéces de bois qui terminent par le haut & arrêtent l'assemblage de la charpente d'un toît. Nous disons *fermer* une porte (*firmare portam*) pour, l'arrêter, l'empêcher de balancer, d'être ouverte & mobile. Puis nous avons dit *fermer*, *renfermer*, pour, resserrer, tenir clos sous une porte, ou dans un lieu non-ouvert. *Fermes* sont les lieux clos dans les campagnes, les maisons d'agriculture, où l'on renferme les fruits de la terre après la récolte. *Fermier* est le cultivateur des campagnes à qui ces fruits appartiennent, pour un prix qu'il en donne annuellement au propriétaire du fonds, &c. Voilà comment les hommes appliquent les mêmes expressions à toute sorte d'usages & de sens différens. *Ferme* pour *métairie* peut venir de *firmitas*, lieu fortifié où l'on se mettoit en sûreté, lieu propre à se mettre à couvert. Mais j'adopte plus volontiers l'autre cause de dérivation. On a commencé dans le bas empire à se servir en latin dans ce sens des mots *firma* & *firmarius*.

235. *Autre Exemple.*

Donnons encore de ceci un autre exemple fortement caractérisé. *Etoile*, *stipulation consistance* sont trois mots de notre langue très-dissemblables assurément de son & de figure. Quant au sens & à la signification, il ne semble pas qu'il soit possible d'en trouver qui ayent moins de rapports. Ils viennent néanmoins de la même idée générale, de la même figure simple, de la même racine organique exprimant toute une modalité d'être, sçavoir la fixité presque partout exprimée par l'articulation dentale ST. (Voy. n° 79.) *Etoiles* de *stellæ*; c'est-à-dire *fixes*. Cela s'entend; & je viens de l'expliquer suffisamment (n° 227,) où j'ai suivi la descendance de certains termes qui sortoient en particulier de cette branche, *stella*. Mais ceux que j'examine en ce moment ne descendent que de l'ascendant commun : la parenté vient de plus loin. *Stipulation* signifie la convention d'un marché, d'un contrat, l'acte de traité écrit par-devant notaires entre les parties contractantes. Ce mot vient du latin *ſtipula*, i. e. une tige de paille, une petite baguette. Dans les ſiécles groſſiers des Latins, & de même dans les nôtres, la maniere de conclure un marché étoit de partager une paille entre les contractans, ce qui s'appelloit *ſtipulare*. *Dicta autem* ſtipulatio *à* ſtipulâ. *Veteres enim quando ſibi aliquid promittebant* ſtipulam *tenentes frangebant quam iterùm iungentes, ſponſiones ſuas cognoſcebant.* (Ibid. lib. v, cap. 24.) L'hiſtoire nous raconte quelque choſe de pareil ſur la piéce de monnoie rompue lors du traité ſecret entre le roi Childeric chaſſé de ſes Etats & Wiomar ſon ami; &, comme nous le verrons bientôt, cette piéce de monnoie pouvoit être une baguette de métal. On voit des traces de cet uſage dans l'ancienne maniere de donner les inveſtitures, en rompant un petit morceau de bois, dont on retrouve quelquefois les fragmens roulés à l'extrémité du parchemin des Chartes. (Voyez Du-Cange.) « Autre» fois, dit Furetiere, on donnoit un *feſtu*

» à l'acquéreur, quand on faisoit une vente
» en signe de réelle tradition : ce qu'on
» observe encore en quelques coutumes
» de France entr'autres à Verdun. On avoit
» aussi coutume anciennement, quand on
» faisoit quelque obligation de rompre une
» paille ou un bâton, dont chacun des con-
» tractans emportoit un morceau, qu'ils re-
» joignoient après pour reconnoître leur
» promesse : ce qu'on a fait depuis n
» France pour les contrats de commerce
» maritime ou de louage de vaisseaux, au
» moyen des écritures coupées appellées
» *charte - parties*, par la raison, dit le pré-
» sident Boyer, que *per medium carta in-*
» *cidebatur, & sic fiebat carta partita*;
» parce qu'au tems que les notaires étoient
» moins communs, on n'expédioit qu'un
» acte de la convention qui servoit aux
» deux parties. On le coupoit en deux pour
» en donner à chacun sa portion. Elles les
» rassembloient au retour pour connoître
» si elles avoient satisfait à leurs obliga-
» tions. Ce qu'il atteste avoir vu encore
» pratiquer de son tems; de même qu'en

» usoient les Romains dans leurs stipula-
» tions en rompant un bâton dont chacun
» en gardoit un morceau pour en conserver
» la marque. » De cet usage de contracter
avec une paille, vient notre phrase proverbiale, *rompre la paille*, pour *conclure un marché*, proverbe que le mot *rompre* nous fait souvent prendre en sens contraire pour *rompre un marché*. Moliere dit, (Dép. amour. Act. IV, Sc. 4 :)

> Il faut rompre la paille. Une paille rompuë
> Rend entre Gens d'honneur une affaire concluë.

Le latin *stipula*, i. e. un petit tronc, une petite tige, est un diminutif de *stips* ou *stipes* un *tronc*, une tige d'arbre, ainsi nommé parce qu'il est droit, fixe, immobile ; *quia stat*.

Quant au mot *consistance*, on voit assez qu'il vient de *constans*, *consistere*, termes composés sur le verbe simple *stare*, i. e. être droit, être immobile & fixe : de sorte que toutes ces expressions si éloignées les unes des autres se rapportent également au primitif *sto* tiré de la racine organique ST ; clef générale appropriée par la nature à exprimer toute idée d'immobilité.

Observons que l'on donne d'autres étymologies toutes différentes, & fort probables aussi, du mot *stipulation*, qui loin de nuire à la maxime que j'ai avancée sur les racines organiques ne font au contraire que la confirmer davantage. Les uns veulent que le terme *stipulare* vienne de la stabilité du traité irrévocablement convenu. *Hoc nomine inde utitur quod* stipulum *apud veteres* firmum *appellabatur fortè à* stipite *descendens.* (Instit. de verb. obligat. l. iij, tit. 16.) Stipulatio *dicta quasi* fixum *adstringendæ obligationis vinculum.* (Paul. recept. sentent. l. v, tit. 7.) *συφω enim astringo & alligo significat.* Les autres veulent que le terme *stipulare* soit venu de l'argent qu'on donnoit pour le marché. C'est l'opinion de Varron (*Ling. lat.* lib. iv,) qui peut être bonne; car on sçait que l'ancienne monnoie s'appelloit *stipes*, *stips*, parce qu'elle étoit grossiérement faite en forme de petites baguettes de cuivre liées en faisceaux; & par cette raiſon, les Romains avoient retenu la vieille coutume de nommer la paye du ſoldat *ſtipendium. Stipendium à ſtipe appellatum eſt quòd per ſtipes, id eſt, modica æra colligitur.*(ULPIAN. *ad Edict.* l. xvij.) J'entre exprès dans ce détail, pour montrer que, quelqu'opinion qu'on adopte, la premiere ſource reſte également la même, & que tous les primitifs, que l'on veut donner au mot *ſtipulation*, ſortent, tous les uns comme les autres, du verbe *ſto*, & de la ℞. organique ST. C'eſt une marque démonſtrative que la régle eſt bonne, puiſque toutes les routes que l'on prend y conduiſent toujours. Ici plus il y a d'incertitude ſur la deſcendance, mieux l'origine eſt confirmée. On ne diſpute pas ſur le premier auteur de la filiation, mais ſur la deſcendance par une ou par une autre branche.

236. *Les dérivations équivoques, qui paroiſſent prendre des routes oppoſées, aboutiſſent pourtant preſque*

toujours à la même racine : nombre infiniment petit des racines.

Je pourrai dans la ſuite donner pluſieurs autres exemples d'étymologies dont la filiation intermédiaire ſe trouve également recevable en bonne critique de divers côtés qui ne paroiſſent pas avoir entr'eux le moindre rapport, & qui néanmoins, en les ſuivant, viennent enfin tous aboutir au point de la même racine organique. En un mot, il y a dans les langues de l'univers des millions de termes dérivés, mais bien peu de mots originels. Le nombre de ces racines monoſyllabes, quoique grand, ne l'eſt point aſſez, pour n'être pas facilement écrit ſur un ſeul quarré de papier. (Voy. n° 12.)

237. *Les écarts de l'eſprit ſont plus fréquens & plus difficiles à reconnoître, que ceux de la figure ou du ſon.*

Dans un tel intervalle de ſéparation, dans une marche ſi bizarre de l'eſprit, dans une ſi grande diſconvenance de la peinture avec l'objet qu'on a voulu peindre, comment reconnoître la raiſon ſuffiſante de l'impoſition des noms, & retrouver leur véritable racine primitive, lorſqu'il n'y a plus de monument qui ait rendu le fil des idées permanent, & tranſmis la connoiſſance de l'irrégularité des ſallies de l'eſprit ? Il eſt rare d'en pouvoir ſuivre la piſte; car l'idée toute intérieure, toute incorporelle & toute vague, ne laiſſe pas ordinairement au dehors des veſtiges apparens & permanens; comme le ſon en laiſſe à l'oreille, & comme la figure en laiſſe aux yeux. Ce qui fait que les dérivations & les écarts, qui naiſſent du ſon ou de la figure, ſont plus faciles à reconnoître & à ſuivre, que ceux qui naiſſent de l'idée. Cependant ceux-ci ſont plus fréquens & plus irréguliers que les autres. L'eſprit humain, toujours preſſé de nommer les objets, & de faire entendre ſes idées, ſaiſit les traits généraux ſur un premier coup d'œil, & ſans trop d'examen. Il enchaîne les idées entr'elles, &

enſuite

ensuite les expressions, souvent même les objets (ce qui est bien d'une plus grande conséquence) par la force des analogies quelquefois trop legérement ou mal-à-propos appliquées.

238. *On s'écarte quelquefois jusqu'à arriver au point opposé, & à exprimer précisément le contraire de ce qu'on veut dire.*

L'anomalie de la dérivation peut aller par l'abus qu'on fait des racines, jusqu'à former un contre-sens absolu entre le mot & la chose; jusqu'à constituer une opposition directe entre l'objet nommé, & la signification du nom qu'on lui donne; si bien qu'on exprime justement le contraire de ce qu'on veut dire. J'en ai déja fait la remarque, & je crois devoir y insister encore. Cette inadvertence vient de ce que l'esprit a perdu le fil de son opération. Presque jamais il n'en voit l'ensemble, lorsqu'après être descendu du général au particulier, il remonte du particulier à une autre eſpece de généraliſation, ou à la même eſpece : car, en remontant, il ne ſuit pas les mêmes traces, & il arrive à un autre point. Sans ſortir de l'exemple que j'ai cité, les aſtres de la nuit ont reçu le nom d'*étoiles*, c'eſt-à-dire *fixes*, parce qu'on vouloit les diſtinguer d'un très-petit nombre d'entr'eux, qu'on appelle, au contraire, *errantes* ou *planettes*, parce qu'ils ſont des aſtres *errans*. Voilà le général & le particulier bien établis ſur la connoiſſance des faits, & par une ſignification convenable. Mais il y a tant de fixes, & ſi peu d'errantes, que le grand nombre l'emporte, & entraîne à généraliſer de nouveau, en parlant du petit nombre, à qui on donne le nom d'*étoiles*, comme au grand nombre. Dans l'uſage du diſcours ordinaire, le particulier rentre dans la claſſe du général. On perd de vûe une ſignification qui devroit contenir le diſcours dans une forme d'expreſſions juſtes ; & l'on dit habituellement qu'une *planette* eſt une *étoile* ; ſans ſonger à la contrariété directe des deux expressions qui n'ont été introduites dans le langage, que pour ne se trouver jamais ensemble. Car, à rendre cette phrase à la lettre, c'est dire *qu'une errante est une fixe.* Mais, comme on n'entend plus ce qu'on dit, l'expression passe en usage commun, & l'habitude tient lieu de raison. Cependant de telles expressions deviennent tout-à-fait choquantes, quand elles sont mises à découvert. Mais, quelqu'étranges que soient ces anomalies, on voit pourtant qu'elles peuvent être ramenées aux principes naturels & généraux, ci-devant établis; ces branches, contrefaites par l'extravasion, & par le mauvais cours donné à la bonne séve de l'arbre, n'ont pas moins reçu naissance de la racine qui reste bien saine.

D'autres fois, on trouvera une identité de signification entre deux mots synonymes, qui n'expriment qu'une même idée, pendant que les deux racines, d'où ils sortent ont deux sens tout-à-fait contraires. Les Latins appellent les *entrailles* des victimes *exta*, *quia exstabant*, parce qu'on les tiroit en *dehors*, pour les consulter sur les prognostics. Salluste, homme fort exact à conserver l'ancienne orthographe qui montre mieux l'analogie des mots, écrit toujours *exsta*. Les deux termes *exta* & *entrailles* viennent des deux R/. *ex* & *in*, ou *extrà* & *intrà* dont le sens est diamétralement opposé.

239. *Source des anomalies dans la fabrique des mots.*

Mille causes passageres & la plûpart du tems inconnues ont laissé dans le langage, de fausses manieres de s'exprimer; à la trace desquelles il n'est plus possible de remonter. De nouvelles mœurs, de nouveaux usages, un nouvel arrangement des choses, introduit de nouveaux termes. On les fabrique sur une racine propre à peindre ce qu'on veut exprimer. Mais les nouveaux usages sont sujets aux variations de la mode. Ils s'abolissent ou changent à tel point, que le nom, qui leur reste, ne les dépeint plus comme dans l'origine : de sorte qu'il se trouve, dans une langue, une certaine quantité de termes qui n'ont plus de convenance avec leur objet : (Voy. n° 227 & suiv.) sans parler de ceux qui, dès leur naissance, n'ont eu d'autre cause que le bel air & la fausse affectation du langage. Mais une source perpétuelle d'anomalies dans la fabrique des mots vient de ce que l'homme & la nature ont tous les deux leur opération à part. Ces deux opérations ne vont pas toujours ensemble : rarement même alors elles vont d'un pas égal. Rien de plus commun que de voir changer la nature des choses, tandis que leur forme reste, *vel vice versâ*. Ce n'est pas en étymologie seulement que ceci produit de grandes difficultés, & forme une ample matiere d'observations & de réflexions. Mais comme nous ne considérons ici que notre sujet propre, contentons-nous de dire que l'on donne des noms aux choses sur leur nature ou sur leur forme,

& que c'eſt ſouvent celle des deux, dont on a fait choix, qui périt, tandis que le nom reſte.

240. *On forme ſur une racine néceſſaire les ſubſtantifs phyſiques par imitation ou par organiſation ; & l'on dérive de ceux-ci, par la même méthode, tous les autres mots d'une langue.*

La méchanique de l'organe vocal forme les racines par des ſons qui tâchent de peindre les objets, ou d'indiquer leur maniere d'être. (*Vid.* 63-64.) Ces racines ont été les premiers noms tant des ſubſtantifs appellatifs des choſes phyſiques, que des adjectifs exprimant les qualités de ces choſes. Par extenſion, par comparaiſon, par approximation, les racines ont ſervi non-ſeulement aux noms des êtres qui ont une exiſtence réelle & phyſique, mais encore aux noms de ceux qui n'ont qu'une exiſtence abſtraite, morale, métaphyſique, ou qui ne ſont que des relations conſidérées. Dans cette méthode on a passé du propre au figuré, du visible à l'intellectuel, des images réelles & communes aux images allégoriques & rafinées.

Peut-être les verbes ne sont-ils venus qu'après les premiers substantifs réels. On les a formé sur le premier nom déja reçu, ou sur certaines racines organiques, qui indiquent la modalité des êtres. La racine ST est l'articulation dentale, qui cherche à peindre la fixité. On a fait là-dessus le verbe *sto*. La R℣. FL. est l'articulation coulante de langue & de levre, qui peint la liquidité : on en a fait le verbe *fluo*. La R℣. AC est appropriée par l'organe, à désigner ce qui va en pointe, ce qui va en avant; on en a fait le verbe générique *Ago*. La R℣. labiale AM est le mot nécessaire par lequel l'enfant nomme sa mere ou sa nourrice; car c'est la seule syllabe que la nature lui permette encore de prononcer. (Voy. n° 57.) On s'en est servi pour exprimer le sentiment de tendresse pour un objet chéri, en faisant là-dessus le verbe *Amo*. La R℣. TAC est une onomatopée imitative du bruit qu'on fait en frappant ſur quelque choſe du bout du doigt : on en a fait verbe TAGO, θιγω *Tango*, *tactus*, *Toccar*, *toucher*, &c.

Souvent il eſt très-difficile de demêler la racine des verbes, & leur liaiſon avec les primordiaux. L'arbitraire y influe beaucoup plus que dans les noms des ſubſtantifs phyſiques, parce que l'action qu'exprime le verbe vient ſouvent de l'homme, plus que de la choſe, & que d'ailleurs les verbes, à ne les conſidérer qu'en eux-mêmes, peuvent être mis au nombre des termes abſtraits. Enſuite le procédé commun dans la fabrique des langages, eſt de former ſur les verbes les ſubſtantifs qui expriment l'action du verbe; les adjectifs qui participent à cette action, & qu'on appelle ſimplement, en grammaire, *participes*; les adverbes qui indiquent la maniere ou le degré de l'action. Le tout remonte toujours au phyſique, comme à ſon germe primordial. Il y a même des adverbes vagues, qui, ne paroiſſant nullement relatifs à des peintures ſenſibles, ſe trouvent néanmoins n'être composés d'autre choſe, lorſqu'on les analyſe. Les Latins diſent *præſertim* (pour *in primis*,) l'ayant formé de *quod præ ſeritur* : ils diſoient *antigerio*, (vieux mot pour *valdè*, *oppido*,) l'ayant formé de *quod antè geritur*. *Oppido* même, au rapport de Feſtus, ne ſignifie autre choſe que *quantùm oppido ſatis eſſet*. Ces manieres de s'exprimer ſont des adverbes généraux, formés ſur des images viſibles, communes & champêtres.

241. *Les racines ſont, pour la plûpart, des mots inuſités dans les langues, où ils ne ſervent qu'à former les mots d'uſage, par une méthode de ſynthèſe.*

Les racines ou clefs radicales ſont preſque toujours inuſitées dans le langage commun, & doivent l'être. Les hommes n'ont & ne peuvent preſque point avoir d'idées ſi parfaitement ſimples, qu'il ne s'y joigne quelque circonſtance ou conſidération acceſſoire, que la parole exprime avec l'idée ſimple, par une extenſion du mot formé ſur la clef radicale, déſignatrice de l'idée ſimple. ST eſt la clef radicale de la fixité & de l'immobilité; mais on ne l'emploie jamais ſeule, que par forme d'interjection : *ST*, *arrête*. Quand je dis *Sto*, je marque non-ſeulement l'*arrêt*, mais encore que c'eſt *moi qui m'arrête*. Auſſi les clefs radicales ne ſont-elles, pour la plûpart, que des ſignes abſtraits, exprimant, en général, toute une modalité d'idées, & applicables dans la compoſition des mots, comme étant leur germe, toutes les fois que la conſidération de l'objet exprimé roule ſur cette modalité.

L'ancienne langue indienne des Brachmanes va fournir un exemple excellent & fort clair de ce que je poſe par-tout ici comme un principe de fait, confirmé par mes obſervations ſur la fabrique du langage : ſçavoir, Que les hommes appliquent un petit ſigne vocal à toute une claſſe d'idées, à toute une maniere de conſidérer les choſes : Que ce ſigne leur ſert conſtamment de primitif, pour former là-deſſus une infinité de dénominations des objets extérieurs; parce qu'ils viennent à les enviſager abſtraitement ſous une certaine face, & à ſe ſervir de cette racine comme d'un noyau autour duquel ils raſſemblent toutes les circonſtances de leur penſée, relatives à l'objet dénommé : Que ce ſigne ne nommant pas un objet phyſique, mais indiquant ſeulement la forme de ſon exiſtence, il s'enſuit de-là que, pris ſeul, il doit être inuſité dans le langage où il ne pourroit exiſter ſéparément du ſujet dont il n'eſt que la forme.

Un miſſionnaire Jéſuite nous a donné une très-bonne deſcription de la méthode ſynthétique ſur laquelle eſt fabriquée la langue Samskroutan des Indiens. C'eſt une langue ſçavante & des plus anciennes de l'univers. Ce qu'il en dit montre par quelle voie naturelle le langage d'un peuple policé parvient à s'enrichir avec abondance, & à ſe perfectionner. Il ſert même encore à confirmer ce que plusieurs autres remarques m'ont fait avancer ailleurs, que les Indiens étoient une des plus anciennes nations du monde, c'est-à-dire, des plus anciennement instruites.

» La grammaire des Brachmanes peut, dit-il, » être mise au rang des plus belles » sciences. Jamais l'analyse & la synthèse » ne furent plus heureusement employées » que dans leurs ouvrages grammaticaux » de la langue Samskret ou Samskroutan. » Il me paroît que cette langue, si ad» mirable par son harmonie, son abon» dance & son énergie, étoit autrefois » la langue vivante dans les pays ha» bités par les premiers Brachmanes. » Après bien des siécles, elle s'est in» sensiblement corrompuë dans l'usage » commun; de sorte que le langage des » anciens Richi ou Pénitens, dans les » Vedans ou Livres sacrés, est assez » intelligible aux plus habiles, qui ne » sçavent que le Samskret fixé par les » grammaires.

» Il est étonnant que l'esprit humain

» aît pu atteindre à la perfection de l'art
» qui éclate dans ces grammaires. Les
» auteurs y ont réduit, par l'analyse,
» la plus riche langue du monde, à un
» petit nombre d'élémens primitifs, qu'on
» peut regarder comme le *caput mortuum*
» de la langue. Les élémens ne sont,
» par eux-mêmes, d'aucun usage; ils ne
» signifient proprement rien; ils ont seu-
» lement rapport à une idée, par exem-
» ple, *Kru* à l'idée d'action. Les élémens
» secondaires, qui affectent ce primitif,
» sont les terminaisons qui le fixent à être
» nom ou verbe; celles selon lesquelles
» il doit se décliner ou se conjuguer; un
» certain nombre de syllabes à placer entre
» l'élément primitif & les terminaisons;
» quelques prépositions, &c. A l'ap-
» proche des élémens secondaires, le
» primitif change souvent de figure: *Kru*,
» par exemple, devient, selon ce qui
» lui est ajoûté, *Kar*, *Kâr*, *Kir*, *Kri*,
» *Kîr*, &c. La synthèse réunit & com-
» bine tous ces élémens, & en forme
» une variété infinie de termes d'usage.

» Ce ſont les régles de cette union &
» de cette combinaiſon des élémens,
» que la grammaire enſeigne; de ſorte
» qu'un ſimple écolier, qui ne ſçauroit
» rien que la grammaire, peut, en opé-
» rant, ſelon les régles, ſur une racine
» ou élément primitif, en tirer pluſieurs
» milliers de mots vraiment *Samskrets.*
» C'eſt cet art qui a donné le nom à la
» langue; car *Samskret* ſignifie ſynthéti-
» que ou compoſé. » (Lettres édifian-
tes, tome xxv.)

242. *Cette méthode de ſynthèſe eſt facile à reconnoître dans tous les langages où l'on fait quelqu'exercice de l'eſprit.*

Si cette forme de compoſition ne ſe trouve pas auſſi méthodique, auſſi réguliérement ſuivie dans les autres langages, que dans celui-ci, il eſt au moins facile de reconnoître qu'on en a toujours plus ou moins fait uſage, dans tous ceux des peuples un peu policés, & qui ont quelque étendue dans les idées. Ce que la philosophie opéreroit dans le langage, s'il étoit possible d'introduire parmi les hommes une langue philosophique, fabriquée par combinaison réfléchie, & de la rendre vulgaire, l'instinct, la commodité, la nécessité l'ont à-peu-près opéré, quoique d'une façon moins réguliere & moins exacte. Pour peu qu'une langue contienne quelque développement des connoissances ou des réflexions humaines, il n'y en a point qui n'emploie la méthode de synthèse, pour former l'expression réunie & diversifiée de ses concepts. Car je laisse à part ici le langage de quelques nations tout-à-fait brutes, dont on nous raconte des anomalies surprenantes ; récit qui n'est peut-être fondé que sur le peu de connoissance qu'on en a. J'en parlerai ailleurs, n'en ayant voulu dire que fort peu de chose dans le Chapitre IX, pour ne pas interrompre le fil des propositions.

Un certain son organique & radical n'a d'abord représenté qu'un certain objet réel & physique, auquel on l'assimiloit le moins mal qu'on pouvoit ; mais cet objet ayant un caractere commun avec beaucoup d'autres, on a généralisé le son qui l'exprimoit pour désigner le caractere même. On a fait rouler sur un petit nombre de pivots de cette espece tout l'assemblage des expressions, en se réunissant du particulier au général, en s'écartant du général au particulier. On a donné à ces racines autant d'expansion qu'il en falloit pour correspondre à celle des idées.

243. *Comparaison des signes radicaux avec les conceptions abstraites.*

En ceci les racines sont dans le langage à-peu-près ce que les abstractions sont dans la pensée. Les premieres sont des signes sonores, les autres sont des *concepts* auxquels la parole ou l'esprit rapporte les êtres qui ont une certaine maniere d'exister, laquelle leur est commune, & nous frappe par cette uniformité, ſous laquelle nous les conſidérons, ſans avoir égard à leurs autres manieres d'exiſtence que nous laiſſons à part en ce moment. C'eſt un point de réunion pour les images & les expreſſions de même eſpece, lorſque l'impreſſion qu'ils cauſent eſt pareille, quoiqu'elle ſoit cauſée par des objets différens. Mais on ne s'arrête qu'à cette parité qui les fait raſſembler ſous un même *concept*, ou ſous une même dénomination, & qui en forme ainſi une claſſe générale d'idées ou de mots ſous un terme abſtrait ou ſous une racine. Il y a, dans la nature, des objets *blancs* en grand nombre. Le ſentiment uniforme, qu'ils excitent en nous, a fait inventer le mot *blancheur*, pour marquer le point qualificatif, ſelon lequel tous ces objets ſe raſſemblent, quoiqu'il n'y ait point d'être réel qui ſoit la *blancheur*; de ſorte que la *blancheur* n'eſt qu'une exiſtence abſtraite & une conſidération métaphyſique, ſous laquelle la penſée réunit tous les objets doués de cette qualité qui leur ſert de centre commun. Il en eſt de même de tous les êtres *fortunés* ou *infortunés ;* car il n'y a point d'être réel qui ſoit le *bonheur* ou le *malheur.* Comme ces *concepts* abſtraits ſont des êtres *inexiſtans*, qui n'ont d'autre fin que d'exprimer commodément une qualification générale ; de même les racines ſont des mots inuſités, de ſimples articulations d'organe, qui n'ont ſervi que comme exemplaires pour fabriquer promptement un grand nombre de termes d'uſage, lorſque les choſes qu'on avoit à nommer, pouvoient ſe reſſembler, ſe toucher, ſe rapprocher ou ſe lier par un point commun, que déſignoit l'articulation radicale. Mais il y a cette différence entre les abſtractions & les racines, que les abſtractions ſont le point où convergent toutes les impreſſions ſenſibles, pour former une idée abſtraite ; au lieu que les racines ſont le point d'où tous les mots dérivés divergent, pour ſe particulariſer en mille manieres diverſes. Il ſemble que quantité d'impreſſions venuës des objets extérieurs, ayant affecté l'eſprit d'une certaine maniere, & contribué à former un certain *concept* abſtrait, l'eſprit ait voulu peindre ce concept par un coup d'organe vocal, qui tout de ſuite a ſervi de germe d'où ſont éclos les noms des choſes relatives à ce concept général. L'air, l'eau, le feu ſont des corps qui ont la qualité d'être très-*fluides*. L'impreſſion, qu'ils ont faite ſur les ſens, a fait naître dans l'eſprit l'idée abſtraite de *fluidité*. La voix a peint cette image des choſes, & le concept de l'eſprit par l'articulation d'organe très-liquide FL. Le langage a dérivé de cette articulation les mots *flatus*, *flumen*, *flamma*, qui peignent les effets de l'air, de l'eau & du feu. Puis une infinité de mots ont été fabriqués non-ſeulement ſur le *ſouffle*, le *fleuve* & la *flamme*, mais ſur tout ce qui eſt ou paroît être dans un état de *fluidité* aërienne, aquatique, ignée: *flûte*, *felouque*, *flambeau*, &c.

244. *Les primitifs ſont ſouvent inuſités auſſi.*

Les *primitifs* ſont auſſi le plus ſouvent

inusités comme *simples* dans les langues où on les emploie à la composition d'autres mots usités. On dit *auceps* preneur d'oiseaux, *avium-ceps :* on dit *forceps instrument à prendre ou à tirer dehors*, tenaille, *foras-ceps :* on dit *particeps* celui qui *prend* part, *partis-ceps ; manceps* celui qui prend avec la main, *manu-ceps.* Le tout de la ℞. *Cap* qui désigne en général l'action de prendre. (Voy. n° 198—204.) Mais le simple *ceps* n'est nullement en usage en la langue latine. C'est une des raisons pour laquelle les primitifs, qui forment la véritable étymologie, ne sont pas toujours facilement apperçus, parce que ce sont des mots simples, dont on ne se sert pas. Il est fort ordinaire que les verbes composés ne soient pas d'usage au simple, & que le simple primordial ne soit pas reçu dans le langage, s'il n'est joint à une préposition. En *françois* on dit *concevoir*, *recevoir*, *décevoir*, *percevoir*. Mais on ne se sert pas du verbe simple *cevoir*, qui est pourtant le pur latin *capere*, sorti de la ℞, *Cap*. On dit *ac-*

cepter; mais on ne dit pas le verbe ſimple *cepter*, qui eſt encore le pur latin *capere*. Le latin, au contraire, ſe ſert également ici du ſimple & des compoſés, toutes les fois qu'il eſt queſtion de *prendre* ou de modifier l'action de *prendre*; *Capere*, *concipere*, *recipere*, *decipere*, *percipere*, *accipere*, *acceptare*. Mais la langue françoiſe n'a formé ſon verbe ſimple & direct, *prendre*, que ſur le latin *prehendere*, qui n'eſt pas fréquemment uſité au ſimple. Et toutes les fois que le françois emploie ſon verbe ſimple *prendre* en forme compoſée, il lui donne un ſens tout-à-fait détourné du ſens primitif; *apprendre*, *comprendre*, *reprendre*. Telles ſont les variations de l'eſprit dans l'uſage qu'il fait des racines & des primitifs. Il s'écarte, il les étend; il abuſe, en cent mille manieres différentes, de l'inſtitution originelle des mots. C'eſt ici que le langage ſe dilate amplement & arbitrairement, mais toujours ſur un fond primitif, dicté par la nature & par la néceſſité. C'eſt ce qu'on a vu dans l'exemple détaillé, que j'ai donné (n° 198 & ſuiv.) des extenſions qu'une ſeule des branches de la ℟. *Cap.* a reçu dans l'uſage de la ſeule langue latine.

245. *Exemple des occaſions où les primitifs qui ſont hors d'uſage ailleurs, ſe ſont conſervés.*

Les verbes ſimples, non uſités dans une langue, s'y retrouvent néantmoins parfois, lorſque l'idée eſt un peu modifiée. On dit en françois *Capter* pour *tâcher de prendre.* Ils s'y retrouvent encore dans les termes appropriés à certains arts, & conſacrés à une ſeule occaſion particuliere. Au jeu de brelan, on dit *Caver Capere. Caver* de ſa boëte, ou *Caver* de ſa poche, c'eſt *prendre*, dans ſa boëte ou dans ſa poche les fiches ou l'argent qu'on doit jouer. Cet argent, qu'on appelle *priſe* aux autres jeux, s'appelle *Cave* au brelan. Le hazard y a conſervé le mot ſimple & la ℟. *Cap* inuſitée par-tout ailleurs.

Clin eſt un primitif preſque inuſité dans

notre langue, où l'on rencontre fréquemment les composés de ce terme ; *enclin*, *déclin*, &c. Le primitif ne s'y trouve jamais qu'avec un régime, & dans cette seule expression *un clin d'œil;* mais ce germe que la voix applique en général, quand elle veut exprimer une descente, un penchant, une dégradation progressive, continuée, mais peu sensible, est la source de quantité d'expressions qui ont un rapport physique ou allégorique à cette premiere considération simple, *déclinaison*, *inclination*, *climat*, *climatérique*, &c. de même dans les langues grecque & latine, &c. *Clin* n'est pourtant qu'un primitif où l'organe figure la voix nazale *in* avec un coup de gorge coulé sur la langue, *CL*. C'est cette articulation de gorge coulée *CL*, qui est la véritable racine. La voix, par cette inflexion creuse & coulée, s'est méchaniquement efforcée de peindre une descente glissée. Elle n'emploie pas d'autres élémens que la *gorge coulée* dans la fabrique premiere des mots françois *glisser*, *couler*, du mot italien *calare* (descendre doucement, descendre en glissant.) *Clin d'œil*, c'est la descente de la paupiere sur l'*œil*. *Clignotement*, c'est l'habitude de ce mouvement. *Climat*, en langue grecque, c'est une échelle servant à descendre ou à monter peu-à-peu.

246. *Cause des variétés de dénomination d'un même objet en différens langages.*

Voyez ici comment les hommes s'attachent à toutes especes de considérations pour forger des mots, peindre les objets, & rendre leur conception, à force d'images naturelles. Pour dire une échelle, ou, en général, ce qui aide à descendre ou à monter, les uns disent κλίμαξ ayant égard à la pente insensible, qu'ils expriment par la R/. *CL*, c'est-à-dire, par une inflexion de gorge coulée-doux; les autres disent *scala*, ayant égard aux excavations où on met le pied; ce qu'ils expriment par une inflexion creuse & appuyée, en tirant le terme de la R/. *SC*, qui

qui désigne l'excavation : tandis que d'autres, portant leur considération sur les efforts que l'on fait pour monter, *gravir*, *grimper*, disent *Gradus*, peignent cet effort par l'inflexion creuse, poussée & rude, par la R/. *GR*, qui est un coup de gorge, rudement frôlé. Ces diverses manieres de considérer le même objet, & de le saisir par les uns ou par les autres de ses effets, produisent dans les dénominations une diversité déja grande dans les racines même, & qui ne fait que croître dans leurs dérivés. Mais il n'y avoit aucune diversité dans le but qu'on se proposoit, ni dans la méchanique qu'on y employoit. On avoit toujours en vue de représenter l'objet par un son assimilé à ses effets, autant qu'il étoit possible.

247. *Variations introduites par l'usage dans les dérivés d'un même primitif.*

Quelquefois le langage, sans quitter la racine propre ni son verbe primitif, dérive à la fois par l'idée & par la figure;

variant, ſelon l'occaſion, la forme de chaque dérivé, pour l'approprier à chacune de ſes idées. De la racine *tang* ou *tact* le latin fait le verbe ſimple *tangere*, *tactum*; & le verbe composé *attingere*. Du latin *tactum* l'italien fait le verbe ſimple *toccar*, & le françois le verbe *toucher*. Mais du latin *attingere* le françois ne fait pas *attoucher*; il fait le composé *atteindre*, s'attachant, par préférence dans la dérivation de ſon idée, à la forme matérielle du mot latin. D'autre part, l'anglois, employant ce mot en une ſignification détournée, dit *atteinder* pour *conviction*. Jamais le françois ne dit *atteindre* pour *convaincre*, ſi ce n'eſt dans la formule conſacrée à la Juriſprudence criminelle; *il eſt atteint & convaincu d'un crime*. Dans cette phraſe le mot *atteint* eſt tourné en image: il peint l'accuſation comme ayant porté coup, & l'accuſé comme *touché* & frappé du coup. On trouve dans les termes *techniques* conſacrés aux arts & aux ſciences pluſieurs exemples de verbes où la racine primordiale est conservée tantôt en son sens propre & originel, tantôt en une signification tout-à-fait détournée, & qu'on n'emploie jamais qu'en cette occasion.

248. *Forme générale des racines & des dérivations par degrés.*

Les racines sont courtes, communément monosyllabes, & de deux ou de trois figures, une voyelle entre deux consonnes. Les dérivés s'allongent dessus & dessous par des prépositions & des terminaisons conformes à l'usage de chaque langue. La prononciation du vulgaire, rapide & mal articulée abrége les mots composés, & varie les inflexions du même organe. Les seconds dérivés de ceux-ci prennent de nouvelles terminaisons dans les nouvelles langues où ils passent On les abrége, on les altere encore par la prononciation; si bien que le signe radical se trouve quelquefois à la fin comme étouffé; & qu'un mot assez court est souvent composé dans la filiation d'un grand nombre de ſyllabes. Comme chaque idiome a ſes prépoſitions & ſes terminaiſons familieres ; comme la dérivation ſuppoſe, la plûpart du tems, quelque choſe d'ajoûté à l'idée précédente, les mots, à force de paſſer de langues en langues, & de s'éloigner de leur ſource, deviendroient à la fin d'une longueur impraticable, ſi la néceſſité du diſcours facile & courant n'introduiſoit l'uſage de les contracter par une prononciation rapide, qu'on ſuit après dans l'écriture, en abrégeant l'orthographe. Les exemples de ceci ſont remarquables ſur-tout dans les noms propres qui nous viennent des langues d'Orient où l'uſage eſt de compoſer ces noms de pluſieurs mots diſtincts, que l'on a fondus enſemble en un ſeul terme rapide & plus commode. Exemple, *Sardanapale*, pour *A-ſar-adon-Baal ;* Miramolin, pour *Emir-el-Moumenim*. Les contractions ou ſyncopes de cette eſpece ſont fréquentes, même dans les dialectes d'une même langue. Exemple, *dortoir* pour *dormitorium*, *deſir* pour *deſiderium*, *orpiment* pour *auripigmentum*, *rond* pour *rotundus*, *mûr* pour *maturus*, *croire* pour *credere*. Ils ſont communs ſur-tout dans les noms des lieux. Exemple, *Lyon* pour *Lugdunum*, *Melun* pour *Melodunum*, *Auxerre* pour *Altiſſiodurum*, *Mâcon* pour *Matiſco*, *Lorraine* pour *Lotharingia*, *Louis* pour *Litavicus* ou *Chlodovechus*.

Le fâcheux effet de ces contractions eſt d'empêcher le commun des hommes de reconnoître de combien de primitifs accumulés chaque mot ſimple eſt compoſé; ce qui donneroit au vulgaire une idée beaucoup plus nette des choſes, & lui faciliteroit infiniment la connoiſſance des ſciences, en lui développant d'un coup d'œil toutes les idées qui ſont entrées dans la compoſition de chaque mot. On a vu, dans le paſſage de Freret, que j'ai cité plus haut, que ce ſçavant homme auroit voulu que chaque dérivé fît connoître, à la premiere vue, non ſeulement la compoſition de l'idée correſpondante, mais encore en quelles idées ſimples il faudroit la réſoudre en la décompoſant. Ce qu'il propoſoit ici dans la fabrique d'une langue philosophique, se rencontre tout naturellement dans les nôtres. Mais il n'y a que des gens de lettres qui puissent le reconnoître, en procédant à l'analyse des termes, au moyen de laquelle ils retrouvent l'assemblage & le résultat des idées; comme il n'y a que les anatomistes qui connoissent les ressorts & les causes actives du corps humain, dont tout le monde voit les mouvemens. Vouloir que l'assemblage des primitifs reste toujours présent à chaque dérivé, c'est exiger qu'un langage quelconque reste toujours fixe, & sans altération, dans la bouche de ceux qui le parlent; c'est demander une chose impraticable aux hommes. Si une langue philosophique, fabriquée dans la plus exacte perfection, devenoit vulgaire, les traits en seroient défigurés au bout de peu de siécles.

Les contractions sont souvent assez fortes, pour donner un air primitif & monosyllabe à tel mot qui sera pourtant composé de trois autres primitifs. Un grammairien apperçoit fort bien dans le mot

Juste, *Justus*, trois primitifs qui forment les trois élémens du mot, dont ils donnent en même tems la définition complette : *Juri-stans-vir.* 1° *Jus* : 2° *ST*, signe radical & commun de la fixité : 3° *us*, signe primitif & commun du genre masculin. (Voy. n° 255.) Mais il n'y a que les grammairiens qui s'arrêtent à de telles observations, quand elles leur sont nécessaires ; dans le courant du discours on n'y fait jamais aucune espece d'attention. Il en faudroit beaucoup dans les noms où les primitifs, souvent tirés de divers langages, ne sont pas moins défigurés qu'entassés, quelquefois même sans que le mot conserve aucun rapport apparent avec plusieurs d'entr'eux. Par exemple, *Tierache*, (nom d'une contrée de Picardie) c'est *Thierry-lieu*, *Theodoriciacum.* Ce mot est composé de deux primitifs Grecs, Θεὸς Dieu, δῶρον don, & de deux primitifs celtiques, *Rix*, puissance, Etat, seigneurie, Seigneur ; *ac*, contrée, lieu, région, pays. Ainsi le mot *Tierache*, par son développement, montre la raiſon hiſtorique du nom qu'il a reçu. C'eſt *Deo-dati domini pagus; le pays du Seigneur Dieu-donné.*

249. *Cauſe phyſique qui rend inévitable l'altération des primitifs.*

Il ſeroit fort utile ſans doute que les hommes n'euſſent pas ainſi rendu méconnoiſſables les élémens de leurs diſcours, puiſque la parole eſt le plus grand moyen qu'ils ayent de communiquer enſemble, & le principal inſtrument de la ſociété humaine. Mais ſi l'on y fait attention, on reconnoîtra bientôt que ces altérations continuelles ont dans la nature des choſes une cauſe phyſique, qui les rend inévitables; & qu'il n'eſt pas plus poſſible de fixer une langue parlée, que de fixer l'air inviſible & mobile par ſa nature : l'air eſt le véhicule du ſon, le ſon eſt le produit de la parole; produit inviſible & mobile comme l'air qu'il frappe; comme lui variable par ſon eſſence. *Ex hoc omnis inconſtantia tumultuſque eſt. . . . Quid eſt enim vox, niſi intenſio aëris, ut audia-*

tur, linguæ formata percussu? (SENEC. *Qu. nat.* II, 6.) Le même auteur dit, en parlant des mots: *Nascuntur enim in re fugaci & mutabili. Quomodo potest enim in aëre aliquid idem diu permanere; cùm ipse aer nunquam idem maneat?* (*Ibid.* VII. 22.) L'effet du son est instantané & sans permanence. Dès qu'il est évanoui, il n'en reste qu'une mémoire infidele, sujette à le reproduire avec peu d'exactitude, quand on le répete. Ajoûtons à ceci que la diversité des climats en met assez dans la construction des organes, pour rendre l'imitation correcte des mêmes sons, très-difficile entre les hommes. Il est probable que, sans ces inconvéniens, le genre humain n'auroit jamais parlé qu'un même langage. Il est du moins certain que, s'il existoit une espece d'hommes qui manquât totalement du sens de l'ouïe, & qui ne discourût que par écrit, son langage, n'opérant pas sur l'air, & ayant une maniere permanente de fixer ses élémens, n'éprouveroit que fort peu d'altération dans une longue suite de siécles & d'émigrations.

250. *Obſervation particuliere ſur l'origine des mots françois.*

Les mots françois, venus de la langue latine, ſe déſont le plus ſouvent de leur terminaiſon inutile : par-là ils ſe rapprochent encore plus de la racine, que ceux même d'où ils paroiſſent ſortis. Exemple : *collum*, *col* : *pannus*, *pan* : *ſiccus*, *ſec*. La langue latine a tiré quantité de mots du Celtique, tant par l'Etruſque, l'Ombre & l'Oſque, que par les Colonies Gauloiſes, qui s'établirent en Italie, lòrs de l'enſance de cette langue. Elle les chargea ſans doute de ces terminaiſons uſitées chez elle ; & je ne m'éloigne point du tout de croire que ces mots ſont reſtés immédiatement dans notre langue, & que nous les tenons plutôt des Celtes, que des Latins qui les avoient pareillement, & qui les ont trouvés ſemblables aux leurs, lorſqu'ils ont apporté parmi nous leur langue avec leur domination. En devenant dominante chez les Gaulois, elle y retrouva les mots qu'elle avoit pris d'eux, tout établis : par conséquent il n'a pu ni dû y avoir alors aucune innovation, à cet égard, dans le langage des Gaulois. Il est naturel de penser que ces termes, qui sont parmi nous en grand nombre, se trouvent dans le françois, plutôt parce qu'ils étoient déja usités dans la langue nationale, que parce qu'ils y ont été introduits avec la langue latine qui les avoit jadis adoptés. *Sec* vient plutôt immédiatement du celtique *syck*, que du latin *siccus*; d'autant mieux que presque tous les termes, dont j'entends parler, rejettent la terminaison paragogique, que les Latins y avoient autrefois ajoûtée, & que nous avons conservée sur le génitif latin dans ceux qui nous viennent réellement des Latins. *Sermon* ne vient pas du nominatif *sermo*, mais du génitif *sermonis*.

251. *Il y a des racines, autrefois venues de notre langue, qui y sont rentrées sous une autre forme, & sous un*

autre son, mais avec la même valeur significative, qui n'est plus guères entendue.

Les Latins nous ont quelquefois rapporté nos propres mots celtiques, assez altérés pour être méconnus au premier coup d'œil. Nous les employons tantôt comme nous les avons reçus des Romains, tantôt tels que nous les tenons de nos anciens patriotes. Mais, dans ce dernier cas, nous ne les entendons guères, & nous n'avons fait que multiplier les termes, sans multiplier les idées. La terminaison *Gill*, *Gilum*, est très-commune en notre ancien langage dans les noms de lieux. Nous la rendons en françois par la terminaison *euil : Nantogillum*, *Nanteuil : Vernogilum*, *Verneuil* ; & les Italiens par *oglio : Brogilum*, *Broglio*, Breuil. Cette expression signifie primitivement *rivus*, *aqua parva*, *locus ad rivum*. On en a étendu le sens à désigner un lieu, une habitation quelconque, ainsi qu'il est arrivé aux mots radicaux *ac*, *dun*, *an*, *tan*, *dun*, à-peu-près synonimes de celui-ci. Les Latins en ont fait *acum*; ou *amnis*, *ona*, *enus*; où *tania*, *dunum*. Ces trois expressions signifient *lieu habité*, & les deux derniers plus particuliérement *lieu* voisin de l'eau. De même *Gill*, *Will*, ou *euill*, en la langue celtique, désigne le lieu, l'endroit, l'habitation. Les Gaulois des Colonies d'Italie ont porté ce mot dans la langue latine, où il est si commun en ce sens. Les Romains, qui le prononcent *Villa*, l'ont rapporté dans notre langue francoise, où, selon leur maniere d'écrire, nous le prononçons le plus souvent *Ville*. Et puisque nous l'avons reçu, c'est de cette maniere qu'on auroit dû rendre les noms de lieux gaulois en *gwill* & en *Will*. Mais, au lieu d'en user ainsi, on leur a conservé une tournure barbare, en les traduisant par *Gilum*, *euil* ou *oglio*; termes qu'on n'entend pas, & qui ne ressemblent plus à *Ville*. C'est ainsi qu'à force d'émigrations, les mots, même les mots identiques pour le sens & la figure, ſe multiplient, s'alterent & deviennent méconnoiſſables, lors même qu'ils ſont revenus à la ſource dont ils étoient ſortis.

La terminaiſon *ieu*, ſi commune dans les noms géographiques, eſt peut-être la même que celle en *euil* : en tout cas elle eſt certainement la même pour le ſens que le celtique *ac*, qui a la même force ſignificative, & déſigne le lieu. *Maximiacum*, Meximieux : *Gordiacum*, Cordieu : *Cremiacum*, Crémieu. D'autres pays mettent cette terminaiſon en *ec*, comme *Meriadec*, *Kergournadec*, ou en *ex*, comme *Tournex*, *Fernex* : d'autres conſervent ſans altération l'*ac* celtique. *Cognac*, *Fronſac*, *Armagnac*. C'eſt de cette racine que viennent tant d'autres terminaiſons patrionimiques en *ic*, *inc*, *ing* ou *ens*. *Germanicus*, *Lotharingia*, *Turonenſes*, &c.

252. *La racine des verbes eſt dans l'impératif.*

Selon la remarque de Leibnitz (*Otium*

Hanoverianum, pag. 427,) la vraie racine des verbes eſt dans l'impératif. Le premier & le plus naturel uſage du verbe eſt de s'en ſervir à l'impératif, en ordonnant l'action qui eſt à faire. Ex. *voi*, *prends*, *tiens*, *fais*. Ce tems du verbe eſt fort ſouvent monoſyllabe dans la plûpart des langues. Lors même qu'il ne l'eſt pas, il eſt plus dépouillé qu'aucun autre des additions terminatives ou augmentatives, qui chargent la racine premiere du mot, & peuvent empêcher qu'on ne la diſcerne. En rangeant les verbes ſynonymes de toutes les langues ſur leur R/. premiere, il eſt à propos de ſe ſervir de ce tems abſolu, plutôt que de l'infinitif qui eſt allongé, & que du préſent de l'indicatif qui, ſans être plus long dans certaines langues, exige en pluſieurs l'adjonction du pronom. Exemple : *Da, Do*; *Donne*, *je Donne*.

253. *Du ſigne radical de la négation & de la formule des locutions négatives.*

L'homme, pour communiquer ſes perceptions, a besoin d'exprimer non-seulement les objets existans & la maniere de leur existance, mais encore de quelle maniere ils n'existent pas. De même pour les sentimens, il a besoin de faire connoître s'ils sont conformes ou non-conformes à sa volonté. Il faut donc qu'outre les diverses racines, servant à exprimer les idées positives, & les diverses classes d'objets, il ait une autre racine qui lui serve aux idées négatives, purement appropriée à indiquer que ce qu'il peint n'est pas dans ce qu'il veut peindre. Une seule racine suffit par-tout à cet effet, à quelqu'objet qu'on l'adapte. La négation n'étant qu'un sentiment absolu & privatif, une pure contre-assertion, c'est assez qu'il y ait un signe vocal, une articulation d'organe consacrée à avertir l'auditeur que ce que l'on dit n'est pas dans le sujet dont on parle. Le sentiment négatif renfermant en soi une volonté positive & contraire, il n'est pas difficile à l'homme de l'exprimer par un geste, ou, ce qui est la même chose, par un coup d'organe;

car les ſons vocaux quelconques ne ſont qu'autant de geſtes de l'organe vocal. Dans la formation de pluſieurs langages, l'homme a choiſi pour l'expreſſion du ſentiment négatif le geſte naſal, ſoit voyelle, ſoit conſonne. N'auroit-il pas été naturellement conduit à ce choix par la raiſon que des deux tuyaux dont l'inſtrument vocal eſt compoſé, (Voy. n° 27 & 31,) celui du nez eſt le moins uſité, & qu'il change le ſon de la voyelle; ce qui lui aura machinalement mérité la préférence pour l'interjection du doute, & pour l'expreſſion de l'idée privative: (Voyez n° 34 & 55;) car il eſt aſſez ſimple de toucher les ſons de cette eſpece ſur la moindre partie de l'inſtrument? On a donc ſouvent employé ici la voyelle nazale IN, ou la conſonne nazale S, ou la conſonne très-liquide N, laquelle a beaucoup d'analogie avec la voyelle nazale. Dans le nombre des conſonnes de l'alphabet Malabare, on trouve une conſonne N purement nazale, particuliere aux Indiens, & différente de l'N ordinaire, consonne de langue qui se trouve aussi dans le même alphabet. J'ai déja remarqué ci-dessus cette analogie entre l'N, le tuyau nazal, & le sentiment négatif, lorsque j'ai fait voir (n° 34 & 55) par des exemples très-frappans, que ce rapport du sentiment & de l'organe tenoit au physique de la machine, & prouvoit une détermination donnée par la nature.

S'il est possible d'exprimer par le geste vocal le sentiment négatif, il ne l'est pas de peindre la négation d'un objet extérieur, ni de donner à la privation, autrement que par une méthode fort indirecte, un nom qu'elle ne pouvoit recevoir d'une maniere purement positive. Comment auroit-on pu prendre le néant, *non ens*, dont il est impossible d'avoir d'image, & par conséquent d'idée, & dont l'essence chimérique est de n'exister pas ? Comment lui donner un nom, puisque les mots dans leur origine ne sont que des peintures plus ou moins imparfaites des choses réelles ? On ne l'a pu; mais en remplacement on a adopté le geste vocal du ſentiment négatif, en le tranſportant, par analogie, des ſentimens intérieurs aux objets extérieurs. Pluſieurs nations ont, par exemple, pris la voyelle nazale *in*, ou la conſonne nazale *S*, qu'elles ont jointe au nom poſitif de l'objet, pour ſignifier qu'il falloit entendre le contraire de ce qu'on diſoit : *infinité*, *sfortunato*, &c. Sur le germe de l'articulation N, analogue à la voix nazale, on fait la racine *non*, *ne*, *ni*, *nec* & le verbe *nego*. Ce ſigne radical a été appoſé par-tout aux locutions de cette eſpece, comme marque générale faite pour avertir du vrai ſens de la locution. Mais jamais on ne l'emploie, ni on ne pourroit l'employer, ſans le joindre à un mot poſitif; de ſorte qu'on annonce ſéparément, quoiqu'à la fois, l'exiſtence réelle & le ſigne négatif. En un mot il eſt impoſſible de former un nom abſolument privatif, c'eſt-à-dire une locution qui ne contienne pas une idée vraiment poſitive. Même dans ceux que l'uſage regarde comme termes négatifs, aucun ne l'eſt, mais au contraire. *Rien* ſignifie précisément *quelque chose*. On ne l'emploie en sens contraire que parce que l'on fait toujours précéder une négative. *Non habeo rem; Je n'ai rien*. De même en latin *nihil*: *hilum*, étant un vieux mot de cette langue, qui signifie *chose*, *quelque chose*, le même que le grec ὕλη, i. e. *materia*; on y a joint le signe négatif *ni*, pour en faire *nihilum*, & désigner la privation d'existence. De même *personne*, en latin *nemo*, *ne-homo*. De même *pas* & *point*, & en certains patois *gen*, *passus*, *punctum*, *genus*, termes physiques de la langue latine, qu'on a traduits dans notre langue, pour désigner *quelque chose en général*, & qu'on n'y peut employer, sans y joindre la R/. de négation : non plus que *jamais* qui, à la lettre, signifie toujours (*à jamais*, i. e. à toujours;) & qui ne veut dire le contraire qu'au moyen du signe opposé qu'on joint à la phrase; *je n'en veux pas*, *je n'en ai point*, *je n'y vais jamais*. Observons en passant sur ce mot *jamais*, que c'est une expression fort bien faite, quoique peut-être sans réflexion, ſur les deux adverbes latins *iam*, déja, *magis*, encore plus, qui repréſentent le paſſé & l'avenir; ce qui eſt *déja*, & ee qui arrivera *encore* : il n'y avoit pas de meilleure maniere de rendre l'idée de l'infini. Ce mot *jamais* eſt beaucoup mieux fabriqué que le latin *unquam* ou *ne unquam*.

Il y a des mots où la racine négative ſemble diſparoître, tant on eſt accoutumé à s'en ſervir pour un ſens ou pour une idée poſitive. Tel eſt le mot *néceſſité* qui exprime qu'une choſe ſe fait abſolument, toujours & ſans ceſſer; *ne-ceſſare*.

254. *Difficulté de connoître la racine organique des particules & des prépoſitions.*

J'ai fait voir, n° 196, combien il étoit difficile de trouver le premier germe radical des particules conjonctives du diſcours. Leur examen m'a fait pencher à croire qu'elles étoient pour la plûpart arbitraires, & que le prompt & prodigieux besoin qu'on en a pour s'énoncer, ayant forcé les hommes de chaque pays à prendre le premier monosyllabe ou geste vocal indéterminé qui lui venoit à la bouche dans le besoin pressant, l'usage réitéré en avoit déterminé l'habitude significative.

Il n'est guère plus aisé d'assigner la premiere origine des prépositions, quoiqu'un peu plus composées que les simples particules conjonctives. Je ne dirai rien de fort satisfaisant, si je dis sur les particules *in* & *ex*, qui marquent le *dedans* & le *dehors*, la même chose qu'avance Nigidius sur les pronoms *nos* & *vos*, sçavoir, que le mouvement de l'organe se fait en retour intérieur dans le premier, & pousse le son à l'extérieur dans le second. Les langages ont peu de variétés dans les prépositions, les empruntant d'un langage à l'autre, & les cumulant quelquefois avec profusion les unes sur les autres, pour n'en former qu'une seule; comme lorsque nous disons en françois *auparavant*, en réunissant quatre prépoſitions latines *ad-per-ab-ante.* Les nôtres ſont grecques pour la plûpart. L'origine ancienne des mots grecs primitifs nous eſt aujourd'hui le plus ſouvent inconnue ; de ſorte qu'on ne ſçauroit diſcerner quelles ſont les prépoſitions radicales, ou celles qui ont été formées par la contraction de certains mots plus compoſés. On voit bien que *ſur* vient de *ſuper ; ſuper* de ὑπὲρ & celui-ci du Chaldéen עבר (*ibr.*) On voit bien que *præ* & *pro* ont rapport à *primus ;* que *chez* eſt une traduction de l'italien *caſa ;* & que quand on dit *chez vous*, c'eſt comme ſi l'on diſoit *caſavoi* (maiſon de vous.) Et encore ce dernier mot eſt plutôt dans notre langue un adverbe qu'une particule, ainſi que beaucoup d'autres dont l'origine devient plus facile à reconnoître. Mais quand ce ſont de pures particules, il eſt mal-aiſé de retrouver la premiere cauſe de leur formation, qui ſans doute a ſouvent été arbitraire & précipitée ; comme je l'ai remarqué, en parlant de petites expreſſions conjonctives, qui ne ſervent qu'à former la liaiſon du diſcours. (Voyez n° 198.)

255. *Remarques ſur les racines des terminaiſons.*

Quant aux terminaiſons, j'en ai auſſi parlé plus haut, & n'ai pas fait difficulté d'avouer, avec quelques grammairiens, qu'un bon nombre d'entr'elles ont leur racine propre & particuliere, reconnoiſſable à la force ſignificative, & à l'idée acceſſoire que les terminaiſons ajoûtent à chaque mot. Cette partie de la matiere étymologique eſt curieuſe; mais ſi l'on vouloit la traiter en détail, on feroit peut-être un livre entier. Chaque langue a ſes terminaiſons propres, caractériſtiques de ſon idiome & de ſa ſyntaxe. Chaque langue en a un très-grand nombre & de très-variées : cependant la plûpart ſont copiées & dérivées les unes des autres. Il eſt facile d'obſerver que la plus grande partie de celles de nos dialectes ſortis du latin ſont celles même de la langue latine.

On

On pourroit diviser les terminaisons en trois classes, eu égard à leurs racines. 1°. Celles qui ont une racine évidente & connue, & qu'on voit être par elles-mêmes de vrais mots autrefois séparés de ceux auxquels on les a joint, pour ajoûter à ceux-ci le sens accessoire de ceux-là; comme seroit *siturire*, brûler de soif, *siti ureri*, & les autres exemples cités n° 197. On peut mettre dans cette classe celles qui, sans être évidentes, sont fort vraisemblables; comme il est certain que *ment*, terminaison de nos adverbes, vient de *mente*; *prudement*, *prudenti mente*: *fortement*, *forti mente*; que *age* vient souvent d'*agere* ou d'*agens*: *partage*, *partem agens*: *courage*, *cor agens*, &c. Ces deux formules-ci nous viennent de l'italien, qui dit *mente*, *agio*.

2°. Celles qui ne sont que des dérivés d'autres langues anciennes, qu'un langage plus moderne a copiées. Je les appelle *dérivés*, plutôt que *racines*, parce qu'en les remontant aux plus anciennes langues, on ne les y trouve pas employées seules & comme mots isolés, qui avoient leur ſignification propre, ainſi que ceux de la claſſe précédente. Les latins ont quatre terminaiſons dans leur langue, pour marquer le mode infinitif du verbe, *are*, *ere*, *ere*, *ire*. Elles forment les quatre conjugaiſons de leur ſyntaxe : le françois les a copiées pour les quatre conjugaiſons de la ſienne, *er*, *oir*, *re*, *ir* : *aimer*, *avoir*, *rendre*, *ouïr*. Mais en latin ces ſignes paroiſſent arbitrairement choiſis pour déſigner l'infinitif : ils ne ſont employés que comme pure terminaiſon. On ne les trouve pas ailleurs comme mots ſimples, ayant une ſignification iſolée & particuliere, qui ait pu les faire appliquer par préférence aux verbes *amare*, *habere*, *rendere*, *audire*, comme circonſtance acceſſoire pour en marquer l'infinitif. Il en eſt de même de toutes les terminaiſons tant des verbes conjugués, que des noms déclinés. J'en ai donné les exemples dans le Chap. XI. Nous avons formé les nominatifs de notre langue, tantôt ſur le nominatif, tantôt ſur le génitif du latin, en conſervant les déſinences à-peu-près pareilles : *honor*, honneur, *quan-*

titas, quantité, *clementia*, clémence, *actionis*, action. Nous les tirons ſouvent & immédiatement de l'italien qui les a priſes du latin : ſouvent encore nous ne les exprimons que par notre *e* muet, (*juſtus*, juſte.) Nous les ſupprimons en partie (*ſupplementum*, ſupplément) ou même tout-à-fait (*fortis*, fort.) Dans toutes ces déſinences, nous voyons bien la cauſe dérivative ; mais nous ne trouvons pas la cauſe radicale, ſi ce n'eſt dans un petit nombre de cas où elle ſe laiſſe appercevoir ; & alors les terminaiſons rentrent dans la claſſe précédente. Par exemple, le latin forme ſes terminaiſons des trois genres, maſculin, féminin & neutre, *us*, *a*, *um*, à l'imitation du grec ος, η, ον. Je ne vois pas la raiſon primitive du choix pour les deux derniers genres ; mais je crois l'entrevoir pour le premier. La terminaiſon habituelle du grec en *os*, convertie par le latin en *us*, laquelle déſigne, chez l'un & chez l'autre peuple, le genre maſculin dans les noms tant ſubſtantifs que perſonels, paroît répondre à la terminaiſon égyptienne *is* ou *es* ; du moins si les Grecs dans leurs Histoires nous ont fidélement rendu les noms de cette langue, sans y ajoûter une finale à leur mode. Alors il seroit naturel de dériver cette finale *is* du mot oriental *ish* qui signifie *vir*, *le mâle* ; & ce seroit la raison qui l'auroit fait choisir pour désigner le genre masculin.

3°. Celles où l'on n'apperçoit aucune trace de racine ni de dérivation ; mais qui paroissent être de pure fantaisie de la part du peuple qui les emploie. Peut-être celles de la seconde classe ont d'abord été de ce genre dans leur premiere origine. Il y en a fort peu de cette espece dans notre langue françoise ; peut-être même point du tout. Du moins il ne s'en présente aucune à ma mémoire, que je puisse citer pour exemple : mais elle n'est pas la seule langue que je considere ici. Il y a tant d'anomalies dans les langages, que peut-être à cet égard peuvent-elles fournir une classe particuliere de finales.

Si les terminaisons de tous les langages étoient réduites en tables, & accouplées parallélement de ſuite dans leur ordre de filiation, on les verroit ſortir les unes des autres par la dérivation, & ſe raſſembler comme les mots, ſous un petit nombre de primitifs. Une pareille table ſeroit très-utile à joindre à l'archéologue ou nomenclature univerſelle, dont je traite dans le Chap. XVI. On mettroit à chaque article l'explication de ce que ſignifie chacun de ces acceſſoires ajoûtés à la fin des mots. Ce ſeroit un tableau rapproché d'une grande partie de la ſyntaxe des langues: il en abrégeroit l'étude ennuyeuſe, & en faciliteroit beaucoup la connoiſſance.

Freret remarque avec raiſon (*dans l'Eloge de Fourmont*) que les différens langages n'ayant tous qu'un ſeul & même objet, celui de communiquer aux autres hommes nos idées, nos affections & nos jugemens, par le moyen des ſons de la parole, une des plus grandes ſources de la variété qui regne entr'eux, c'eſt celle qui regne dans le choix des moyens employés pour exprimer la liaiſon & les rapports que nous appercevons entre les idées, l'action & la réaction des objets les uns ſur les autres, & l'impreſſion qu'ils font ſur nous. Qu'on emploie des ſignes particuliers pour déſigner ces différens rapports. Que la plûpart des langages les joignent & les attachent à ceux qui étoient déja établis pour exprimer les idées même; enſorte que les deux ſignes réunis ne font plus qu'un ſeul & même mot. Que les changemens de rapport entre les idées ſe marquent par un changement & par une altération faite dans le mot. Que les hommes, qui ſe ſont accordés dans le choix des moyens de les exprimer, qui conviennent dans la maniere d'employer & de combiner les mêmes ſignes, parlent le même langage, & peuvent converſer entr'eux; de legeres nuances de variétés ne ſuffiſant pas pour conſtituer une nouvelle langue, mais ſeulement différens dialectes.

On les a combinées enſemble, autant & auſſi ſouvent que les objets extérieurs & leurs circonſtances étoient combinés dans l'eſprit. « Les élémens vocaux, dit

» Freret, (*Mém. de l'Acad. Tom. XVIII,*)
» ſuivent l'analogie des idées qu'ils expri-
» ment : or le nombre de nos idées pri-
» mitives eſt aſſez borné. Toutes nos
» autres idées, perceptions, jugemens &
» ſentimens ſont compoſés des premieres
» idées ſimples, diverſement combinées.
» Ces différentes combinaiſons forment
» encore, à tout moment, de nouveaux
» rapports, & par conſéquent de nou-
» veaux aſſemblages : ainſi, quoique le
» nombre des idées primordiales ſoit
» aſſez borné, celui des idées complexes
» ou dérivées croît à proportion que nous
» avons acquis plus de connoiſſances. On
» peut obſerver la même progreſſion dans
» les langues. Un aſſez petit nombre de
» termes primitifs, que l'on appelle *Ra-*
» *cines*, répondent aux idées ſimples, &
» forment un très-grand nombre de dé-
» rivés qui, combinés encore entr'eux,
» ou avec d'autres racines, forment tous
» les mots qui expriment les idées com-
» poſées..... Une langue véritablement

» philoſophique ſeroit, ajoûte-t-il, celle
» qui exprimeroit toujours les idées ſim-
» ples ou primitives par des termes radi-
» caux, & les idées complexes par des
» termes dérivés ou compoſés de ces pre-
» miers. Le dernier point de perfection
» ſeroit de s'exprimer de telle façon,
» que chaque mot dérivé fît connoître, à
» la premiere vue, non ſeulement la
» compoſition de l'idée correſpondante,
» mais encore en quelles idées ſimples
» il la faudroit réſoudre, en la décom-
» poſant. Nous n'avons point de langues
» où l'on paroiſſe avoir eu cette vue, ſi
» ce n'eſt dans l'écriture chinoiſe. Les
» idées ſimples & primordiales, ou celles
» qui ſont participées par un grand nombre
» d'êtres particuliers, y ſont exprimées
» par des caracteres ſimples & radicaux;
» & les idées complexes ou dérivées ſont
» repréſentées par des caracteres compo-
» ſés de ces premiers, que nous avons
» nommés *ſimples*. » Si Freret y avoit
voulu faire attention, il auroit reconnu

le même méchanisme dans nos langues. Un son composé n'y est qu'un amas de primitifs simples. Toute la différence entre le Chinois & l'Européan, est que l'un forme la composition par des traits, & l'autre par des sons.

CHAPITRE XV.

Des Principes & des Régles critiques de l'Art étymologique.

256. *Quels ſont les principes qui doivent guider en étymologie.*

257. *La langue étymologique parle plus à l'eſprit qu'à l'œil, & plus à l'œil qu'à l'oreille.*

258. *Preuve de la bonté d'une étymologie.*

259. *Obſervation à faire ſur l'application des principes à la preuve.*

260. *Néceſſité de procéder avec exactitude en déduiſant les principes d'un art ; quand même l'art ſeroit de peu d'importance.*

261. *On doit chercher les étymologies dans la langue du pays même, à moins qu'il n'y ait quelque raiſon connue de les chercher dans un autre langage.*

262. *Maniere de discerner de quelle langue vient un mot dont on cherche l'origine.*

263. *Chaque langue est reconnoissable à son habitude d'employer dans un certain ordre les articulations simples ou composées.*

264. *La connoissance des vieux mots de chaque langage, même inusité, ne doit pas être négligée.*

265. *Division des étymologies en certaines, probables, & possibles.*

266. *Dans le choix des étymologies possibles on doit préférer celles qui sont physiques à celles qui sont historiques & morales.*

267. *On doit préférer celles qui naissent d'un procédé naturel à celles qui supposent du merveilleux dans l'objet nommé.*

268. *L'incertitude de certaines étymologies particulieres n'influe pas sur la certitude des principes généraux. Cause d'où naissent les diversités d'opinions sur une même étymologie.*

---

256. *Quels sont les principes qui doivent guider en étymologie.*

Es régles qui doivent guider en étymologie sont tirées du sens, de la figure, & du son du mot dérivé, comparés avec le sens, la figure & le son du mot dérivant. 1° L'identité du sens & de la signification fait raisonnablement présumer que l'idée, l'objet, & la dénomination étant les mêmes ou pareils, le mot est aussi le même, si les autres circonstances nécessaires s'y rencontrent. 2° La figure marque ce qui est du ressort de la vue : elle sert à rectifier l'altération continuelle que le simple son a soufferte d'une prononciation rapide ou trop difficile à exécuter : elle indique par les caractéristiques de lettres propres à chaque peuple de quelle langue sort une expression, & que c'est-là qu'il en faut aller chercher l'origine. 3° Le son fait entendre quels organes sont employés pour le produire ; en quel ordre ils agissent : il apprend qu'on ne doit avoir aucun égard aux diversités d'inflexions ; quand on reconnoît que malgré leurs variétés elles partent du même organe ; qu'en matiere de dérivation la voyelle ne doit presque être comptée pour rien ; & qu'il faut s'arrêter aux consonnes pour vérifier si, malgré leur différence de figure dans les deux mots comparés, elles ne viennent pas du même organe ; selon le principe physique établi (n° 26,) que chaque organe forme sa classe particuliere d'articulations facilement permutables entr'elles. Quand ces trois régles, tirées de l'esprit, de la vue & de l'ouïe, se trouvent d'accord en un même sujet d'observation, l'étymologie en question est comme démontrée.

257. *La langue étymologique parle plus à l'esprit qu'à l'œil, & plus à l'œil qu'à l'oreille.*

On voit assez qu'entre ces trois conditions ci-dessus exigées, la premiere, relative à l'objet exprimé où se trouve le point commun de tendance générale (Voy. n° 3,) mérite la préférence sur les deux autres; & qu'il faut donner beaucoup plus d'attention au sens qu'au son ou à la figure des mots. La langue étymologique parle à l'esprit plutôt qu'aux yeux ou qu'aux oreilles. Mais elle parle bien moins encore aux oreilles qu'aux yeux. La raison en est que l'image, qui est du département de la vue, étant aussi permanente, que la voix, qui est du département de l'ouïe, l'est peu, doit par conséquent être moins sujette à subir des changemens de forme. Ainsi lors même qu'on ne retrouve plus rien dans le ſon, on retrouve tout dans la figure avec un peu d'examen. Le ſon ne conſiſte que dans la voyelle, qui chez tous les hommes eſt tout-à-fait vague. La figure au contraire ne conſiſte que dans la lettre, qui, quoique variable, ne s'égare que rarement tout-à-fait, ne ſortant même guères des bornes de l'organe qui lui eſt propre.

258. *Preuve de la bonté d'une étymologie.*

Exemple. Si je dis que le françois *ſceau* vient du latin *ſigillum*, l'identité de ſignification me montre d'abord que je dis vrai. L'oreille au contraire me doit faire juger que je dis faux, n'y ayant aucune reſſemblance entre le ſon *sò*, comme on le prononce, & le latin *ſigillum*. Entre ces deux juges d'opinion contraire je ſçais que le premier eſt le meilleur que je puiſſe avoir en pareille matiere, pourvu qu'il ſoit appuyé d'ailleurs; car il ne prouveroit rien ſeul. Conſultons donc la figure; & ſçachant que l'ancienne terminaiſon françoiſe en *el* a été récemment changée en *eau* dans plusieurs termes; que l'on disoit *scel* au lieu de *sceau*, & que l'ancienne terminaison s'est même conservée dans les composés du mot que j'examine, puisque l'on dit *contre-scel* & non pas *contre-sceau*, alors je retrouve dans le latin *sigillum* & dans le françois *scel* la même suite de lettres ou d'articulations organiques, *sgl* & *scl*: c'est-à-dire, que le *nez*, la *gorge* & la *langue* ont agi dans le même ordre en formant ces deux mots: par où je vois que j'ai eu raison de déférer à l'identité du sens, plutôt qu'à la contrariété des sons. S'il est ensuite question d'examiner le mot *saut* où le son *sò* est le même que dans le terme précédent; sans y déférer, la figure & le sens me font voir que l'origine est dans le latin *saltus*. De même pour le mot *seau* à puiser, où le son est pareil & la figure presque pareille, je ne défere ni à l'un ni à l'autre, pour ne m'arrêter qu'à la signification qui me fait voir qu'il faut tirer ce terme du latin de même sens *situla*, & de la R/. *sitis*, quoique la figure & le son du mot françois foit altéré au point de ne conferver prefque plus aucun rapport avec la racine. Mais je comprends fans peine que l'altération vient de ce qu'en élidant par une prononciation rapide le *t* qui eft au milieu du mot *fitula*, on difoit *fiula*, d'où on a fait *feille* en vieux françois, & enfuite *feau* en francois moderne, par le changement ordinaire & ci-deffus mentionné d'*eil* en *eau* : ainfi le mot s'eft fort éloigné de fa R/. *fitis* parce que la prononciation vicieufe a détruit le *t* qui étoit l'un des caractériftiques radicaux.

Dans le françois *pain* aliment, *pin* arbre, femblable de fon, peu différent de figure ; dans l'anglois *pin*, i. e. épingle, tout pareil au précédent à la vue & à l'ouïe, la raifon me fait difcerner qu'il faut les dériver de *panis*, de *pinus*, & de *fpina* : quant au françois *peint*, l'idée, l'oreille & la vue s'accordent à me montrer qu'il vient de *pingo*, *pictum*.

259. *Obfervation à faire fur l'application des principes à la preuve.*

Il y a néanmoins quelques occafions

où ce n'eſt pas aſſez de conſulter le ſens, la figure & le ſon. Il ne ſuffit pas même d'avoir obſervé le caractériſtique du mot pour reconnoître en quelle langue il en faut chercher l'origine. Il faut encore s'aſſurer de certains faits dont la réalité pourroit détruire l'opération de l'ouvrier. Car l'eſprit travaille en vain ; c'eſt inutilement qu'il forme ſon jugement ſur des preuves apparentes, ſi elles ſont démenties par la vérité hiſtorique. Que je cherche, par exemple, l'origine du mot *pirogue*, qui eſt le nom d'un petit canot dont les Indiens de la mer Pacifique ſe ſervent pour traverſer l'eau d'une iſle à l'autre, j'aurai volontiers recours à la langue eſpagnole : d'autant mieux que tout ce parage eſt journellement fréquenté, & en partie habité par les Eſpagnols, qui ont répandu dans ces climats une infinité d'expreſſions de leur langue. Je dirai donc, que *pirogue* vient de *por aguas ;* & je croirai d'abord que j'ai rencontré juſte, puiſqu'en cherchant dans la langue à laquelle je pouvois vraiſemblablement m'adreſſer, j'ai trouvé la convenance aſſez bonne pour le ſens, plus formelle encore pour la figure & pour le ſon. Mais en apprenant des voyageurs que ce mot *pirogue* eſt ancien dans la langue Indienne, je reconnoîtrai auſſi-tôt que la dérivation que je viens de donner eſt fauſſe : que c'eſt par un hazard ſingulier qu'une ſignification aſſez juſte tirée de la langue Eſpagnole, où j'ai pu la chercher, ſe trouve appuyée d'une conformité de figure & de ſon, & que c'étoit le cas de m'aſſurer avant tout par le fait, s'il étoit vrai que le mot vînt réellement de la langue eſpagnole où je le cherchois. Je n'en regarderai pas moins comme certains les quatre élémens que j'ai poſés comme principes pour opérer avec certitude en étymologie ; ſçavoir la langue d'où le mot eſt venu, la figure du mot, le rapport du ſon, & la vérité de la ſignification ; pourvu toutefois que l'application de ces quatre élémens ſoit juſte dans tous les points : car mon erreur n'étoit née que d'une fauſſe application du premier de ces quatre points. L'étymologie tirée de *par guas* ne s'eſt pas trouvée juſte, parce qu'encore qu'il ſoit vraiſemblable que le mot *pirogue* puiſſe être né de la langue des Eſpagnols qui ont introduit pluſieurs mots dans ces iſles, il n'eſt néanmoins pas vrai en fait qu'ils y ayent introduit celui-ci, qui étoit en uſage dans la langue indienne avant leur arrivée.

On pourroit croire que *Stanboul*, nom que les Turcs donnent à la ville de Conſtantinople, eſt une forte contraction du vrai nom de cette ville : *Stanpol* pour *Conſtantinopolis*. Mais le prince Cantemir bien inſtruit des faits nous apprend qu'il vient plus ſimplement d'εἰς τὴν πόλιν, c'eſt-à-dire *à la ville*. Les Turcs, lors de leur invaſion en Thrace, entendant dire aux Grecs de la campagne qui alloient à Conſtantinople, qu'ils alloient à la ville εἰς τὴν πόλιν, prirent l'habitude d'appeller la ville *Stanpol*. Au reſte le primitif πόλις ſe trouve de même dans l'une & dans l'autre origine.

Nous appellons *Truchemans* (interprétes) les perſonnes dont on ſe ſert à Conſtantinople & dans le Levant pour expliquer de part & d'autre aux gens d'Europe & d'Orient qui ont des affaires enſemble, ce que chacun dit en la langue de ſon pays. Si quelqu'un lit dans le poëme du Boïardo, le mot *Turcimano* (homme Turc) que le poëte emploie en ce ſens, il croira d'abord que le mot françois *truchemán* vient d'une origine ſi naturelle. Cela n'eſt pas néanmoins. Notre mot françois ne vient pas de l'Italien, où le poëte a un peu altéré la dérivation, peut-être à deſſein de faire un jeu de mot. Tous deux ſont corrompus du Turc *terjiman* ou *meturgeman* (interpréte :) de la racine Chaldéenne *targum* (*explanatio, interpretatio.*) Nos conſuls des Echelles du Levant diſent *droguemán* : ce n'eſt qu'une diverſité de prononciation ; *trocman*.

Nous avons introduit dans notre langue l'expreſſion nouvelle *fronder* pour dire murmurer tout-haut contre quelqu'un ; critiquer ſa conduite ; ou contrarier ſon opinion. On ne manqueroit pas de dériver ce mot du latin *frendere* dont le ſens s'y rapporte assez bien, si son origine ne nous étoit d'ailleurs parfaitement connue. En 1648 une troupe de petits garçons de la ville de Paris avoit pris l'habitude de s'assembler à la Bute S. Roch, où elle se partageoit en deux bandes qui se lançoient des pierres avec la fronde. Les officiers de police les venoient chasser; mais dès qu'ils avoient le dos tourné, les petits garçons se rassembloient, & se remettoient à fronder comme auparavant. Ce fut en ce même tems que s'éleverent les troubles entre la cour & le parlement, au sujet des impôts dont le peuple se voyoit accablé sous le ministere du cardinal Mazarin. La chaleur devint extrême dans les deux partis; & les vexations du ministre furent cause que le parlement s'oublia de son côté jusqu'à former plusieurs délibérations téméraires. Un jour Bachaumont, conseiller au parlement, jeune homme de beaucoup d'esprit, entendant le président le Cogneux, son pere, parler d'une maniere qui ne lui plaisoit pas, dit, en faisant allusion aux petits gar-

ns de la Bute S. Roch, qu'il ſe tai-
t en ſa préſence, mais que dès qu'il
ſeroit plus, il ſe préparoit à fronder
ntre cet avis. D'autres racontent que
ſton, duc d'Orléans, étant venu aſſiſ-
aux délibérations du parlement pour
modérer la vivacité, Bachaumont
yant qu'on n'oſoit opiner en préſence
ce prince auſſi librement que de cou-
ne dit à ſon voiſin, « *ſi fortè virum quem conſpexere, ſilent*; mais quand il
n'y ſera plus, il faudra fronder comme
il faut. » Cette expreſſion parut plai-
nte, & ſe mit à la mode, comme il
rive preſque toujours en France. On fit
chanſon qui commençoit:

Un vent de fronde
S'eſt levé ce matin,
Je crois qu il gronde
Contre le Mazarin.

outes les petites parures nouvelles ou
utres choſes d'un uſage encore plus commun ſe nommerent *à la fronde*. Le nom
e *frondeurs* fut donné à la faction oppo-

ſée à la cour. Le cardinal contribua lui-même à donner cours à cette expreſſion, dans un moment de réconciliation qu'il y eut entre le parlement & lui, où il dit en badinant aux députés de cette compagnie, qu'il étoit devenu *frondeur*, & leur fit voir ſon chapeau garni d'une fronde en guiſe de cordon. C'eſt ainſi que le mot *fronder* s'eſt introduit parmi nous dans la ſignification ci-deſſus rapportée. On a coutume d'appeller *frondeurs* ceux qui critiquent le gouvernement préſent.

260. *Néceſſité de procéder avec exactitude en déduiſant les principes d'un art, quand même l'art ſeroit de peu d'importance.*

En étymologie, comme en toute autre matiere, il faut commencer par être bien inſtruit de la vérité des faits avant que d'en tirer des conſéquences : *Ex facto jus oritur*. Ici comme ailleurs, & peut-être même plus ſouvent, la rencontre fortuite des convenances & des circonſtances peut

rendre

rendre tout-à-fait vraiſemblable une choſe qui n'eſt néanmoins pas vraie. L'étymologie demande autant, & plus de diſcernement, d'attention & de connoiſſances détaillées, qu'aucune autre ſcience. J'entends que beaucoup de gens me diront là-deſſus qu'il n'importe guères ſi l'on ſe trompe, ou non, en cette matiere. J'en conviendrai ſans peine, & je ne laiſſerai pas que d'ajoûter, pour réponſe, que ceux qui raiſonnent ainſi, font un raiſonnement fort plat, parce que, lorſqu'un écrivain s'engage à donner les principes d'un art (frivole ou non,) il doit s'appliquer à le faire avec la plus grande juſteſſe poſſible. Et quant à cette prétendue frivolité reprochée à l'art dont je traite ici, le reproche n'eſt pas mieux fondé que celui qu'on pourroit faire à tant d'autres ſciences, arts, ou connoiſſances qui, ſans être de premiere ni de ſeconde néceſſité pour l'homme, ne laiſſent pas que d'amuſer agréablement ou utilement la curioſité de l'eſprit humain. Celui-ci a de plus l'avantage de former ſa raiſon dans un des principaux exercices qu'il en fait ; ſçavoir, dans la logique des paroles qui conſiſte dans la juſte convenance des mots avec les idées qu'ils expriment, & avec les objets qu'ils repréſentent.

261. *On doit chercher les étymologies dans la langue du pays même, à moins qu'il n'y ait quelque raiſon connue de les chercher dans un autre langage.*

L'étymologiſte doit s'attacher, avec ſoin, à la langue d'où le mot dont il recherche l'origine, doit naturellement être ſorti, & ne pas adopter légérement les ſignifications, même vraiſemblables, qu'un autre langage lui offriroit, s'il n'a la preuve que le nom a été impoſé par le peuple qui le parloit. Il ne tirera pas le nom des Georgiens des mots grecs γῆ & ἔργον comme ſi c'étoit γηωργοι *laboureurs, travaillans à la terre ;* bien que les noms des peuples aient ſouvent une origine de cette eſpece. Car, outre que les Georgiens ne ſont pas plus adonnés à l'agriculture que quantité d'autres nations, la langue grecque n'eſt pas la langue natale du pays. Il tirera le nom de la Georgie du fleuve *Kur* ou *Cyrus* qui l'arroſe. Les Orientaux appellent la Georgie *Gurgiſtan* (Pays de Kur ;) & le mot *Kur*, chez les anciens Orientaux, ſignifie *ſcaturire*, nom convenable à une ſource & à une riviere. Nous ſçavons qu'il eſt le primitif de celui que les Phœniciens donnerent à la célebre ville de Cyréne, en Lybie, à cauſes des ſources d'eau dont elle étoit environnée. Une partie des habitans des contrées de l'Aſie, habitées par les Georgiens, portoient autrefois les noms de *Cardiani* & de *Gordyæni*. Les nationaux ſe donnent aujourd'hui celui de *Carthuels*. Près de-là les *Curdes* & le *Curdiſtan* font partie de l'ancienne Aſſyrie. Toutes ces petites obſervations rapprochées montrent que c'eſt dans le primitif *Kur*, qu'il faut chercher les noms des peuples & des contrées de cette région de l'Aſie.

Au contraire l'étymologiſte qui recherchera l'origine du nom de *Lisbonne*, en rejettant la fable du prétendu voyage d'*Ulysse* sur cette côte où il fonda, dit cette fable, la ville appellée de son nom *Ulysipo*, ne fera pas de difficulté de s'adresser, avec Bochart, à la langue phœnicienne, malgré la grande distance des lieux, parce qu'il sçait que les navigateurs Tyriens ont porté dans ces parages leur langue, avec leur commerce & leurs nombreuses colonies, & qu'ils y ont fondé & donné le nom à une infinité d'établissemens. Il admettra volontiers la conjecture de ce sçavant homme, lorsque, s'appuyant sur la situation maritime & sur la nature des productions du terrein, il explique le nom *U-lysippo* (Lisbonne) par *la baie des amandiers*, en le tirant de deux mots phœniciens *Luz*, (*amygdala*) *Ubbo*, (*sinus.*) Il en usera de même dans la recherche de la valeur significative des noms d'une quantité de lieux des côtes d'Espagne & d'Afrique, par-tout garnies d'entrepôts & d'échelles du commerce immense des Tyriens.

262. *Maniere de discerner de quelle langue vient un mot dont on cherche l'origine.*

Hors des cas singuliers, on discerne, sans peine, à quelle langue il faut s'adresser, pour suivre, en remontant, la dérivation d'un terme. L'inspection du mot l'indique, parce qu'il a presque toujours retenu quelque caractéristique particulier, affecté par la langue dont le mot est immédiatement sorti. Les lettres *PH*, *TH*, *CH*, *ST*, *RH* sont propres à l'alphabet grec, qui les figure par un seul caractere. Les mots où elles s'offrent, sortent communément du grec, ainsi que ceux qui ont le double *GG* équivalent à *NG* : *Philosophe*, *Théorie*, *Charité*, *Statique*, *Arrhes*, *Ange*.

Les terminaisons, par augmentatifs ou par diminutifs, indiquent la langue italienne, à qui elles sont familieres, *one*, *ino*, *ello*. Ex. *Canton*, *Sallon*, *Bala-*

din, *Fantassin*, *Capeline*, *Soutanelle*, *Brocatelle*, *Vermicelle*.

Si un mot commence par *al*, qui, en arabe, est l'article du substantif, le mot s'annonce volontiers pour être sorti de l'arabe, soit immédiatement, soit par un intermédiaire de la langue espagnole, dans laquelle l'invasion des Maures a jetté tant de termes arabes. *Algébre* (*), *Alma*-

(*) Algébre ne signifie autre chose, dans son origine, que le *Guébrique*, ou la langue des Guebres, sçavoir l'ancien *Pelhavi* qui, depuis long-tems, n'est plus entendu. Ainsi *Algébre* signifie à la lettre *la langue inintelligible*. Joignez à cela que les Guebres ont l'habitude de réciter leurs prieres, en marmotant, sans articuler; de sorte qu'on n'entend pas ce qu'ils disent. Les Arabes ont ainsi nommé cette science, à cause des caracteres extraordinaires, dont elle se sert pour trouver les nombres & les puissances inconnues. Nous disons proverbialement, pour désigner une chose difficile à entendre, que *c'est de l'algébre*. En Languedoc, on appelle *Guébrique* une langue qu'on n'entend pas. Les Anglois appellent aussi *Gibberish* un langage mal prononcé ou inarticulé.

nach, *Alambic*, *Amiral*, (*d'Emir*, ou *Almihr*;) *Elixir* (*d'al-icſir*, *eſſentia*,) &c. Il y a même des mots qui nous viennent immédiatement du latin, leſquels décélent par cet article *al*, leur origine arabe; comme *allouette*, *alauda*, i. e. *la chanteuſe*, cet oiſeau étant un de ceux qui chantent le mieux & plus ſouvent. *Laudare*, dans ſa véritable & ancienne ſignification latine, c'eſt *cantare*. Le mot eſt d'origine orientale. Dans notre traduction latine de la bible, il ſignifie preſque toujours *chanter*. *Laudans invocabo Dominum*, j'invoquerai le Seigneur par mes chanſons. *Laudate Dominum in choris; laudate in pſalterio & decachordo*, &c.

Les Arabes ont porté en Eſpagne un inſtrument à cordes pincées, dont ils ſe ſervoient habituellement, pour accompagner leurs voix, & qu'ils appelloient *al-laud*. Nous le tenons des Eſpagnols qui l'appellent auſſi *laud*; & nous le nommons *luth*.

Le *Gu* initial, qui, chez nous, remplace l'aſpiration barbare; le *ald* final, que nous prononçons *aud*, déſigne une origine tudeſque : *guarnir*, *ribauld*, &c. Il en eſt de même des ſyllabes *ert*, *erd*, *ild*, *old*, & autres, où le mouvement des dents ſuccede au mouvement de la langue. *Child*, *Bert*, &c. Cette façon de faire réſonner l'inſtrument vocal, appartient aux langues barbares de l'Europe. Au contraire les Grecs & les Latins aiment que le mouvement de la langue ſuccede au mouvement des dents, des lévres ou de la gorge, & que l'articulation fixe précede l'articulation liquide, *TR*, *PN*, *BL*, *CL*, *GR*, &c.

263. *Chaque langue eſt reconnoiſſable à ſon habitude d'employer dans un certain ordre les articulations ſimples ou compoſées.*

Chaque peuple a ſa maniere de toucher l'inſtrument, &, pour ainſi dire, ſon goût de muſique verbale, auſſi-bien caractériſé que celui de muſique chantante. Le goût que chaque langue affecte dans la ſuite habituelle des articulations organiques, dans la diſpoſition des conſonnes, & le mêlange des liquides avec les fixes, n'échappera pas à un obſervateur exact, & ſervira beaucoup à l'étymologiſte. Il reconnoîtra le langage d'un peuple, à ſa maniere de frapper l'air, & d'obſerver, en figurant les ſons, un certain ordre ſucceſſif, qui n'eſt pas celui d'un autre peuple. Par exemple, la langue d'Orient emploie le frôlement de langue *R*, précédé du ſiflement naſal *S*; & le Phœnicien appelle une fortereſſe *Boſra*. Mais le génie de la langue grecque ne ſouffrant pas cet arrangement de conſonnes, & voulant, au contraire, que le ſiflement naſal ſuive le frôlement de la langue, le Grec, en répetant le mot phœnicien, dit *Byrſa*; & nomme ainſi la fortereſſe de Carthage bâtie par les Tyriens. Mais le hazard ayant fait que *Byrſal* eſt un autre mot phœnicien, qui ſignifie *cuir*, (d'où vient notre mot *bourſe*) les Grecs, qui ne reſtent jamais courts, bâtiſſent ſur cette rencontre fortuite une ridicule hiſtoire, au sujet d'un terrein de l'étendue d'un cuir de bœuf, vendu à Didon par un Numide avare : ils racontent que Didon, pour avoir une grande place, lorsqu'on ne croyoit lui en vendre qu'une petite, eut l'adresse de couper le cuir en bandes étroites, & prit tout le terrein que les bandes purent entourer.

Les Grecs disent Σκέπτομαι en articulant d'abord sur la *gorge C*, ensuite sur la *lèvre P*. Les Latins répetent, après eux, le même mot ; mais ils frappent les touches de l'instrument d'une maniere inverse, d'abord la *lèvre P*, & ensuite la *gorge C* : ils disent *specto*. Les Hébreux disent *Tselem*, image. Le Persique, qui s'accommode de cette prononciation orientale *TS*, a fait là-dessus le mot *TSilmenaja* ; & l'Arabe le mot *TSaliman*. Mais nos langues d'occident n'ont pas dans leur alphabet la lettre צ *Tsade* : elles n'aiment pas l'inflexion composée, où l'air, après avoir été battu par les *dents*, est rechassé par le *nez* ; de sorte qu'en répétant le mot oriental, les Grecs disent *τάλισμα* & les François *Talisman.*

Le Phoenicien dit *Pzar;* mais les Occidentaux transposent l'articulation de ce mot, de *Pz* en *Sp.* Le Grec, dans la même signification, dit *σπείρειν*, le Latin *spargere*, le François *disperser.*

Dans le nombre des articulations que les organes vocaux sont capables d'exécuter, & dont la liste complette forme le total des alphabets quelçonques, il y en a dont certains peuples ne font jamais aucun usage, quoiqu'elles soient très-communes par-tout ailleurs: soit que l'exemple ou la longue habitude ait ainsi déterminé, chez ces peuples, le cours ordinaire de la parole; soit que la nature, en les formant, leur ait refusé la facilité de mouvoir leur organe de la maniere propre à moduler dans l'air les inflexions qui leur manquent. (Voy. n° 19.) L'alphabet des Hurons n'a pas la lettre labiale. Nous n'avons pas certaines lettres gutturales usitées chez les peuples méridionaux de la pointe d'Afrique. Il nous est même impossible d'en imiter l'inflexion; comme il est impossible aux Chinois d'articuler la lettre rude & canine *R* si commune chez toutes nos nations anciennes & modernes. Ces différences établissent entre les peuples une distinction aussi remarquable que bien caractérisée : elles montrent évidemment qu'un peuple ne vient pas de l'autre. C'est une ligne de séparation que la nature elle-même a tracée. Cette preuve naturelle suffiroit, sans autre raison, pour démontrer que les Européans ne viennent pas des Hottentots.

Quelques personnes célebres dans la littérature s'efforcent de soutenir aujourd'hui ce fameux paradoxe, que les Chinois sont une colonie venue d'Egypte ; que les Egyptiens sont les auteurs de la nation & de la langue chinoise. Comment cela pourroit-il être, lorsque les Chinois n'ont jamais eu aucun usage de la lettre *R* si familiere aux anciens Egyptiens, & ne peuvent venir à bout de l'articuler ? On sent assez qu'un peuple, en se transportant dans un climat éloigné, ne quitte pas aussi-tôt, ni peut être même à la longue les articulations ordinaires de sa voix, sur-tout lorsqu'il y introduit son langage & son écriture : car c'est de cette introduction même que les auteurs du système nouveau prétendent tirer leur principale preuve. Au moins la lettre *R* se représenteroit encore dans les anciens noms chinois, si elle ne se trouve plus dans les noms modernes. Les Egyptiens, au moment de leur émigration supposée, (que mille & mille autres raisons combattent; & j'aurai lieu de les déduire ailleurs,) ont-ils tout d'un coup perdu, par miracle, l'habitude ordinaire de leurs inflexions vocales? en ont-ils caché les exemples à leurs enfans, de peur qu'ils ne les imitassent dès leur bas âge? Ont-ils subitement & volontairement entr'eux quitté leurs articulations & leur alphabet, pour en fabriquer un nouveau, à l'usage de leur postérité? L'homme peut changer d'habitation, mais non pas d'habitudes, sur-tout quand elles sont du nombre de celles qui tiennent à lui comme sa propre nature. Cependant, comme les personnes qui proposent cette opinion nouvelle, ſont du nombre des plus ſçavantes que l'on connoiſſe, ſur-tout dans l'hiſtoire & les langues d'Orient; comme elles ont l'avantage de joindre à une érudition peu commune une honnêteté d'ame encore plus eſtimable dans les gens de lettres, & qui doit leur mériter une grande foi; comme elles affirment qu'elles ont des preuves invincibles du fait qu'elles avancent, il faut attendre qu'elles les produiſent, & ſe rendre à la vérité, dès qu'elle ſera miſe en évidence. Mais j'oſe dire que juſques-là on doit s'abſtenir de donner en public ce ſentiment comme un principe certain en hiſtoire & en littérature, comme un fait conſtant & avéré.

264. *La connoiſſance des vieux mots de chaque langage, même inuſité, ne doit pas être négligée.*

Ceux qui s'adonneront à la recherche des dérivations, doivent faire une étude toute particuliere des vieux mots de chaque langage. Quoique ces mots soient passés d'usage dans le beau style des anciens auteurs que nous lisons, ils se sont sourdement conservés dans les Provinces & parmi le peuple; d'où ils ont poussé des branches en d'autres langues. Nous en connoissons plusieurs de cette espece dans la langue latine. Elle a eu des Grammairiens qui nous les ont transmis, & qui en ont laissé perdre un beaucoup plus grand nombre. Mais les langues barbares n'ont point eu de Grammairiens. Presque tout y est perdu; & la signification des mots, qu'on retrouve dans quelques vieilles piéces, n'étant pas expliquée, reste fort incertaine. C'est ce qui fait que l'origine de tant de mots demeurera toujours inconnue. Peu de gens connoissent dans la langue latine le vieux verbe *mullare*, (i. e. *coudre*;) d'où vient le nom de la chaussure que nous appellons *mulle*; en latin *mulleus* : (*soulier cousu*, *soulier d'étoffe.*) Festus l'explique : *Calcei purpurei dicti sunt à mullando*, i. e. *suendo*.

265. *Division des étymologies en certaines, probables & possibles.*

Les étymologies se peuvent diviser en certaines, probables & possibles. Cette division, donnée par Wachter, est très-bonne. Elles sont certaines, ou par l'évidence, comme *lire* vient de *legere ;* ou par le fait & l'autorité historique. Tite-Live nous apprend pourquoi la forteresse de Rome fut nommée *Capitole* du mot *caput*. Lyon, ville de France, dont le nom actuel est une contraction du nom latin *Lugdunum* (*Luun*,) vient des mots celtiques *Lug*,(corvus,)*Dun*,(collis.) Ainsi l'on sçait, par le récit de Plutarque, (*in fluviis*) que ce nom de lieu françois *Lyon*, quoiqu'il n'ait presque plus aucune ressemblance de son ni de figure avec son origine, signifie *colline du corbeau*, & que le nom de la ville, traduit à la lettre du celtique en latin, auroit été *corvi-collis*.

Nous sçavons comment le nom d'*Andriennes* a été donné aux robes longues, ouvertes & abbatues, dont nos femmes ont fait succéder l'usage à celui des habits troussés & rattachés, qu'elles portoient auparavant, comme elles les portent encore à la Cour, où les anciennes modes ont été conservées. Le P. de la Rue Jésuite, ayant fait jouer au théâtre françois, sous le nom du comédien Baron, l'Andrienne de Térence traduite en vers françois, la comédienne Dancourt, qui jouoit le rôle de Glycérium, femme de l'Ile d'Andros, d'où la comédie tire son nom d'*Andrienne*, inventa cette espece de vêtement; deshabillé convenable en une occasion où elle représentoit une femme malade, qui releve de couches. L'habillement parut si commode aux femmes de Paris, qu'elles en prirent l'usage, & nommerent ces sortes de robes abbatues *Andriennes*.

Il y a des étymologies probables, comme il l'est que le mot *chat* vient du latin *catus*, *cautus*, prudent, défiant; qualité fort remarquable en cet animal.

Il y en a des possibles; comme si je dérivois l'anglois *church*, ou l'allemand

Kirk, i. e. *templum*, du mot *quercus*; parce qu'autrefois, dans ces contrées, les grands chênes étoient des objets sacrés pour les peuples barbares, qui se rassembloient vers ces arbres, pour rendre un culte à leurs Divinités, du nombre desquels étoient souvent les arbres mêmes, & en particulier le gui de chêne chez les Druides. Si, pour fortifier cette conjecture, j'ajoûte qu'alors, chez la plûpart des anciens peuples, le mot *lucus*, i. e. *bois de futaie*, étoit à-peu-près synonyme du mot *templum*, j'aurai satisfait à toutes les conditions demandées pour qu'une étymologie soit bonne; car l'identité de son & de figure se trouvant entre les mots *Kirk* & *Quercus*, j'ai fait voir que l'identité de signification & de raison, qui est la principale, s'y rencontre aussi.

266. *Dans le choix des étymologies possibles on doit préférer celles qui sont physiques à celles qui sont historiques & morales.*

Dans le choix des étymologies possibles

d'un même mot, il faut préférer les dénominations physiques aux dénominations morales; se déterminer par le fait plutôt que par le raisonnement, & entre les faits s'arrêter à ceux qui naissent de la nature même de la chose, plutôt qu'aux récits historiques, s'ils ne sont appuyés de preuves, ou fondés sur une autorité suffisante. La mer entre la Gréce & l'Asie mineure s'appelle *Mer-Egée*. Si l'on en croit les Mythologues, elle a reçu son nom d'Egée, Roi d'Athenes, qui, voyant de loin revenir le vaisseau athénien, avec une voile noire, qu'on étoit convenu de changer en cas d'heureux succès, crut que son fils Thésée avoit péri dans l'expédition contre le Minotaure, & se précipita dans la mer. Toute cette fable puérile, assez connue, n'a rien qui puisse fonder une juste étymologie. D'autres ont dit que cette mer avoit reçu son nom d'Egée, reine des Amazones, qui y avoit fait naufrage; mais l'existence de cette reine n'est pas moins douteuse que celle de ce peuple femelle. Lighthfoot, dans ſon Recueil ſur l'Exode, donne une origine beaucoup meilleure. Il croit que cette mer fut nommée par les Phœniciens qui y navigeoient, *Mare Gojim* (*Mare gentium, la Mer des nations*,) d'où on a fait, en ajoûtant l'article, *Mare Egojim*, *Egæum*, la Mer Egée. En effet la bible, lorſqu'elle parle de ce canton de la terre, des pays de Jaouan & de Cethim, c'eſt-à-dire, de l'Ionie & de la Gréce, le nomme volontiers le *pays des nations*. Ainſi il eſt aſſez vraiſemblable que le même nom ait été donné à la mer. Voici cependant une autre opinion rapportée par un ancien ſcholiaſte, laquelle paroît préférable. *Mer Egée*, c'eſt-à-dire, *mer des chévres*. On ſçait que les marins appellent *moutons* ou *chévres* les vagues de la mer, lorſqu'étant médiocrement agitées, elles ſautent, danſent & blanchiſſent, en s'entre-choquant, comme les animaux auxquels on les compare ; c'eſt ce qui arrive ſut-tout dans les mers ſerrées entre des terres ; & plus ſouvent que nulle part ailleurs dans cette mer toute parſemée d'iſles dont les côtes repoussant les vagues en tout sens, les forcent à s'entre-choquer. Il est donc très-naturel qu'on lui ait donné le nom de *mer des chévres*, du grec Αἶξ, Αἴγος, i. e. *Capra*.

267. *On doit préférer celles qui naissent d'un procédé naturel à celles qui supposent du merveilleux dans l'objet nommé.*

S'il faut préférer les dénominations physiques aux dénominations historiques & morales, à plus forte raison faut-il préférer celles qui supposent un procédé tout naturel, à celles qui seroient fondées sur le merveilleux. On a même souvent l'avantage, en rétablissant l'origine du mot, d'assigner la cause frivole du merveilleux qui s'y est mêlé, & de le faire disparoître. Une longue rue de Paris, derriere le Palais de Luxembourg, se nomme *rue d'Enfer*. On rapporte trois origines de ce nom. 1° Le Palais de Vauvert, (*Vallis viridis*) bâti par le roi Robert, ayant été abandonné par ses successeurs, le bruit se répandit qu'il y revenoit des lutins. C'est de-là que le diable de Vauvert s'est rendu formidable à Paris, parmi le menu peuple qui s'imagine qu'il court les rues pendant la nuit, pour battre les passans. Les Chartreux, établis au village de Gentilli, demanderent ce bâtiment inhabité, & s'y établirent dans la rue d'Enfer, ainsi nommée des lutins qui revenoient dans le Palais. 2° Il y avoit deux chemins de ce côté pour arriver à Paris, qui ne contenoit autrefois que l'isle du Palais : l'un par le dessus de la colline, *via superior ;* c'est la rue S. Jacques : l'autre par le bas, *via inferior*, en françois *rue d'Enfer*. 3° Ce quartier étant fort écarté, les gueux & les filoux s'y retiroient, & y faisoient sans cesse des juremens & un bruit *infernal*. Il n'y a personne, pour peu qu'il ait le sens commun en étymologie, qui ne s'apperçoive bien vîte que de ces trois étymologies, que je rapporte exprès, il n'y a que la seconde qui soit bonne, comme étant la seule naurelle & raiſonnable. La premiere n'eſt pas ſans vraiſemblance, quoiqu'il n'y en ait point dans le fait ſur lequel on le fonde; e préjugé des revenans, aſſez commun parmi le peuple, a pu ſuffire pour fonder une dérivation. Mais il eſt bien plus vraiſemblable que le nom d'*Enfer*, déja donné à la rue, & le vieux bâtiment inhabité ont donné cours à la fable des lutins revenans. C'eſt un terrible mot que ce mot *infernal*; cependant par lui-même il ne ſignifie pas plus que le mot *inférieur*.

Voici ce qu'on raconte au ſujet du nom de *Caire*, donné à la ville capitale de l'Egypte. « On ſçait l'aſcendant prodigieux » que l'aſtrologie judiciaire a ſur les en» trepriſes des Orientaux. Les Arabes » avoient bâti une ville ſur les ruines de » l'ancienne Babylone d'Egypte qui fait » aujourd'hui la partie du grand Caire, » (nommée en général par les Arabes » *Miſr*) qu'ils appellent *Foſthah*, c'eſt-à» dire, *pavillon* ou *tente*, parce qu'Amrou, » lieutenant du calife Omar, avoit laiſſé

» ſa tente toute dreſſée en cet endroit,
» après le ſiége de Babylone. En 968,
» Moëſleddin, prince Africain, premier
» califſe de la Dynaſtie des Fathimites,
» fit porter la guerre en Egypte par
» Gervar ſon affranchi, qui, ayant pris
» la ville de Foſthah, eut ordre de bâtir
» tout auprès une nouvelle ville, ſous l'aſ-
» cendant d'une conſtellation qui lui fut
» indiquée. Gervar, ayant fait creuſer
» les fondemens, fit tendre tout autour
» des cordes auxquelles étoient attachées
» pluſieurs ſonnettes qui correſpondoient
» les unes aux autres, afin que les ouvriers,
» qui tenoient les matériaux tout prêts,
» fuſſent en état de jetter les fondemens
» tout à la fois, quand l'aſtronome ob-
» ſervateur leur en donneroit le ſignal,
» en tirant un bout de ces cordes. Or il
» arriva que des corneilles vinrent ſe poſer
» ſur les cordes tendues, & mirent toutes
» les ſonnettes en mouvement; ce que les
» ouvriers ayant pris pour le ſignal donné,
» ils ſe preſſerent ſi fort d'employer les
» matériaux qu'ils tenoient tout prêts,
» que

» que les fondemens furent jettés presque
» par-tout, avant qu'on eût éclairci le
» fait. On observa que la planette de
» Mars dominoit alors; ce qui sembloit
» augurer que cette ville seroit sujette
» à de continuelles guerres; mais Gervar,
» voulant tourner l'augure à son avantage,
» s'attacha au surnom de *Kaher* que les
» Arabes donnent à la planette de Mars,
» qui signifie *le Victorieux*, &, par con-
» venance à ce surnom, donna à la nou-
» velle ville le nom de *Kahera* qui veut
» dire *la Victorieuse*. Elle fut achevée de
» bâtir en l'an 973.» (Granger, *Voyage d'Egypte*, p. 135.) Cette histoire, contée
par les Arabes, est peut-être vraie : elle
est du moins conforme à leur façon de
penser, & à leur méthode de ne rien
entreprendre, sans avoir soigneusement
consulté les astres. Cependant, quand on
sçait que le mot *Cair* signifie *Ville*, n'est-
il pas bien plus naturel de juger que le
nom n'a pas d'autre origine que sa signification propre? L'épithete, qu'on y joint
presque toujours, vient à l'appui de cette

opinion, *le grand Cair, la grande Ville.* C'eſt en effet une des plus grandes villes du monde.

Rien de moins rare que de voir le nom ou la ſignification d'un mot donner naiſſance à une hiſtoire qui reſte répandue dans le vulgaire, long-tems après que la ſignification du mot eſt perdue pour lui. L'opinion populaire, que le jugement dernier & univerſel ſe tiendra en Paleſtine, dans la vallée de Joſaphat, ne vient que de ce que le mot *Joſaphat*, (nom d'un Roi Hébreu qui gagna une bataille dans cette vallée, *Vid. Aben. Ezra*,) ſignifie *Jugement de Dieu.* (*Jaoh* Dieu, *ſchaphat* juger.)

268. *L'incertitude de certaines étymologies particulieres n'influe pas ſur la certitude des principes généraux. Cauſe d'où naiſſent les diverſités d'opinions ſur une même étymologie.*

Les diverſes origines, deſquelles on

peut dériver un même mot avec une égale vraisemblance, jettent souvent dans l'embarras du choix, & donnent lieu à une forte objection contre ce que j'ai soutenu jusqu'ici de la certitude de la science étymologique. Car enfin rien n'est plus ordinaire que de voir les Grammairiens & les Critiques, divisés d'opinion sur la dérivation d'un terme, soutenir chacun leur sentiment d'une maniere probable. D'où il faut conclure que, si l'une est vraie, les autres sont fausses, quoiqu'elles aient l'air de vérité; que, si l'un des Grammairiens a raison, les autres ont tort, même en suivant les régles de l'art Il n'y a de-là plus qu'un pas à faire pour inférer en général que les raisons, que chacun apporte pour étayer son opinion, servant à détruire les autres, leurs efforts mutuels ne font que les renverser toutes également; que l'étymologie est un art plutôt arbitraire que certain, s'il n'est même en tout une pure chimere grammaticale.

Je réponds, 1°. qu'un art peut en général être certain, & avoir des principes assurés, quoiqu'il y ait des cas particuliers où l'on ne puisse pas faire une juste application des principes, faute de connoître toutes les circonstances qui doivent diriger l'application. Nous sommes convenus qu'il y avoit un grand nombre de termes dont l'origine resteroit toujours totalement ignorée. On ne peut nier qu'il n'y en ait un beaucoup plus grand nombre encore dont l'origine est parfaitement connue. Entre ces deux points d'ignorance & de certitude, il y a plusieurs points intermédiaires, qui sont ceux du doute, de la probabilité, de la vraisemblance. D'où il suit qu'il y a nécessairement des étymologies douteuses, qu'il y en a d'autres probables, d'autres vaisemblables.

2° Les diverses origines, auxquelles on rapporte un même mot, & qu'on croit fort différentes, ne le sont souvent qu'en apparence. Qu'on observe les différens primitifs où l'on rapporte le dérivé, on verra que souvent ils ne sont tous eux-mêmes que les dérivés d'un autre primitif commun, que des branches sorties d'une même ſouche; tellement qu'il n'y auroit qu'à remonter la filiation un peu plus haut, pour voir tous les derniers dérivés & tous les différens ſentimens ſur une étymologie ſe réunir à la rencontre de l'aſcendant. Alors on reconnoîtra que c'eſt même l'aſcendance commune, qui a pu faire naître la diverſité d'opinions; l'un des Grammairiens ayant ſuivi une branche, l'autre une autre. J'en ai donné un exemple démonſtratif ſur le mot *ſtipulation*, n° 231.

On peut ſe tromper, en expliquant la cauſe d'une dérivation, en déduiſant la filiation d'un mot depuis ſa racine, ſans qu'il ſuive de-là que l'étymologie donnée ſoit fauſſe. Il en ſuit ſeulement qu'on a mal vu le méchaniſme de l'opération. Rien n'eſt plus commun que de faire des raiſonnemens faux, en diſant des choſes vraies. Que dix perſonnes donnent l'explication d'un phénomene de la nature, il ſe peut faire que chacun en donnera une explication très-différente, même lorſqu'ils aſſigneront tout le phénomene à la même cauſe primordiale. Que s'ils se sont univoquement rencontrés en ce dernier point, c'est déja un grand préjugé qu'ils ont trouvé la cause véritable; peut-être même quand ils se seroient tous trompés dans le détail de l'explication. Puisque tant de routes égarées, & prises de travers, les ont tous fait arriver au même point, il faut bien qu'ils y aient été amenés par quelque force majeure, qui n'est probablement autre que le fil caché de la vérité. Je dis donc, en appliquant ce principe à mon sujet, que les explications toutes différentes de la même étymologie, loin de prouver qu'elle est fausse, prouvent plutôt qu'elle est vraie; si toutes remontent à la même origine.

3° Si les Grammairiens sont divisés d'opinions, c'est presque toujours leur faute, en ce qu'ils operent mal, & ne font pas une suffisante application de l'art critique à l'étymologie. Ils sont mal informés des circonstances, ou négligent de s'en instruire. Ils donnent trop à la premiere apparence de probabilité, au lieu d'examiner l'objet par ses différentes faces ; examen qui donneroit les divers degrés de probabilités, par l'accroissement & la réunion desquelles on arrive à la certitude. Ils se contentent de la premiere idée qui leur vient ; & peut-être n'ont-ils pas grand tort, vû que la chose est de peu d'importance. Cependant, quand on opere, il faut tâcher de le faire avec justesse, sans quoi il seroit mieux de ne s'en pas mêler.

269. *Maniere de reconnoître, entre plusieurs étymologies probables d'un même mot, quelle est la véritable.*

Dans la plûpart des cas où les étymologistes ne sont pas d'accord sur l'origine d'un mot, si on veut se donner la peine de critiquer leurs opinions, on discernera assez facilement quelle est la bonne. Il y a plus d'une maniere de le reconnoître, plus d'une méthode à y employer, lors même que chaque opinion porte avec elle un grand degré de vraisemblance. Elle est rarement si égale, qu'on n'en puisse meſurer les degrés par les principes ci-deſſus établis, ſoit que la cauſe de l'incertitude vienne du fait, ou de la forme matérielle du mot, ou du ſens de l'expreſſion. Les exemples vont expliquer ceci, & montrer l'emploi de la méthode.

Tirons le premier du mot *Falbalá*; nouveau dans notre langue. Ce ſont des agrémens de taffetas découpés; les uns pliſſés, les autres étendus, dont la mode a commencé d'orner les juppes des femmes dans le courant du ſiécle paſſé. M. de Caillieres fonde l'origine de ce nom ſur un fait qu'il raconte : « M. de Langlée, » étant avec une couturiere, qui lui montroit une juppe, au bas de laquelle il » y avoit une de ces bandes pliſſées, il » lui dit, en raillant, que ce falbala étoit » admirable, & il lui fit accroire qu'on » appelloit ainſi, à la Cour, ces ſortes » de bandes. La couturiere apprit enſuite » ce mot à une de ſes compagnes, qui » l'apprit à une autre, &c. Ainſi, de main » en main, ce mot a paſſé dans l'uſage ».

Cette origine du mot eſt probable, puiſqu'elle eſt hiſtorique, ou du moins donnée pour telle. Cependant un bon Critique n'en reſtera pas fort ſatisfait, ſentant qu'elle eſt fondée ſur un petit conte puérile, qu'on a probablement imaginé par plaiſanterie après coup, pour rendre raiſon d'un mot qu'on ignoroit. J'en ai donné une autre plus ſimple & meilleure; la voici: Les falbalas, ſur-tout s'ils ſont un peu amples, volent & jouent, comme des éventails, ſur les juppes où ils ne ſont plissés & couſus que par un bout. On les appelle aujourd'hui *volans*. Leur découpure, en forme d'aîles ou d'éventails, m'a fait juger qu'ils avoient été nommés *falbalas* du latin *flabella*, éventails. Cette origine, fondée, non ſur une hiſtoriette douteuſe, mais ſur la figure du mot, ſur le ſens & ſur une comparaiſon très-naturelle, ſera préférée à l'autre, & paroîtra bonne, ayant les convenances requiſes par les principes & une juſte poſſibilité. Mais, au fond, ce n'eſt qu'une conjecture fort vraiſemblable dans tous ſes points.

On ne tardera pas à l'abandonner, après avoir entendu M. Leibnitz. Il nous apprend que les femmes de la haute Allemagne portent un habillement plissé & froncé, qu'elles appellent *fald-plat*, c'est-à-dire, en leur langue, *juppe plissée*, ou plus littéralement *feuille plissée*. Il n'y a plus à hésiter : voilà le fait : voilà le mot & la chose même. Elle se confirme encore par deux observations : l'une que le mot *falbala* a un air étranger, qui nous conduit à le chercher plûtôt dans une langue étrangere, que dans une langue dialecte : l'autre que les noms de modes, & en particulier ceux des habillemens nouveaux, retiennent volontiers, soit le nom des pays dont la mode est venue, comme *Brandebourg*, *Polonoise*, *houppelande*, soit le nom même qu'ils avoient en la langue du pays, & que nous transportons, presque sans aucun changement, dans la nôtre ; comme *Gands* (de l'allemand *Wante*,) *reddingote*, &c.

Les changemens successifs, que les mots subissent par une dérivation continuelle, à travers tant de dialectes & de significations variées, sont une des principales causes qui en rendent l'origine méconnoissable ou douteuse. Le changement va quelquefois jusqu'à faire disparoître le caractéristique principal & radical. Plus souvent une partie des élémens du primitif s'égare, quand le mot passe en d'autres dialectes ; & ce ne sont pas toujours les mêmes élémens. Un dialecte élide ceux qu'un autre conserve, en laissant perdre, à son tour, ceux que le premier avoit gardés. La bonne maniere de vérifier quelle est la véritable origine, entre plusieurs qui se présentent, est de comparer ensemble tous les dérivés du même primitif, qui sont répandus en divers dialectes paralleles. En les rapprochant ainsi, on retrouve les caracteres complets du primitif : on s'assure de la véritable dérivation par la réunion de tous les élémens dispersés de côté & d'autre : on reconnoît quel est le primitif qu'il faut préférer entre plusieurs qui paroissoient également probables. Exemple : *Parler* peut venir de παραλαλῶν *obloqui*, ou de παραβάλλειν *conferre*, *conjicere*. Je dois choisir entre ces deux étymologies; le sens est convenable dans l'une & l'autre, mais plus direct encore dans la premiere, qui paroît d'abord préférable à plusieurs égards. La syncope παρλειν y est plus naturelle. Le simple λαλειν *loquor* s'y rapporte parfaitement bien; au lieu que le simple βαλλω *jacio* ne paroît pas s'y rapporter. Mais je sçais que les verbes simples prennent souvent une signification fort différente, lorsqu'on les joint à une préposition qui les compose; & qu'alors ils ont un sens mixte, détourné ou figuré, au lieu du sens simple qu'ils avoient d'abord eu; comme ici *jacere*, *conjicere*. De plus, en examinant les mots qui expriment la même idée que le mot *parler*, & qui ont une signification commune avec lui, je trouve aussi-tôt le grec παραβολὴ *collatio*, *comparatio*; & le latin *parabola*, dont Quintilien détermine le sens, l. 5, c. 11. *Parabola, quam Cicero collationem vocat, longiùs res quæ comparantur repetere solet.*

Seneque, *Epist.* 59, lui donne un peu plus d'étendue : *Parabolæ necessariæ .... ut discentem & audientem in rem præsentem inducant.* Voilà donc le mot *parabola* devenu à-peu-près synonyme du mot *discours ;* & je vois que les siécles de la basse latinité (*ap.* DU-CANGE) le prennent en ce sens. *Non dicam illas parabolas quas vos dixeritis ad me, & mandaveritis mihi ut celem eas.* Que s'il me reste quelque difficulté sur ce que les deux élémens *B* & *O*, que contient le grec παραβολὴ manquent dans le françois *parler*, je n'ai qu'à rapprocher les mots des dialectes paralleles ; je retrouverai les deux élémens qui me manquent, l'un dans l'espagnol *palabra*, l'autre dans le françois *parole ;* & je verrai que, malgré l'effet de la syncope, qui n'est pas le même chez tous les peuples, l'un élidant des lettres que l'autre conserve, tous les élémens du mot original se retrouvent dans un dialecte, ou dans un autre ; comme dans le latin *ridere*, où le *D* radical, éclipsé dans le françois *rire*, se présente dans un autre mot françois collatéral ; *ridicule*. Par-là je suis assuré que le françois *parler*, & tous ses dérivés viennent de παραβολὴ & de παραβάλλειν mots composés sur le primitif βάλλω sorti lui-même de la Rl. *Bal* qui a produit quantité d'autres branches très-éloignées de celle-ci, & qui n'a elle-même aucune espece de rapport avec l'idée rendue par le mot *parler*.

Le doute naissoit ici tant du sens que de la forme matérielle du mot dérivé *parler*. En d'autres cas il ne vient que du dérivant, lorsque deux primitifs de formes à-peu-près pareilles donnent un sens également juste pour le dérivé. Il y a pourtant presque toujours alors une voie de discerner à laquelle des deux origines également vraisemblables on doit donner la préférence. *Adorer*, *rendre hommage à Dieu*, peut venir de l'oriental *or*, *lumiere*, soleil levant, ou du latin *os*, *oris*. Le soleil ayant été une des principales & des plus anciennes Divinités, *adorer*, en le dérivant d'*or*, *lumiere*, s'explique très-bien par *rendre un culte au soleil* ; comme on sçait que tant de peuples l'ont fait. Cette signification est bonne & fondée sur l'histoire. *Adorer*, en le tirant *d'oris*, s'explique aussi très-bien par *invoquer la Divinité, réciter des prieres, lui rendre un culte de bouche.* Cette signification est encore très-bonne & fondée sur le fait habituel & journalier. Mais, dans le doute, il n'est pas difficile de discerner laquelle de ces deux étymologies est la bonne. Il ne faut qu'observer qu'*adoratio* est un mot composé, dont le simple *oratio* est en usage, & signifie *discours, parole, récit de bouche.* Il est donc certain qu'*oratio* vient d'*os, oris*, bouche, & non d'*or*, lumiere; que c'est-là sa signification générale; que le mot *oratio, priere*, n'est qu'une signification particuliere & adaptée, d'où l'on a tiré les composés *adoratio*, *adorare*, qui n'ont pas une autre origine que le mot simple.

Non seulement il faut comparer les dérivés d'un même primitif répandu en divers dialectes, mais aussi les synonymes du même mot ou des expressions du même ſens en différens langages. Cette comparaiſon fait ici une partie de l'art critique. Elle aidera beaucoup à la juſteſſe de l'étymologie, en montrant quelle idée les hommes avoient dans la tête, en impoſant un nom; ſous quelle face ils conſidéroient l'objet nommé, & quelle étoit la véritable ſignification du mot original. Quoiqu'elle paroiſſe ſouvent perdue pour nous, elle ne l'étoit pas autrefois, lorſque d'autres peuples, voulant donner dans leur langue un nom au même objet, l'ont impoſé, par traduction équivalente, à ce que ſignifioit le nom de l'objet en une autre langue plus ancienne; d'où il eſt arrivé que les deux noms, quoique ſans aucun rapport de ſon ni de figure, ne laiſſent pas que d'exprimer la même idée dans les deux langues. Alors la langue la plus moderne nous apprend quel eſt le vrai ſens qu'on ne faiſoit que ſoupçonner dans l'ancienne, & décide ſur le choix de la dérivation.

Nous appellons *yeuſe* une eſpece de chêne verd, en latin *ilex*. C'eſt un grand arbre toujours verd, dont le bois eſt fort dur, & dont on dit que le gland eſt paſſable à manger. Iſidore, XVII, 6, tire ſon nom d'*eligere*, parce que les hommes ſauvages avoient *choiſi* le gland pour leur nourriture. *Ilex ab* electo *vocata, hujus enim arboris fructum homines primum ad victum ſibi elegerunt. Undè Poëta:*

Mortales primùm ructarunt gutture glandem.

Priùs enim quàm frumenti uſus eſſet, antiqui homines glande vixerunt.

Cette étymologie, qui tire *ilex* d'*electus*, eſt très-forcée, & ne répond pas à l'idée que veut donner Iſidore; car, lorſqu'on a nommé une autre eſpece de chêne, relativement à la nourriture qu'il fourniſſoit, on l'a tout naturellement appellé *eſculus*, (*ab eſcâ*) comme on a nommé le foyard *fagus*, parce qu'on en mangeoit la faine, de φαγειν *comedere*. Voſſius tire le nom d'*ilex* de l'hébreu *elah*, qui, en général, ſignifie *arbre dur*, & plus particuliérement le *chêne*; de la R/. El (*fortis, robuſtus.*)

Pour confirmer cette origine, il n'y a

qu'à voir que les Latins nomment ainsi, en leur langue, le chêne *robur*. La même idée, prise de la considération de *dureté*, a produit le nom dans les deux langues.

On dispute sur l'origine du mot *loup-garou*. On l'a tiré de *lupus varius*, (loup bigarré, marqueté;) de *varosius*, (*varare, fugere*, d'où nous avons fait *gare*, *garouage*, *égaré*, *evaratus*;) de l'oriental *haraboth* (*nocti-vagus*;) du celtique *gur* ou *ur* (*vir*.) Il est fort aisé de voir que cette derniere interprétation, fondée sur le préjugé du petit peuple, que les méchans sorciers se transforment en loups, pour dévorer les passans, est la véritable, & que le mot signifie *loup-homme*; il n'y a qu'à comparer la langue grecque, en laquelle loup-garou se dit λυκάνθρωπος (*lupus-homo*, ou l'allemande en laquelle il se dit *werwolf* (*vir lupus*.) La crédulité, à cet égard, que Pline, dès son tems, appelloit *fabulosa tot sæculis*, est très-ancienne chez les peuples Celtes, Scythes, Grecs, &c. Wachter rapporte là-dessus des choses fort curieuses.

Parmi les Gaulois, les prêtres portoient le nom de Druides, tiré, comme on ſçait, du nom celtique du chêne, arbre fétiche de la nation (Derw. Δρῦς *Quercus.*) Tout confirme cette dérivation : la vénération des Gaulois pour les bois de chêne, dans leſquels ils célébroient leurs rites religieux : la cérémonie ſolemnelle du gui de chêne : la reſſemblance que j'ai déja remarquée entre le latin *kerkus*, & l'allemand *kirk* (*templum :*) la ſignification du mot *lucus*, (*bois*) ſynonyme à *templum*. Tant de circonſtances ſe feroient difficilement réunies par hazard, pour aſſurer la vérité de cette dérivation. Cependant Freret la jugeoit fortuite, & vouloit tirer d'ailleurs l'étymologie du nom des Druides. Après avoir obſervé que c'étoit dans l'Iſle Britannique que le Druidiſme avoit ſon centre principal, & qu'il s'étoit conſervé dans ſa plus grande pureté, il ajoûtoit que *Derwidd* étoit compoſé du celtique *Deus*, & de l'irlandois *Rhaidhim* (*loquens ;*) de ſorte que le nom Druide étoit, ſelon lui, ſynonyme du grec Θεολόγος (*loquens de Deo, théologien.*)

Pour lui répondre, il auroit ſuffi de lui faire voir que Diodore nomme, en ſa langue grecque, les prêtres gaulois *Saronides* du mot *σάρων*, qui, ainſi que Δρῦς, ſignifie *chêne*. Il n'eſt pas poſſible de repliquer à la démonſtration qui réſulte de cette homonimie.

On raconte de vingt manieres différentes l'origine du nom de la fameuſe ville de Rome. Les faits que les anciens écrivains ont débités à ce ſujet, ſont, pour la plûpart, ou dénués de preuves ſuffiſantes, ou fondés, ſoit ſur de vieux contes populaires, ſoit ſur la prétendue exiſtence de certaines perſonnes qui n'exiſterent peut-être jamais, ou accompagnés de fables qui rendent très-ſuſpect le reſte du récit. Tel eſt celui qu'on fait de Remus & de Romulus. Cependant l'opinion, qui leur attribue la fondation de Rome, & qui tire d'eux l'origine de ſon nom, eſt généralement adoptée, tandis qu'on avoit ſous les yeux l'origine ſimple, naturelle & véritable de ce nom dans le nombre de celles que Denis d'Halicarnasse & Plutarque ont rapportées. Je remets à m'étendre ailleurs (dans un Traité particulier des Noms géographiques, matiere extrêmement étendue) sur les traditions curieuses & très-variées qui nous restent, concernant la fondation de cette capitale de l'Univers, & les différentes causes qu'on allégue du nom qui lui fut imposé. Il suffit d'éclaircir ici la plus simple & la plus apparente.

Rome, soit qu'elle ait été bâtie par les deux petits-fils de Numitor souverain d'Albe, soit, comme il est plus vraisemblable, que ces deux jeunes gens, revoltés contre Amulius leur oncle, se soient retirés, à la tête d'une poignée de brigands, dans cette place construite avant eux, & qu'ils aggrandirent ; Rome, dis-je, étoit la forteresse de ce canton du Latium. La langue du pays étoit dès-lors fort mêlangée de grec qui en a toujours fait le principal fond. Or Ρώμη en langue grecque signifie *forteresse* ; c'est un synonyme du latin *arx*. Faut-il chercher ailleurs l'origine du nom de *Rome*, & s'arrêter à des fables, à des traditions, à des noms de personnes, quand elle se présente ici d'une maniere si naturelle. Que s'il restoit quelque doute, il seroit levé par l'observation suivante. On sçait qu'autrefois les villes avoient, outre leur nom vulgaire, un nom sacré & mystérieux, qu'on tenoit secret, pour en dérober la connoissance aux ennemis de l'Etat, dans la crainte que, s'ils venoient à investir la place, ils n'évoquassent à leur parti les Dieux protecteurs de la ville, en les appellant à eux par le nom propre & sacré de la ville, selon le rit des formules religieuses, consacrées à ces évocations, à qui le préjugé national attribuoit une grande efficacité. Cette espece de Palladium, ce nom mystérieux de la ville de Rome, étoit *Valentia* qui signifie de même une *forteresse*, en latin *locus validus*, en celtique *Walt*, (*un fort.*) Ainsi les deux noms de *Rome*, l'un vulgaire, l'autre secret, s'expliquent fort bien l'un par l'autre, étant tous deux synonymes & tirés, l'un de la langue grecque, l'autre de la langue celtique, dont le mêlange donna pour lors naissance à langue latine, par la rencontre des colonies Gauloises, venues du nord de l'Italie, avec les colonies Grecques, venues du midi, qui se joignirent dans le Latium sur les bords du Tibre.

270. *Causes de l'altération que peuvent éprouver les racines jusques dans leur premier germe. Maniere de discerner quelle est l'articulation véritable & radicale.*

Il est rare que les racines éprouvent une variation essentielle dans leur premier germe, jusqu'à passer de l'articulation propre d'un organe à l'articulation propre d'un autre organe. Car un germe radical ne subit, à vrai dire, aucun changement, tant qu'il ne sort pas des diverses inflexions propres à un même organe. Que le son organique, donné par la nature, pour nommer *pere*, *mere*, ou ce qui y a rapport, soit prononcé AB, AM, AP, AF, AV, BA, MA, PA, FA, &c.

(Voy. n° 58--61,) c'eſt toujours la lettre labiale ; c'eſt toujours, même organe, même germe radical. Mais nous avons vu, n° 59, que ce ſon primitif a paſſé, chez pluſieurs peuples, de l'organe labial à l'organe dental, qui en eſt voiſin, & que ceux-ci l'articulent AT, TA, &c. C'eſt une variété conſidérable, dont on ne peut guères aſſigner d'autres cauſes que l'extrême mobilité de la voix humaine, que les variétés que le climat peut mettre dans la ſtructure de l'inſtrument vocal, & que la facilité que certains endroits de l'inſtrument ſe trouvent avoir par-là d'être mis en jeu plutôt que d'autres. La mobilité de la voix lui donne tant de pente à dériver d'une inflexion à une autre, qu'il faut une forte attention, qu'on ne donne guères, pour toucher l'inſtrument bien juſte, retenir parfaitement le ſon primitif, & le rendre avec une exactitude, faute de laquelle on peut l'altérer dans ſon principe même.

L'articulation de langue *oL* eſt appropriée à déſigner l'action & les objets de l'odorat,

rat, qu'on indique aussi par l'articulation dentale *od*. On voit bien cependant que ce n'est qu'une variété du même germe, & qu'il a également produit les mots *olens*, *olidus*, *olfactus*, *olfacere*, *oleum*, *oglio*, *huile*, (ou parfum) *olive*, *olus*, (les plantes cultivées dans les jardins) *odor*, *odorat*, &c. Que si je suis curieux de sçavoir si c'est le son *ol* figuré par la *langue*, qui est le véritable primitif, ou le son *od* figuré par les *dents*, je ne tarderai pas à découvrir que c'est le premier, & qu'*odos* n'est qu'une syncope d'*olidos*.

Je reconnois ceci à deux marques, 1° aux mots où l'inflexion n'a fait que varier un peu, sans s'altérer ni sortir de son organe; car alors c'est sur la lettre de *langue*, que cette legere déviation s'est faite, lorsqu'en prononçant *N*, autre lettre de *langue*, au lieu de *L*, on a formé *ungere*, *onguent*, *oint*, *onction*, & autres relatifs à l'odorat, comme ceux ci-dessus cités.

2° Si j'examine le second ordre de mots formés sur cette racine par une aberration du sens, je trouve qu'ils ont conservé l'articulation de *langue*. *Olescere*, verbe formé sur le mot *olus*, *plante*, *légume*, signifie, ainsi qu'*adolescere*, *croître*, *grandir*, *meurir* : il s'est dit des végétaux, & l'expression s'est aussi étendue aux animaux. On a nommé *adolescence* l'âge de l'homme, où il commence d'être formé, d'être en pleine séve, en état d'engendrer & de porter du fruit. L'âge de sa *puberté* a été nommé l'âge *adulte*. *Adultere* est un jeune galant qui corrompt une femme mariée, ou la femme qui se livre à lui, ou la faute qu'elle commet. *Adulterinus* se dit des choses que l'on corrompt par le mêlange de ce qui n'y devoit pas entrer. Il se dit du vin frelaté, d'un acte falsifié, d'une drogue sophistiquée. Et l'on voit ici que, malgré l'aberration du sens, les images naturelles ne sont pas trop mal déduites l'une de l'autre, & de branches en branches depuis leur tronc.

271. *Il y a dans les langues des mots entiérement pareils qui n'ont pas la même origine.*

Il arrive quelquefois que des mots d'une

même langue, très-semblables par la forme & par le son, ne viennent pas des mêmes primitifs. Cela arrive lors même que l'un des primitifs est fort semblable aux dérivés, & paroît leur convenir également bien à tous; lors même que le sens paroît se rapporter, & que, parmi les dérivés, l'un paroît être le verbe simple, & l'autre un verbe composé sur le simple; lors même enfin que les deux expressions dérivées sont absolument semblables dans la même langue. C'est ce que l'art critique doit discerner. La remarque, étant essentielle, demande d'être soutenue par des exemples.

Mine, air du visage, & *mignon* ne viennent pas du même primitif, malgré l'analogie sensible entre ces deux mots; car on dit *un visage mignon*. Le premier doit être tiré du latin *minari*, i. e. *menacer par l'air du visage*. Ainsi l'expression n'a d'abord été appliquée qu'à une mine terrible ou fâcheuse, comme lorsque nous disons en françois *faire la mine*. Toute altération de l'air du visage, soit qu'elle provienne de paſſion ou d'affectation, a été auſſi nommée *mines ;* & enfin l'expreſſion s'eſt étendue à toute ſorte d'air du viſage : on a dit *une jolie mine*, *une mine gracieuſe.* L'origine primitive de ce terme eſt la racine ou clef *man* qui ſe rapporte en général à l'homme & à la face humaine. *Mignon* vient immédiatement du latin *minium*, & originairement du phœnicien *menin*, i. e. *vermillon*, *cinnabre.* Les Phœniciens, lorſqu'ils découvrirent l'Eſpagne, trouverent, ſur les bords du fleuve *Minho*, beaucoup de terre minérale, de couleur rouge, qui, à ce que croit Vitruve, fut appellée *minium* du nom du fleuve, comme nous avons appellé *indigo* la couleur bleue qui nous vient de l'*Inde.* Iſidore & Juſtin diſent, au contraire, que le fleuve Minius a tiré ſon nom de la terre de couleur rouge qu'on trouve ſur ſon rivage. L'un & l'autre récit ſont également vraiſemblables, & reviennent au même ; car on ſçait que la plûpart des noms de lieux en Eſpagne ont été impoſés par les anciennes colonies de commerçans Phœniciens, dont la langue appelloit le vermillon *menin*. Pour nous, nous avons nommé les petits portraits peints avec le *minium* ou le vermillon *miniatures* ; & nous donnons l'épithete de *mignon* à un joli petit visage qui a de belles couleurs. Nous appellons aussi, par extension, *mignones* les petites choses bien faites.

Indolence, caractere d'une ame languissante & sans activité, ne vient pas du latin *indoles*, quoique ce dernier signifie le caractere intérieur & naturel; mais du latin *dolens : dolere*, i. e. être dans un état d'abbatement. Ce mot *dolens* est proprement applicable aux maladies de langueur, quoique nous l'ayons étendu à toute espece de souffrances & de *douleurs*. *Indoles* vient de la vieille préposition latine inusitée *indu* ou *endo* qu'on retrouve encore dans les anciens auteurs de cette langue, qui disent, *induperator* & *endopedire* pour *imperator* & *impedire*. De-là viennent aussi *intùs*, (fait sur le grec ἔνδον i. e. *intùs*) *intrà*, *entrer*, *intérieur*, *intimité*, *intimé*, &c.

Lécher & *allécher* sortent de deux primitifs différens ; quoique le second ait tous les caracteres d'un verbe composé du premier, & qu'on dise en notre langue *alléché par l'odeur des mets*. Lécher est une opération propre de la langue ; ainsi il est évident que le terme vient de l'hébreu *lischan* (*lingua.*) Il n'est pas moins évident qu'*allécher* nous vient du latin *allicere*, *allectum*, qui signifie *attirer*, *faire venir à soi*. Or il est clair qu'*allicere* ne vient pas de l'hébreu *lischan*, mais du latin *licia* qui signifie *lice*, *lesse*, *tresse*, cordon dont on se sert pour attirer à soi.

A peine dans les phrases suivantes, *à peine étois-je arrivé*, *à peine a-t-il de quoi vivre*, n'est pas la même chose que dans celle-ci, *à peine de désobéissance*, *à peine de mort*. Cette derniere expression vient du latin *ad pœnam*. La premiere, employée comme adverbe, pour dire *presque pas*, *difficilement*, vient de *penè*, (presque, peu) sorti de πενία (*egestas.*) *Penu* signifie le nécessaire physique, comme *penus*, le vivre : *penula*, un gros habit d'étoffe commune ; & *penuria*, la disette des choses nécessaires. De-là viennent *penarium*, le lieu intérieur où l'on resserre la provision : *Penates*, les Dieux domestiques & de l'intérieur : *penitus*, l'intérieur, ou (adverbialement) tout-à-fait, au-dedans, entiérement ; & là-dessus on a fait le verbe *penetrare*, dont le sens est bien loin de celui de la R/.

Bornons-nous au nombre ci-dessus d'observations critiques & d'exemples propres à les soutenir. On en pourroit faire beaucoup d'autres dont le détail fatigueroit à la fin le lecteur : elles se présenteront d'elles-mêmes aux personnes qui seront en usage d'opérer. Je n'en ai sans doute que trop dit sur une matiere, curieuse à la vérité pour ceux qui l'aiment, & qui sentent de quelle utilité elle peut être dans l'étude des belles-lettres, & dans la recherche des antiquités, mais séche & ingrate, il faut l'avouer, pour la plûpart des lecteurs. Peu d'entr'eux, peut-être, auront la force d'aller jusqu'au bout de ce Traité. Moi-même, je ne me suis déterminé à l'écrire que par deux raisons principales : l'une, qu'il fait l'histoire de l'esprit humain & de son opération suivie dans la fabrique des langages ; ce qui est une partie essentielle de la philosophie : l'autre, qu'il donne à connoître l'influence que les mots fabriqués par les hommes ont à leur tour sur leurs opinions & sur leur façon de penser.

CHAPITRE XVI.

De l'Archéologue ou Nomenclature universelle réduite sous un petit nombre de racines.

---

272. *Projet d'un archéologue ou nomenclature universelle par racines.*

POUR perfectionner la matiere étymologique, & la réunir sous un seul coup d'œil, il seroit à propos de faire un ouvrage qu'on va regarder d'abord comme immense, & qui ne l'est point du tout. Ce seroit de dresser par racines une nomenclature universelle de tous les mots des langues d'Europe & d'Orient. Sous chacune des racines on rangeroit les dérivés qu'elle a dans quelque langue que ce soit. Les racines & les primitifs montreroient, d'une maniere distincte, ce qui appartient à chaque langue; tandis que l'arrangement de leurs dérivés en feroit voir évidemment la filiation immédiate, sans qu'il fût besoin de l'appuyer d'autres preuves ni d'explications étendues. Tout l'art consiste à rendre la chaîne continue ; en telle sorte que l'acception idéale, ou la figure matérielle des mots s'altérant legérement d'un chaînon au suivant, la vraisemblance & la clarté se conservent, & que l'on passe par des nuances insensibles d'une idée, d'une figure ou d'un son à d'autres très-différens, sans être choqué du contraste. Encore un coup je demande instamment qu'on ne se laisse pas prévenir à l'apparence, en regardant ceci comme un labyrinthe, comme un chaos, à l'aspect duquel le courage va manquer. J'ai examiné cette matiere avec quelque soin, par rapport aux langues que je connois, & j'ai été étonné de voir combien le nombre des racines est petit, en comparaison de la multitude infinie des termes dérivés. On croiroit d'abord qu'il y a une prodigieuse quantité de ces racines. Nullement : toutes ensemble réunies ne feroient qu'une fort petite brochure. J'en dis trop, dans la crainte d'avancer ce que je crois pourtant déja voir assez clairement, sçavoir que tous les monosyllabes absolument primordiaux & radicaux, sur lesquels les autres racines moins simples sont formées, ne rempliroient pas une page de papier de lettre. Il en est de ceci comme des étoiles du ciel, qui paroissent innombrables, quand on les regarde, & qui se réduisent en un fort petit nombre, quand on les compte. J'ai vu que la nature n'avoit formé qu'un bien petit nombre de primitifs radicaux, proportionné à la faculté très-imparfaite & très-bornée qu'elle a donnée à l'instrument vocal, pour imiter, par le bruit aërien des coups d'organes, les images des choses sensibles. C'est cependant de ce fond si pauvre que les langages quelconques ont été contraints de tirer leur systême immense de dérivation. Ainsi ce travail de dresser une nomenclature universelle, sur-tout s'il étoit fait par plusieurs Grammairiens réunis, (car une seule personne ne peut pas posséder toutes les langues,) ne seroit pas si énorme qu'on le croiroit ; les termes dérivés venans en foule se réunir sous les termes radicaux.

Que l'on prenne les langues angloise, françoise, italienne, espagnole, provençale & latine, dont plus des trois quarts des mots n'expriment que des idées relatives ou morales, on verra tous ces termes se ranger à la file sous un petit nombre de racines *grecques* ou *germaniques* ; les racines grecques se réunir sous un moindre nombre de racines orientales, & le tout enfin se rassembler, par troupes immenses de toutes les nations, sous un nombre infiniment petit de racines organiques, qui sont comme des clefs particulieres naturellement adaptées par l'homme (on ne sçait pas toujours pourquoi) à désigner certaines modalités d'idées : de sorte que tout ce qui peut se ranger dans la classe d'une de ces généralisations, se trouve sortir de la racine organique qui la désigne, & en porter le caractéristique. On m'entendra, si on veut recourir à ce que j'ai dit, *n.* 47, 82 & suiv. J'ai commencé d'en faire l'épreuve ſur la lettre M, que j'ai choiſie comme la plus immuable, pour voir combien elle me fourniroit de vrais primitifs monoſyllabes où elle fût initiale, & combien chacun d'eux auroit de dérivés. Ceux-là tiennent à peine quelques lignes : ceux-ci ſont en nombre infini ; & cependant j'en omets encore une prodigieuſe quantité que je n'ai pas apperçu ; car ce n'eſt pas un travail qu'on puiſſe faire, comme il doit l'être, en parcourant une ſeule lettre : il faut tenir les vocabulaires entiers. Remarquez encore que, quand vous avez la racine premiere de toute une claſſe de mots dans un ſeul dialecte de l'Europe, (par ex. *main* & ſes dérivés,) vous l'avez pour toute cette claſſe de mots dans preſque tous les autres dialectes de l'Europe, qui ne forment, à vrai dire, qu'une même langue ; les variations legeres, qui les diſtinguent, ne tombant pas ſur le ſigne radical. Si j'ai le tems ou la patience de finir ce travail minutieux ſur la lettre M, je le donnerai dans un Chapitre à part, réduit en table, pour eſſai de l'archéologue que je propose. On y verra qu'il y a beaucoup de variétés dans chaque mot, mais qu'il n'y a guères de mots. Véritablement je n'entends parler ici que des mots habituels de chaque langue, non compris les noms appellatifs singuliers de certains objets physiques qui ne sont pas d'un fréquent usage dans le cours de la vie, & qui ne fournissent que peu de dérivés. Mais aussi l'on verra que tous les noms propres de lieux & de personnes, dont la signification n'est pas encore méconnue, (& il y en a une très-grande quantité) viennent sans peine se ranger sous la racine dont ils sortent.

273. *Utilité d'y joindre les mots de jargons populaires.*

Il y faudroit joindre les termes singuliers, tant du vieux langage de chaque pays, que des jargons populaires desquels il y a beaucoup d'inductions à tirer. Les différens degrés, par lesquels le même mot a passé, en recevant plusieurs changemens ſucceſſifs, dans ſa prononciation, dans ſon orthographe, &c. ſont autant de chaînons qui conduiſent de proche en proche à l'origine du mot actuellement en vigueur.

274. *Maniere de procéder à l'examen métaphyſique de chaque idiome.*

De plus il ſeroit néceſſaire (& cette partie de l'Ouvrage ſeroit plus pénible que le reſte) de montrer d'où ſont nés les idiotiſmes ou façons de parler propres à chaque nation, de ſuivre chaque grammaire dans le progrès de ſa formation, de faire voir comment une langue, en même tems qu'elle s'approprioit preſque tous les mots d'une autre, adoptoit la ſyntaxe d'une troiſieme; comment le françois, par exemple, dont preſque tous les termes ne ſont qu'un latin corrompu, s'eſt aviſé, contre l'uſage de la langue latine, de former toutes ſes déclinaiſons par des articles, & une bonne partie de ſes conjugaiſons par les verbes auxiliaires *avoir* & *être*, en ſuivant pied à pied dans ce même verbe *être* toutes les irrégularités ſi caractériſées de l'*eſſe* des Latins. Ce ſeroit aſſurément un travail digne d'un métaphyſicien, que de prendre une piéce conſidérable en quelque langue fort connue, pour examiner les dérivations dans la maniere d'exprimer les idées; & par les diverſes locutions faire remarquer, phraſe à phraſe, les opérations de l'eſprit humain dans la tournure de chaque façon d'énoncer les penſées. Les comiques en proſe, dont le ſtyle eſt plus ſemblable au diſcours ordinaire de la converſation, paroiſſent devoir être choiſis par préférence. On auroit à parler auſſi de la cauſe des différentes terminaiſons dans les langues, de la ſignification des prépoſitions, de leur variété à cet égard; car les mêmes ont pluſieurs ſens très-différens. En traitant des prépoſitions & des valeurs de chacune, on examineroit leur adaptation aux verbes, & les termes compoſés; & ainſi du reſte en tout ce qui regarde les procédés de l'esprit, par rapport à la fabrique des locutions. C'est une matiere extrêmement vaste & très-philosophique. Je n'ai fait que la toucher, en peu de mots, dans l'un des Chapitres précédens.

275. *Nécessité de dresser un modele comparé de tous les langages.*

Enfin il faudroit joindre, par forme d'*appendix*, à l'archéologue proposé un court exemplaire de toutes les langues de l'Univers. Ceci a été en partie tenté par le P. Kirker, dans son *Œdipus ægyptiacus;* par Gesner, dans son *Mithridate;* par M. Leibnitz, & sur-tout par Chamberlayn. Mais les modeles qu'ils ont pris, ne paroissent pas bien choisis. Ceux-ci nous ont donné l'Oraison dominicale, avec quelques autres prieres, & Kirker un Eloge de l'empereur Ferdinand. Il faut que ce modele soit fait exprès avec beaucoup d'art, de maniere à représenter d'un coup d'œil tout ce qu'a de principal le cations étendues. Tout l'art consiste à rendre la chaîne continue ; en telle sorte que l'acception idéale, ou la figure matérielle des mots s'altérant legérement d'un chaînon au suivant, la vraisemblance & la clarté se conservent, & que l'on passe par des nuances insensibles d'une idée, d'une figure ou d'un son à d'autres très-différens, sans être choqué du contraste. Encore un coup je demande instamment qu'on ne se laisse pas prévenir à l'apparence, en regardant ceci comme un labyrinthe, comme un chaos, à l'aspect duquel le courage va manquer. J'ai examiné cette matiere avec quelque soin, par rapport aux langues que je connois, & j'ai été étonné de voir combien le nombre des racines est petit, en comparaison de la multitude infinie des termes dérivés. On croiroit d'abord qu'il y a une prodigieuse quantité de ces racines. Nullement : toutes ensemble réunies ne feroient qu'une fort petite brochure. J'en dis trop, dans la crainte d'avancer ce les cas des déclinaiſons, &c. Le modele doit être écrit en latin; langue la plus vulgaire de toutes, & qui ſe prête le plus aiſément au génie des autres. Un pareil exemplaire, où le latin ſe trouveroit, ſoit répété en entre-ligne à chaque traduction, ſoit plutôt chiffré, au-deſſus de chaque mot, dans l'un & dans l'autre, ſeroit d'un grand uſage aux perſonnes intelligentes, pour commencer à apprendre quelque langue que ce fût; & par-là il deviendroit d'une grande utilité, quand même il n'en réſulteroit point d'autre. C'eſt grand dommage que les anciens n'ayent pas eu la penſée de dreſſer un tel *ſpecimen omnium linguarum.* Quelle facilité ne nous donneroit-il pas aujourd'hui? Combien de choſes n'y découvririons-nous pas? Le roi Mithridate, qui, outre tant de dialectes orientaux & ſcythes qu'il poſſédoit, ſçavoit auſſi la langue des Grecs, & preſque certainement celle des Romains, auroit été lui ſeul fort propre à avancer un pareil ouvrage.

276. *Plan de l'Archéologue.*

INSTRUCTION pour construire le grand Archéologue ou Vocabulaire universel par racines.

Prenez un Dictionnaire de chaque langue.

Prenez autant de cahiers de papier blanc que de Dictionnaires. Il est à propos que ces cahiers soient composés de demi-feuilles repliées verticalement, afin qu'ils soient longs & étroits. Il faut de plus en diviser chaque page en deux par une marge.

Ecrivez sur chaque cahier la liste alphabétique des principaux mots de chaque langue.

Après quoi, le maître ouvrier écrira, en marge de chaque mot, celui dont il est dérivé, & le signe radical de ce mot: par exemple, en marge du mot *difficulté*, il écrira *facere* ℟. *fac;* en marge du mot *perfection*, il écrira de même *facere* ℟.

fac; en marge du mot *confiture*, il écrira de même *facere* ℟. *fac.* Il n'eſt pas beſoin de s'expliquer davantage: car on voit aſſez que *difficulté* vient de *facere*, par les mots *facilitas* & *facultas*; que *perfection* en vient auſſi, par *perfectus* & *perficere*; de même que *confiture*, par *confetti* & *conficere.*

Après quoi, vous releverez de tous les cahiers les mots originaux mis en marge, que vous reporterez, par ordre alphabétique, ſur un nouveau cahier : en marge de chaque mot vous écrirez le ſigne radical.

Cela fait, prenez une grande quantité de cartes; & écrivez, en tête de chacune, un de vos ſignes radicaux, ou racines, en faiſant mention de la langue dont elle eſt tirée. Ce ſera toujours celle où ſe trouve le plus ancien terme primitif connu. Que ſi votre racine n'eſt qu'un germe du langage, c'eſt-à-dire une articulation ſimple de l'un des ſix organes vocaux, elle appartient à la langue organique, primitive & commune à tout le genre humain.

Diſpoſez vos cartes par ordre alphabétique. Ecrivez enſuite ſur ces cartes, & ſous chaque racine, tout ce qui ſe trouve de relatif à cette racine dans vos cahiers précédens. Ayez attention de n'écrire ſur les cartes que d'un côté, afin de pouvoir couper ces cartes en pluſieurs piéces ou petits bulletins, à votre volonté.

Cela fait, le maître-ouvrier, ayant ſous les yeux à la fois tous les mots de toutes les langues, dérivés d'une même racine, les rangera & diſpoſera dans l'ordre le plus convenable, ſelon leur analogie & leur plus grande approximation, chacun ſous leurs principaux primitifs dérivés d'une même racine. Ces primitifs feront comme autant de claſſes ou de petits chapitres ſous chaque racine.

Vous aurez ſoin de remonter, autant qu'il ſera poſſible, les racines monoſyllabes juſqu'a leur premier germe, qui eſt l'articulation organique. Ainſi, après avoir écrit en marge du mot *conſiſtoire*, *ſiſto*, & en marge de *ſiſto*, *ſto*, vous ferez bien encore d'écrire en marge de *ſto* le premier germe qui eſt le mouvement dental ; modulé par le nez *ſt*, autrement le *ſiſlé-battu*. Cependant vous emploierez toutes vos racines monoſyllabes, en dreſſant votre table radicale par ordre alphabétique, ſans vous aſtreindre à ne faire entrer dans cette table que les premiers germes des racines. Ce ſeroit la réduire trop au ſimple. Car j'ai fait voir qu'il y a des racines qui n'ont pour germe que le mouvement ſimple d'un ſeul organe. Par exemple, l'articulation de gorge *c* ou *gh*, pour la claſſe des choſes creuſes & profondes, c'eſt-à-dire des êtres qui peuvent être conſidérés ſous l'aſpect de cette modalité d'exiſtence ; le frôlement de langue *R* pour la claſſe des choſes rapides, roides, rudes, rompues, &c.

277. *Il doit être dreſſé ſelon l'ordre organique & naturel des lettres, non ſelon l'ordre de l'alphabet vulgaire.*

En rangeant les racines par ordre alphabétique, vous ne ſuivrez pas cet ordre, tel

tel qu'il eſt reçu dans l'uſage, mais tel qu'il eſt donné par la nature. C'eſt un guide qu'il ne faut pas ici perdre de vue. Nous avons reconnu qu'il n'y a que ſix lettres conſonnes, parce que l'inſtrument n'a que ſix parties, qui ſont ſes ſix organes; chacun deſquels eſt doué de ſon articulation propre. Votre archéologue n'aura donc que ſix diviſions, diſpoſées dans leur ordre propre, en commençant par les trois muettes, plus fixes, plus conſonnes, plus inſtantanées que les trois autres; ſçavoir, *levre*, *gorge*, *dent*; en rangeant les variations de chacune en leur ordre de *douce*, *moyenne* & *rude*. Continuez par les trois liquides qui participent un peu de la voyelle, étant ſuſceptible d'un petit prolongement, ſçavoir, *palais*, *langue*, *nez*. J'ai fait voir, nº 39, que cet ordre étoit au fond celui de l'alphabet grammatical.

La voyelle ne doit entrer dans la diviſion de votre table alphabétique des racines monoſyllabes, qu'autant qu'elle forme ſeule le germe radical, ſans mêlange d'aucune conſonne, par un ſimple cri non-figuré, comme ἄω, *respiro;* ce qui est fort rare. Hors de-là, c'est à la consonne qu'on doit rapporter la racine: car c'est l'articulation consonne qui, figurant & peignant par onomatopée, est la cause efficiente de la formation du mot, & qui approprie la racine & ses dérivés à toute une classe des noms, à toute une modalité d'existence. Ainsi, lors même que la racine commence par une voyelle qui suit la consonne, il faut, dans votre table alphabétique, rapporter cette racine dans le Chapitre de la consonne, qui la caractérise. La R/. AC, si bien fournie d'une infinité de descendans, doit, avec tous les siens, être placée, non à la voix *A*, mais à la lettre gorge *C*. C'est en cet ordre de lettres, & sous cette racine que vous placerez le latin *ago*, le turc *aga*, (*dux*,) le françois *réaction*, le grec ἀγκύλος, &c.

Il y a plus de difficulté dans l'arrangement des inflexions composées, pour sçavoir en quel ordre on les disposera, lorsqu'un des organes, outre son mouvement simple, affecte l'esprit propre à un autre organe, & forme une consonne génie de chaque langue, & à montrer ſes rapports avec d'autres langues. Le meilleur ſeroit de dreſſer, en une page ou deux, ſur un ſujet clair & ſimple, une eſpece de centon, où l'on feroit entrer les principaux noms généraux, tant des ſubſtances phyſiques, que des êtres moraux & intellectuels; les termes qui expriment les relations, les qualités, les accidens, les épithetes les plus communes; les pronoms perſonnels & poſſeſſifs; les nombres ordinaux, les termes métaphyſiques d'un commun uſage; quelques autres termes privatifs; les verbes les plus uſités; les particules conjonctives & disjonctives; quelques adverbes, prépoſitions, interjections & autres parties d'oraiſon: en obſervant de varier, quoique toujours d'un ſtyle très-ſimple, la tournure des phraſes, en telle ſorte qu'il s'y trouvât quelqu'exemple d'impératif, d'interrogations, de ſubjonctifs, de participes: en un mot, tout ce qui regarde les tems, les modes, le fini, l'indéfini; l'actif, le paſſif; le ſingulier, le plurier;

est principale : ainsi les articulations mouillées *GN*, *GL* appartiennent à la consonne *langue*.

Cela posé, venons à l'ordre que vous observerez dans l'arrangement & la suite des consonnes doubles ou triples de chaque division. Ce sera celui de l'esprit ou inflexion propre & habituelle à chaque organe, selon l'ordre que vous avez déja suivi pour les organes ou consonnes simples. D'abord l'esprit habituel de la *levre*, puis celui de la *gorge*, &c. c'est-à-dire le siflé *labial*, l'aspiré *guttural*, le battu *dental*, le coulé de *palais*, le frappé ou le frôlé de *langue*, le siflé de *nez*; *PF*, *PG*, *PT*, *PZ*, *PL*, *PR*, *PS*.

Même ordre à observer pour la troisieme consonne, si la racine en a trois ; comme *SCR*, *STR*. Ici, par exemple, dans *SCR* la *gorge* *C* est la principale articulation peignant le creux ; le sifflement nazal *S* est le principal esprit ajoûté pour peindre l'excavation *SC* ; le frôlement *R* est encore ajoûté comme second esprit, comme inflexion plus forte, pour peindre le creux excavé avec action rude & forte; *SCRobs*, *SCRutari*, &c. De même dans *STR* la *dent* *T* est principale lettre cherchant à peindre la fixité; *S* y rend l'action plus ferme & plus marquée; *R* y ajoûte encore la rudesse; *STRingo*, *STRido*, *STRangulo*, &c.

Au reste, ce n'est que pour l'exactitude, que je m'attache à décrire, avec quelque soin, l'arrangement qu'on doit donner à la tablature des racines. En quelque ordre qu'on les eût disposées, ceux qui voudront chercher dans l'archéologue la racine ou la filiation d'un mot dérivé, le trouveront facilement, en cherchant le mot à la table purement alphabétique des mots de chaque langue, qui doit être mise à la fin de l'archéologue. Ce mot renverra le lecteur à la page ou au numero de l'archéologue où il trouvera ce qu'il cherche.

278. *Suite de l'instruction sur la méthode de dresser l'archéologue, sur l'arrangement des racines, des primitifs & des mots dérivés.*

Le maître-ouvrier, dans le détail &

l'arrangement des dérivés, mêlangera tous les mots des langues quelconques, sans mettre à part d'un côté les mots françois d'une certaine dérivation, & d'un autre les mots italiens de la même dérivation. Il aura soin seulement, au-devant de chaque mot, de mettre en petites capitales le nom abrégé de langue; ainsi FR. IT. (françois, italien.)

Pour sa facilité, qu'il prenne une grande table, & qu'il découpe toutes ses cartes en bulletins qu'il rangera sur la table, à la suite des uns des autres, dans l'ordre convenable, tant sur une même ligne, que par alinéa. Après quoi, il les fera copier au net sur une feuille, portant en tête la racine originale. Il faut écrire le signe radical en grandes capitales rouges, tant en lettres vulgaires, qu'en lettres de l'alphabet organique, dont j'ai donné le modele, nº 58; les principaux primitifs en grandes capitales noires; tous les mots ordinaires quelconques en lettres quarrées; la signification de ces mots, s'il est besoin de l'ajoûter, en italiques; le nom de la langue du mot en petites capitales italiques; les discours, explications, ou passages nécessaires, en petites lettres quarrées, entre deux crochets.

Il est fort nécessaire d'écrire chaque racine en lettres organiques; car la même racine varie beaucoup, figurée en lettres vulgaires. AM, AB, AP, MA, BA, PA, FA ne sont qu'une même racine. Vous le faites voir, en l'écrivant en lettres organiques. (Voy. n° 45,) qui ne varie pas autant pour la figure. Toutes celles ci-dessus peuvent se réduire à celle-ci, *voix pleine figurée par la levre.* C'est pourquoi il ne faut pas manquer à chaque racine, 1° d'énoncer quels organes agissent, en quel ordre, en quelle maniere; 2° d'expliquer ce que l'organe veut peindre, (quand on le sçait;) quelle classe de choses cette racine cherche à désigner; à quelle qualité des êtres, à quelle modalité d'existence elle est appropriée.

Vous direz, par ex. *FLO*, *FLUO*, *levre sifflante, avec le coulé de langue;* articulation très-liquide, peinture de la mobilité, de la fluidité, soit aërienne, soit aquatique, soit ignée. Cette R/. désigne les choses coulantes, fluides, mobiles, facilement mises en mouvement. Elle comprend aussi les noms qu'on peut donner aux choses non-sensibles, en les formant par une comparaison tirée de cette espece d'image naturelle. Elle comprend encore diverses autres choses sensibles qui, ayant quelque rapport aux choses fluides & mobiles, autre néanmoins que celui de la fluidité ou mobilité, n'ont pas laissé que de recevoir leur nom d'elles, par une dérivation inexacte, où l'on a eu plus d'égard au rapport quelconque des choses entr'elles, qu'à la force significative du mot.

Remarquez de plus que ce que nous disons ici de l'unedes racines organiques, est applicable à toutes. Chacune d'elles comprend, non seulement les choses naturelles que l'organe veut imiter, mais encore les choses non-sensibles qu'on veut rendre sensibles par l'image des premieres; & aussi plusieurs choses relatives aux premieres par quelqu'autre côté que celui qui seroit la convenance de peinture. Il y a dans ce dernier point un très-grand, mais très-commun abus des mots & de la dérivation.

STo, battu des dents, précédé du sifflement nazal; peinture de la fixité, de l'immobilité, de la stabilité, de la permanence en la même position. Cette ℟. désigne les choses qui ont cette qualité, ou qui y participent. Elle comprend les êtres qui peuvent être considérés en l'état d'être posés debout, ou de rester fixes dans la situation où ils sont. Si on joint le *frôlement de langue R*, ainsi *STR*, alors la ℟. désigne que l'état de fixité & de permanence est produit par une action rude & forcée.

CAP, CEP, CAV, CUP, CUV, *GOUF*, *gorge* & *lèvre*. Cette ℟. par l'articulation gutturale, désigne le creux, la cavité naturelle. Elle sert, dans ses dérivations nombreuses, à nommer les choses de ce genre, ce qui s'y rapporte, ce qui en résulte, ce qui y participe, ce qui peut y être comparé en un sens, soit allégorique, mier germe qui est le mouvement dental ; modulé par le nez *st*, autrement le *sifflé-battu*. Cependant vous emploierez toutes vos racines monosyllabes, en dressant votre table radicale par ordre alphabétique, sans vous astreindre à ne faire entrer dans cette table que les premiers germes des racines. Ce seroit la réduire trop au simple. Car j'ai fait voir qu'il y a des racines qui n'ont pour germe que le mouvement simple d'un seul organe. Par exemple, l'articulation de gorge *c* ou *gh*, pour la classe des choses creuses & profondes, c'est-à-dire des êtres qui peuvent être considérés sous l'aspect de cette modalité d'existence ; le frôlement de langue *R* pour la classe des choses rapides, roides, rudes, rompues, &c.

277. *Il doit être dressé selon l'ordre organique & naturel des lettres, non selon l'ordre de l'alphabet vulgaire.*

En rangeant les racines par ordre alphabétique, vous ne suivrez pas cet ordre, tel

tel qu'il eſt reçu dans l'uſage, mais tel qu'il eſt donné par la nature. C'eſt un guide qu'il ne faut pas ici perdre de vue. Nous avons reconnu qu'il n'y a que ſix lettres conſonnes, parce que l'inſtrument n'a que ſix parties, qui ſont ſes ſix organes; chacun deſquels eſt doué de ſon articulation propre. Votre archéologue n'aura donc que ſix diviſions, diſpoſées dans leur ordre propre, en commençant par les trois muettes, plus fixes, plus conſonnes, plus inſtantanées que les trois autres; ſçavoir, *levre*, *gorge*, *dent*; en rangeant les variations de chacune en leur ordre de *douce*, *moyenne* & *rude*. Continuez par les trois liquides qui participent un peu de la voyelle, étant ſuſceptible d'un petit prolongement, ſçavoir, *palais*, *langue*, *nez*. J'ai fait voir, nº 39, que cet ordre étoit au fond celui de l'alphabet grammatical.

La voyelle ne doit entrer dans la diviſion de votre table alphabétique des racines monoſyllabes, qu'autant qu'elle forme ſeule le germe radical, ſans mêlange d'aucune conſonne, par un ſimple cri non-figuré, comme ἄω, *respiro*; ce qui est fort rare. Hors de-là, c'est à la consonne qu'on doit rapporter la racine : car c'est l'articulation consonne qui, figurant & peignant par onomatopée, est la cause efficiente de la formation du mot, & qui approprie la racine & ses dérivés à toute une classe des noms, à toute une modalité d'existence. Ainsi, lors même que la racine commence par une voyelle qui suit la consonne, il faut, dans votre table alphabétique, rapporter cette racine dans le Chapitre de la consonne, qui la caractérise. La R/. AC, si bien fournie d'une infinité de descendans, doit, avec tous les siens, être placée, non à la voix *A*, mais à la lettre *gorge C*. C'est en cet ordre de lettres, & sous cette racine que vous placerez le latin *ago*, le turc *aga*, (*dux*,) le françois *réaction*, le grec Ἀγκύλος, &c.

Il y a plus de difficulté dans l'arrangement des inflexions composées, pour sçavoir en quel ordre on les disposera, lorsqu'un des organes, outre son mouvement simple, affecte l'esprit propre à un autre organe, & forme une consonne double. Sur quoi il faut obſerver en général, que les conſonnes doubles, étant preſque toujours compoſées d'une fixe & d'une ou de pluſieurs liquides, alors la véritable conſonne, baſe ſolide de l'articulation, eſt la fixe : le reſte n'eſt qu'un acceſſoire qu'elle emprunte d'un organe liquide. Les inflexions *PS*, *CL*, *TR* appartiennent à la *levre*, à la *gorge*, à la *dent* : le *ſiflé*, le *coulé*, le *frôlé*, qu'elles affectent ici, ſont acceſſoires. Ainſi les racines, formées par ces inflexions doubles, appartiennent à leur lettre fixe. Je penche à croire qu'il faut s'en tenir à ſuivre cet ordre, lors même que le *ſiflement nazal* eſt joint aux conſonnes fixes, (ce qui arrive ſi ſouvent) & que les articulations radicales *SP*, *SC*, *ST* appartiennent à leur fixe, plutôt qu'à la lettre *Nez*, dont le ſiflement, quoiqu'initial, n'eſt ici qu'acceſſoire à la fixe. Exceptez toutefois de cette régle générale la lettre liquide de langue *L* & *N*, lorſqu'elle eſt mouillée, comme dans *Ignace* & dans *Meglio* ; car alors l'aſpiration gutturale *G* eſt empruntée de la fixe par la liquide qui est principale : ainsi les articulations mouillées *GN*, *GL* appartiennent à la consonne *langue*.

Cela posé, venons à l'ordre que vous observerez dans l'arrangement & la suite des consonnes doubles ou triples de chaque division. Ce sera celui de l'esprit ou inflexion propre & habituelle à chaque organe, selon l'ordre que vous avez déja suivi pour les organes ou consonnes simples. D'abord l'esprit habituel de la *levre*, puis celui de la *gorge*, &c. c'est-à-dire le siflé *labial*, l'aspiré *guttural*, le battu *dental*, le coulé de *palais*, le frappé ou le frôlé de *langue*, le siflé de *nez*; *PF*, *PG*, *PT*, *PZ*, *PL*, *PR*, *PS*.

Même ordre à observer pour la troisieme consonne, si la racine en a trois; comme *SCR*, *STR*. Ici, par exemple, dans *SCR* la *gorge C* est la principale articulation peignant le creux; le sifflement nazal *S* est le principal esprit ajoûté pour peindre l'excavation *SC*; le frôlement *R* est encore ajoûté comme second esprit, comme inflexion plus forte, pour peindre le creux excavé avec action rude & forte; *SCRobs*, *SCRutari*, &c. De même dans *STR* la *dent* *T* est principale lettre cherchant à peindre la fixité; *S* y rend l'action plus ferme & plus marquée; *R* y ajoûte encore la rudesse; *STRingo*, *STRido*, *STRangulo*, &c.

Au reste, ce n'est que pour l'exactitude, que je m'attache à décrire, avec quelque soin, l'arrangement qu'on doit donner à la tablature des racines. En quelque ordre qu'on les eût disposées, ceux qui voudront chercher dans l'archéologue la racine ou la filiation d'un mot dérivé, le trouveront facilement, en cherchant le mot à la table purement alphabétique des mots de chaque langue, qui doit être mise à la fin de l'archéologue. Ce mot renverra le lecteur à la page ou au numero de l'archéologue où il trouvera ce qu'il cherche.

278. *Suite de l'instruction sur la méthode de dresser l'archéologue, sur l'arrangement des racines, des primitifs & des mots dérivés.*

Le maître-ouvrier, dans le détail &

l'arrangement des dérivés, mêlangera tous les mots des langues quelconques, sans mettre à part d'un côté les mots françois d'une certaine dérivation, & d'un autre les mots italiens de la même dérivation. Il aura soin seulement, au-devant de chaque mot, de mettre en petites capitales le nom abrégé de langue; ainsi FR. IT. (françois, italien.)

Pour sa facilité, qu'il prenne une grande table, & qu'il découpe toutes ses cartes en bulletins qu'il rangera sur la table, à la suite des uns des autres, dans l'ordre convenable, tant sur une même ligne, que par alinéa. Après quoi, il les fera copier au net sur une feuille, portant en tête la racine originale. Il faut écrire le signe radical en grandes capitales rouges, tant en lettres vulgaires, qu'en lettres de l'alphabet organique, dont j'ai donné le modele, n° 58; les principaux primitifs en grandes capitales noires; tous les mots ordinaires quelconques en lettres quarrées; la signification de ces mots, s'il est besoin de l'ajoûter, en italiques; le nom de la langue du mot en petites capitales italiques ; les discours, explications, ou passages nécessaires, en petites lettres quarrées, entre deux crochets.

Il est fort nécessaire d'écrire chaque racine en lettres organiques ; car la même racine varie beaucoup, figurée en lettres vulgaires. AM, AB, AP, MA, BA, PA, FA ne sont qu'une même racine. Vous le faites voir, en l'écrivant en lettres organiques. (Voy. n° 45,) qui ne varie pas autant pour la figure. Toutes celles ci-dessus peuvent se réduire à celle-ci, *voix pleine figurée par la levre.* C'est pourquoi il ne faut pas manquer à chaque racine, 1° d'énoncer quels organes agissent, en quel ordre, en quelle maniere ; 2° d'expliquer ce que l'organe veut peindre, (quand on le sçait ;) quelle classe de choses cette racine cherche à désigner ; à quelle qualité des êtres, à quelle modalité d'existence elle est appropriée.

Vous direz, par ex. *FLO*, *FLUO*, *levre siflante, avec le coulé de langue;* articulation très-liquide, peinture de la mobilité, de la fluidité, soit aërienne, soit aquatique, soit ignée. Cette R/. désigne les choses coulantes, fluides, mobiles, facilement mises en mouvement. Elle comprend aussi les noms qu'on peut donner aux choses non-sensibles, en les formant par une comparaison tirée de cette espece d'image naturelle. Elle comprend encore diverses autres choses sensibles qui, ayant quelque rapport aux choses fluides & mobiles, autre néanmoins que celui de la fluidité ou mobilité, n'ont pas laissé que de recevoir leur nom d'elles, par une dérivation inexacte, où l'on a eu plus d'égard au rapport quelconque des choses entr'elles, qu'à la force significative du mot.

Remarquez de plus que ce que nous disons ici de l'unedes racines organiques, est applicable à toutes. Chacune d'elles comprend, non seulement les choses naturelles que l'organe veut imiter, mais encore les choses non-sensibles qu'on veut rendre sensibles par l'image des premieres; & aussi plusieurs choses relatives aux premieres par quelqu'autre côté que celui qui feroit la convenance de peinture. Il y a dans ce dernier point un très-grand, mais très-commun abus des mots & de la dérivation.

STo, battu des dents, précédé du sifflement nazal; peinture de la fixité, de l'immobilité, de la stabilité, de la permanence en la même position. Cette ℟. désigne les choses qui ont cette qualité, ou qui y participent. Elle comprend les êtres qui peuvent être considérés en l'état d'être posés debout, ou de rester fixes dans la situation où ils sont. Si on joint le *frôlement de langue R*, ainsi *STR*, alors la ℟. désigne que l'état de fixité & de permanence est produit par une action rude & forcée.

CAP, CEP, CAV, CUP, CUV, *GOUF, gorge* & *lévre.* Cette ℟. par l'articulation gutturale, désigne le creux, la cavité naturelle. Elle sert, dans ses dérivations nombreuses, à nommer les choses de ce genre, ce qui s'y rapporte, ce qui en résulte, ce qui y participe, ce qui peut y être comparé en un sens, soit allégorique, ſoit moral. Si le ſiflement nazal s'y joint *SC*, c'eſt un ſigne qui marque encore plus, qui ajoûte à la peinture de cavité l'idée d'action qui la produit. Si on y ajoûte encore le frôlement de langue *CR*, *SCR*, c'eſt pour peindre que la choſe ou l'action ſur la choſe eſt produite avec roideur & violence. Les exemples, mis en leur ordre, donneront la preuve de ces aſſertions.

AC, AQ, AG, AGG, ANC, ANG, *voix pleine ou nazale figurée par la gorge.* Cette R/. déſigne ce qui agit, ce qui va en avant, ce qui pouſſe; ce qui eſt en pointe, en angle, en aigu, ce qui agit comme perçant & pénétrant: elle déſigne auſſi en ſous-ordre ce qui eſt relatif à ce genre d'action. En renforçant la R/. par des inflexions plus compliquées, comme ANGL, ANCHR, ERG, OURG, on ajoûte à l'action des modifications qu'on reconnoîtra facilement, en voyant les expreſſions dérivées.

C'eſt à-peu-près de la ſorte qu'il faut donner une idée de l'intenſité & de la force productrice de chaque R/. en faiſant ſentir d'avance quels ſeront les effets des développemens du genre. La vérification détaillée de ce qu'on aura annoncé, portera au plus haut point de démonſtration le vrai ſyſtême naturel de la parole & de la formation des langages. Mais il ne faut pas eſpérer qu'on puiſſe, en toute occaſion, mettre l'opération de la nature à découvert.

En diſpoſant les mots, ayez ſoigneuſement égard à l'ancienneté des langues, mettant, autant qu'il ſe pourra, le mot de la plus ancienne le premier en ordre dans la même ligne ; à moins toutefois que la plus ancienne n'ait formé ſon expreſſion ſur la plus moderne ; ce qui arrive quelquefois, & ce qui eſt facilement apperçu dans l'occaſion. Par exemple, la langue italienne eſt plus ancienne que la langue françoiſe : elle eſt ſon aînée en filiation de la langue latine leur mere. Mais le mot italien *cinghiale* eſt emprunté & corrompu du mot françois *ſanglier*, immédiatement tiré du latin *ſingularis*, pour nommer un gros marcaſſin qui va ſeul, & le diſtinguer des plus jeunes qu'on appelle *bêtes de compagnie.*

Le françois, à son tour, est plus voisin du latin que l'anglois : cependant il y a des mots françois, venus du latin, qui ont passé par l'anglois, avant que d'entrer dans la langue françoise. *Andier*, gros chenet de fer, à l'usage de la cuisine, vient de l'anglois *handiron*, *chenet*; à la lettre, *main de fer*; *hand*, main, *iron*, fer, qui se prononce en anglois *aïran*, à-peu-près comme le françois *airain*; du latin *æs*, *æris*.

Vous trouverez une quantité de mots composés de deux, de trois & même d'un plus grand nombre de primitifs. Ces mots composés doivent être rapportés sous chacun des principaux primitifs qui entrent dans la composition; mais seulement pour donner le complet de sa filiation, en renvoyant le lecteur à l'endroit où vous donnez l'explication & l'analyse du mot, s'il est besoin de la donner. Vous serez souvent dans ce cas. La décomposition des principes d'un mot donne, pour l'ordinaire, une notion fort exacte des idées que le mot est fait pour exprimer; l'assemblage de ces principes formant la définition même du mot. C'est ce qu'il est bon de développer, quand l'occasion s'en présente, par deux raisons; l'une qu'on montre ainsi la justesse de l'opération de l'esprit dans la fabrique du terme; l'autre que cet accord des principes radicaux du terme avec sa définition est une preuve évidente qu'on a rencontré juste dans l'origine & la dérivation cherchée. Par ex. sur le verbe italien *calpestar*, (fouler aux pieds) il est bon de faire observer que le mot est composé de trois primitifs latins *calx*, (talon) *pes*, (pied) *stare*, (être debout;) que ces trois expressions donnent très-bien la définition du terme; *alicui instare, aliquem impingere calcibus & pedibus*; que l'instinct a promptement réuni ces trois primitifs simples, pour peindre, avec vivacité, l'image de l'action violente d'un homme debout, qui, fixe à la même place & pesant avec force sur un autre homme renversé, fait ses efforts pour l'écraser des pieds & du talon. Le verbe que la prononciation élide ſouvent. L'inconvénient eſt que la dérivation part auſſi ſouvent d'une prononciation défigurée, que des élémens figurés par écrit.

Mettez dans la même ligne tous les mots de même ſignification formés de la même racine.

Mettez alinéa, dès que la ſignification change.

Si tous les mots de toutes langues, contenus dans la même ligne, ſont de même ſignification, il n'eſt pas beſoin de l'ajoûter, parce qu'ils ſe traduiſent tous eux-mêmes récip: oq iement les uns les autres; par exemple:

LAT. *difficultas*, IT. *difficolta*, FR. *difficulté*, ANGL. *difficulty*.

Si les mots ne ſe traduiſent pas les uns les autres, il faut ajoûter à chacun la ſignification. Remarquez qu'il y a beaucoup de mots de figure ſemblable à leur plus prochain primitif, & néanmoins de ſignification aſſez différente. Par ex. *miſſion* doit être à la ſuite de *miſſio* dans la même ligne; mais non pas *mettre* à la ſuite de *mittere*, *mettre* n'étant pas la traduction de *mittere;* comme *fermer* n'est pas la traduction de *firmare*. Il a, quoique dérivé, un sens tout différent; ainsi il doit être écrit alinéa.

Servez-vous, pour traduire, & pour tout le corps de l'ouvrage, de la langue françoise, parce qu'elle est la plus vulgaire de toutes, après la langue latine, & parce qu'il y a quantité de termes relatifs aux mœurs, usages & inventions des derniers siécles, qui ne se trouvent pas dans la langue latine. Sans ceci, la langue latine seroit fort préférable, parce qu'elle est plus riche, parce qu'elle laisse un peu plus de liberté de composer des termes, & surtout parce qu'elle est breve, & qu'elle n'emploie pas, comme le françois, des articles pour les noms, & des auxiliaires pour les verbes. Observez de rassembler, autant qu'il vous sera possible, les vieux mots inusités de chaque langue, & les termes singuliers du jargon de chaque province. Ils vous seront d'un très-grand usage pour la filiation étymologique. Joignez-y, autant que vous le jugerez convenable, les noms propres dont la ſignification ſera connue. Ceci vous fera voir quantité d'origines des noms de lieux & de familles.

Ne vous jettez dans les citations & dans les explications, qu'autant qu'elles ſeront abſolument néceſſaires. Vous n'en aurez pas ſouvent beſoin. Vous verrez que l'arrangement des mots porte ſa preuve avec lui. Mais vous ne pourrez vous diſpenſer d'ajoûter la définition des termes ſinguliers qui, ſans elle, ne ſeroient pas facilement entendus.

L'ouvrage peut être fait en peu de tems, ſi l'on a pluſieurs atteliers, avec un maître-ouvrier à chacun ; & il eſt néceſſaire d'en avoir pluſieurs ; car une ſeule perſonne ne poſſede pas toutes les langues.

L'ordre, dans lequel les mots d'un vocabulaire univerſel ſe trouveront ainſi diſpoſés, fera voir, d'un maniere claire, l'étymologie prochaine & éloignée de chaque terme, l'entiere filiation des mots, & même celle des langues, ſans qu'il ſoit beſoin de faire aucun diſcours, ni d'entrer en dissertation, pour le prouver; l'arrangement seul des mots le faisant voir avec assez d'évidence.

De cette maniere, le grand archéologue contenant toutes les langues d'Europe & d'Orient, ne contiendra pas plus de volumes que certains dictionnaires. Il faut seulement avoir soin de l'imprimer à deux ou trois colonnes, à cause des fréquens alinéa, & avoir des signes de division pour chaque page en cinq ou six parties, afin de trouver plus promptement ce qu'on cherchera.

Ne songez qu'aux langues européennes & à celles qu'on appelle communément *orientales*, c'est-à-dire, bornez-vous à tout ce qui peut provenir du celtique & du phœnicien, aux pays où les Phœniciens & ensuite les Arabes ont porté leur commerce & leurs connoissances; où ils ont introduit leurs langues qui se sont mélangées avec le fond des vieux langages barbares que parloient les anciens peuples des régions de l'Europe. Ceci comprend, 1° l'ancienne langue orientale parlée dans les régions ſituées entre l'Euphrate & le Nil, avec ſes différens dialectes & idiomes, tant anciens que modernes; 2° les différens langages barbares parlés dans les régions de l'Europe, c'eſt-à-dire le peu qu'il nous reſte de vieux pélaſgique, d'illyrien, d'oſque, umbrien & étruſque, de celtique, de cantabre & ibérien, de ſcythique, de tudeſque, de gothique, de runique, &c. 3° les langages plus récens, qui ont réſulté, tant du mêlange de quelques-uns de ceux-là, que du mêlange poſtérieur des derniers formés avec d'autres plus anciens, lequel a, dans la ſuite, & de ſiécles en ſiécles, produit de nouveaux langages; tels que le grec, hellénique, éolique, ionien; le latin; l'allemand; l'italien, &c. Ces langages, qui rentrent à tout moment les uns dans les autres, & dont vous verrez les racines bornées à quelques centaines de monoſyllabes, comprennent preſque tous les peuples de la terre, qui ont policé leurs mœurs, cultivé les arts, & exercé leur eſprit; ou du moins preſque tous ceux dont les idées & les connoissances sont parvenues jusqu'à nous. Que si d'autres nations asiatiques, venues des bords de l'Inde & du Gange, ont antérieurement instruit & policé celles-ci, tout ce qui regarde leurs idées, leurs connoissances & leur langage, est mis, par le tems, hors de la portée de nos recherches, & reste enseveli pour nous dans les ténebres de l'oubli.

Les langues, qui parlent aux yeux, non aux oreilles, dont le chinois paroît être l'original, ne doivent point entrer dans votre systême, puisqu'elles procédent d'un de nos sens qui n'a rien de commun dans ses sensations primitives, avec le sens dont procédent nos langages. Ceux-ci viennent de l'ouïe; ceux-là de la vue. Selon l'apparence, ils ne pourroient se plier à votre méthode. Leur génie & leur caractere est si différent, que leurs racines ne doivent pas l'être moins. Les langues sauvages d'Afrique, d'Amérique n'y doivent pas entrer non plus. Ce qu'elles viennent d'acquérir de nouveau, par le commerce des Européens, est tout récent &

tout crud : on le retrouve en Europe. L'ancien fond de ce qu'elles contiennent, auroit de grandes utilités, s'il étoit possible de le rassembler ; parce qu'il formeroit un recueil de l'expression organique & imitative des idées simples, primitives & physiques, telles que les ont les peuples sauvages. Mais une telle adjonction rendroit, à vrai dire, l'exécution de l'ouvrage proposé impraticable quant à présent ; outre qu'elle le grossiroit d'une maniere énorme. On y pourra revenir dans la suite & peu-à-peu ; car ce que je propose ici, est une espece d'Encyclopédie grammaticale, qui ne peut être portée à sa perfection qu'à la longue & par degrés. Seulement il seroit curieux & à propos de joindre le catalogue des mots de langues sauvages au recueil des glossaires particuliers dont je vais parler ci-après. Les vocabulaires imparfaits de ces langues sont répandus en grand nombre dans les relations des voyageurs & des missionnaires. J'en possede moi-même un amas considérable en manuscrits rassemblés par un des plus sçavans hommes qui aient vécus dans notre ſiécle. C'eſt le même recueil qui a ſervi à Monſieur Bullet, pour la comparaiſon du langage celtique avec les autres langages, & que je lui ai communiqué, il y a pluſieurs années, ainſi qu'une partie du Traité que je donne ici au Public, dans le tems qu'il mettoit la derniere main à ſon curieux Dictionnaire. Quand on aura un grand nombre de ces vocabulaires barbares, à la ſuite les uns des autres, il ſera tems d'en entreprendre l'examen & le parallele, d'obſerver ce que les expreſſions ont d'organique & de radical, & de les rapporter peu-à-peu aux racines & aux primitifs déja contenus dans le grand corps de l'ouvrage.

A la ſuite de l'archéologue vous mettrez premiérement une table des racines écrites, tant en lettres vulgaires qu'en lettres organiques. Il ſeroit même à propos d'y joindre, ſous chaque racine, les principaux primitifs qui en ſont immédiatement ſortis. Ceci formeroit un petit racourci du grand tableau qui en contiendroit tous les principaux linéamens. Vous mettrez ensuite le vocabulaire particulier de chaque langue, c'est-à-dire la liste des mots principaux, chacun suivi d'un chiffre qui renvoie à la page chiffrée & à la division de la page, ou au numero de l'archéologue, (si vous avez numeroté les racines, au lieu de chiffrer les pages,) pour trouver l'endroit où l'étymologie du mot est présentée.

Pour faire ces index ou glossaires particuliers de chaque langue, vous ne ferez que reprendre les listes que vous aviez précédemment faites, & les donner à imprimer en caracteres menus, à cinq ou six colonnes par page, afin qu'elles tiennent peu d'espace.

279. *Usage de l'archéologue.*

Le grand archéologue servira de Dictionnaire commode pour toutes les langues; en sorte que l'on pourroit, pour les expliquer, se borner à celui-là seul. En même tems il montrera ce que chaque langue a emprunté de chaque autre. On pourra voir dans ce tableau grammatical l'ancienneté, l'origine, les émigrations, le mêlange des différens peuples. On sçait assez que rien ne sert davantage à juger de la connexion des peuples que leurs langages. Par exemple, la langue des Abyssins nous fait connoître qu'ils ne sont pas un peuple Africain, mais une très-ancienne colonie des Arabes qui a traversé le détroit de Babel-Mandel. Il y a aussi des langues qui, sans avoir une descendance directe l'une de l'autre, ont une affinité marquée, qui ne peut venir que d'une origine commune, aujourd'hui inconnue ou totalement perdue : telles sont, à ce qu'on dit, l'allemand & le persan. Toutes deux, si cela est, descendent de l'ancien scythe que nous ne connoissons plus du tout. On trouveroit la preuve de ces affinités dans le vocabulaire parallele, où ces langues prendroient place, non comme ascendantes, mais comme collatérales.

Par l'usage des noms que les peuples ont imposé aux choses, on reconnoîtra quels sont les usages & autres points relatifs aux mœurs, loix, rites & religion qu'ils ont emprunté les uns des autres. On y verra l'ordre & la marche de l'esprit humain, & un tableau, bien plus singulier qu'on ne se l'imagine, des opinions des hommes & de leur source.

280. *Nécessité d'en dresser un dans l'état actuel de la multiplicité des langages & des connoissances humaines.*

Il faudra bien d'ailleurs tôt ou tard en venir à un pareil ouvrage. Les langues sont les clefs des sciences. Il est indispensable de les sçavoir ; mais elles servent à y entrer, sans en faire, à vrai dire, elles-mêmes partie : cependant on consume un tems infini à les apprendre. Plus on ira en avant, plus il y en faudra mettre, puisque les langues vont toujours en se multipliant de siécle en siécle, & que les anciennes se conservent par le moyen de l'impression. On trouvera dans chacune des choses utiles ou curieuses qu'on voudra connoître; de l'hiſtoire, de la poëſie, des ſciences & des arts. Les choſes de pur agrément (& ce ne ſont pas celles dont on eſt le moins empreſſé,) conſiſtant ſur-tout dans le ſtyle, ne ſe trouvent pas dans les traductions: il faut connoître les origiginaux. A la fin on conſumeroit ſa vie à s'inſtruire de la ſignification des mots. On convient qu'à la Chine, l'énorme multiplicité des mots dont il faut s'inſtruire, a beaucoup contribué à y retarder le progrès des ſciences. On ſera donc forcé d'en venir un jour à trouver une méthode qui facilite ce genre d'étude. Il n'y en a guères, ce me ſemble, de plus propre que celle-ci, qui, diſtribuant par claſſes toutes les langues de même eſpece & de même origine prochaine, préſente un tableau d'analogie, que l'œil ſaiſit tout d'un coup, que la mémoire retient ſans effort, au moyen des approximations. J'en ai ſouvent fait l'expérience avec ſuccès. Quand je ſuis obligé de lire quelque choſe d'une langue qui ne m'eſt pas familiere, & que je me trouve arrêté par un mot, mon uſage eſt d'examiner ce que ce terme a de radical; & d'en deviner là-dessus la signification dérivée, en la combinant avec le sens du reste de la phrase; ce qui me réussit souvent, & beaucoup plus vîte que si je cherchois le mot dans un Dictionnaire. On sçait assez, par les épreuves, que plus on possède de langues, plus on a de facilité pour en apprendre de nouvelles; ce qui vient de la méthode des comparaisons. Elle est bien plus efficace, quand elle se fait sur les racines même, qui parlent non-seulement à la mémoire, mais en même tems à l'esprit.

FIN.

ERRATA.

PAGE 52, ligne 9, les ſecours, *liſez* les ſeconds.

Page 87, ligne 15, *divers ſons*, liſez *divers ſens*.

Page 102, ligne 17; on s'eſt ſervi, pour exprimer la durée ſucceſſive de ce mot *temps*, *liſez* on s'eſt ſervi (pour exprimer la durée ſucceſſive) de ce mot *temps*.

Page 112, ligne 4, *divers ſons*, liſez *divers ſens*.

Page 117, ligne 6, que ces deux ſignifications, *liſez* que de ces deux ſignifications.

Ibid. ligne 11, lorſque l'un, *liſez* lorſque l'une.

Page 156, ligne 7, en barbare, *liſez* en langue barbare.

Page 195, ligne 12, d'une main qu'il fermoit, *liſez* d'une main qui ſe fermoit.

Page 268, ligne 12, tant qu'il *reſpire*. *Ajoûtez :* Quant à la reſpiration même, ſon organe propre eſt appellé en notre langue *poumon*, en latin *pulmo*, par tranſpoſition du grec πευνμα pour πνευμα (ſpiritus, halitus,) ℞. *PNeu*. Cette racine eſt organique compoſée de deux mouvemens, dont le premier *P* chaſſe l'air au dehors & repréſente l'exſpiration du ſouffle, & l'autre *N* le ramene au dedans & repréſente l'inſpiration.

Page 316, ligne 24, *propoſitions*, liſez *prépoſitions*.

Page 328, ligne 2, un mot, *liſez* en un mot.

Page 428, ligne 1, *guas*, liſez *aguas*.

Lightning Source UK Ltd.
Milton Keynes UK
UKHW02f2205080818
326964UK00012B/1292/P